BERTHOLD RIERING

Die Betriebsfortführung durch den Konkursverwalter

MÜNSTERISCHE BEITRÄGE ZUR RECHTSWISSENSCHAFT

Herausgegeben im Auftrag der Rechtswissenschaftlichen Fakultät
der Westfälischen Wilhelms-Universität in Münster durch die Professoren
Dr. Hans-Uwe Erichsen Dr. Helmut Kollhosser Dr. Jürgen Welp

Band 23

Die Betriebsfortführung durch den Konkursverwalter

Zur konkursrechtlichen Bewältigung wirtschaftlicher Probleme

Von

Dr. Berthold Riering

DUNCKER & HUMBLOT / BERLIN

CIP-Kurztitelaufnahme der Deutschen Bibliothek

Riering, Berthold:

Die Betriebsfortführung durch den Konkursverwalter: zur konkursrechtl. Bewältigung wirtschaftl. Probleme / von Berthold Riering. –
Berlin: Duncker und Humblot, 1987.
(Münsterische Beiträge zur Rechtswissenschaft; Bd. 23)
ISBN 3-428-06155-1

NE: GT

D 6

Satz: Klaus-Dieter Voigt, Berlin 61
Druck: Berliner Buchdruckerei Union GmbH, Berlin 61
Printed in Germany

ISBN 3-428-06155-1

Vorwort

Diese Arbeit wurde im Wintersemester 1985/86 von der rechtswissenschaftlichen Fakultät der Universität Münster als Dissertation angenommen. Die Arbeit wurde im Juli 1985 fertiggestellt. Später veröffentlichte Literatur und Rechtsprechung wurden nur noch vereinzelt berücksichtigt.

Der Betriebsfortführung im Konkurs stellen sich – wie jeder Geschäftstätigkeit – zahlreiche Probleme in fast allen Rechtsgebieten. Schon die vollständige Darstellung der konkursrechtlichen Besonderheiten hätte den für eine Dissertation vertretbaren Rahmen gesprengt. Für die deshalb notwendige Themenbegrenzung waren zwei Kriterien maßgeblich. Die Arbeit sollte ihren insolvenzrechtlichen Charakter wahren und bereits ausführlich diskutierte Problembereiche ausklammern. Aus diesen Gründen wird lediglich die Betriebsfortführung durch den Konkursverwalter und nicht auch diejenige eines Sequesters im Konkurseröffnungsverfahren dargestellt. Der Untertitel weist darauf hin, daß vorwiegend die konkursspezifischen Fragen diskutiert werden. Die arbeits-, steuer-, gewerbe-, kartell- und wettbewerbsrechtlichen Probleme der Betriebsfortführung werden folglich nur dann kurz behandelt, wenn die Aussichten der Betriebsfortführung von diesen Rechtsgebieten abhängen.

An dieser Stelle möchte ich Prof. Kollhosser für die Betreuung der Arbeit, Prof. Hanisch für Anregungen zum Thema und Rechtsanwalt Henningsmeier aus Hamburg für Gespräche über die praktischen Probleme der Betriebsfortführung danken.

Oldenburg, im August 1986

Berthold Riering

Inhaltsverzeichnis

Abkürzungsverzeichnis

Basl. Jur. Mitteilungen	Basler Juristische Mitteilungen
1. Bericht Insolvenzrechtskommission	Erster Bericht der Kommission für Insolvenzrecht, hrsg. vom Bundesministerium der Justiz, Köln 1985
c.i.c.	culpa in contrahendo
EzA	Entscheidungssammlung zum Arbeitsrecht
FAZ	Frankfurter Allgemeine Zeitung
FS f.	Festschrift für
FS 100 Jahre KO	Einhundert Jahre Konkursordnung 1877 - 1977, Festschrift des Arbeitskreises für Insolvenz- und Schiedsgerichtswesen e.V. Köln zum einhundertjährigen Bestehen der Konkursordnung vom 10. Februar 1877
FZ Blick durch die Wirtschaft	Frankfurter Zeitung Blick durch die Wirtschaft
HGBGrKomm	Großkommentar HGB
IBH	Internationale Baumaschinenholding AG
insbes.	insbesondere
i.S.d.	im Sinne des, der
KuT	Konkurs- und Treuhandwesen, ab 1955: KTS
MK	Münchener Kommentar
m.N.	mit Nachweisen
VergütVO	Verordnung über die Vergütung des Konkursverwalters, des Vergleichsverwalters, der Mitglieder des Gläubigerausschusses und der Mitglieder des Gläubigerbeirats, vom 25. Mai 1960 (BGBl III 311 - 6)
WP-Handbuch	Wirtschaftsprüferhandbuch
ZfB	Zeitschrift für Betriebswirtschaft
ZfB-ErgHeft	Ergänzungsheft der ZfB
zit.	zitiert
z.T.	zum Teil

Alle weiteren Abkürzungen können entnommen werden:

Kirchner, Hildebert, Abkürzungsverzeichnis der Rechtssprache, 3. Aufl., Berlin, New York 1983 und

Duden, Die Rechtschreibung, 18. Aufl., Mannheim 1980.

§ 1 Einleitung

A. Die Bedeutung der Betriebsfortführung durch den Konkursverwalter

Mit der bislang höchsten Insolvenzwelle der Nachkriegszeit gewinnen Betriebsfortführungen durch Konkursverwalter volkswirtschaftlich zunehmend an Bedeutung. Denn bei rund 12000 Unternehmensinsolvenzen pro Jahr[1] werden im Konkurs vermehrt Produktionseinheiten zerschlagen. Die damit verbundenen volkswirtschaftlichen Folgeschäden hat Ernst Jaeger anschaulich mit dem Wort vom „Konkurs als Wertvernichter schlimmster Sorte" gekennzeichnet[2]. Die Volkswirtschaft kann verlorene Arbeitsplätze nicht neu schaffen[3]. Lieferanten verlieren ihre Abnehmer und erleiden Forderungsausfälle. Die Marktkonzentration verstärkt sich, und die Verschleuderung der Betriebsprodukte im Konkurs gefährdet die Branchenpreise. Schließlich kann das allgemeine Vertrauen in die Wirtschaft erschüttert werden[4].

Diese Schäden werden zwar möglicherweise durch Vorteile, die mit der Zerschlagung von Produktionseinheiten verbunden sind, kompensiert. Leistungsfähigere, modernere Einheiten können evtl. die Funktion der zerschlagenen einnehmen[5]. Diese Aufgabe des Konkurses, untaugliche Wirtschaftsobjekte auszulesen, gebietet jedoch nicht ausnahmslos die komplette Zerschlagung der Unternehmens- und Betriebseinheiten. Zumindest Teile eines insolventen Unternehmens, beispielsweise Betriebe ohne die bisherige finanzielle oder personelle Unternehmensstruktur oder gesunde Teilbetriebe, können trotz des Konkurses neuen Einheiten überlegen und damit rettungswürdig sein. Wünschenswerte Aufgabe des Insolvenzrechts ist des-

---

[1] 1982 und 1983 wurden jeweils ca. 16000 Konkurse und Vergleiche beantragt. Statistisches Jahrbuch 1984, S. 135; zur steigenden Tendenz s.: ZIP 1985, 267f.

[2] Jaeger, DJZ 1904, Sp. 904 (911).

[3] Die Schätzungen der tatsächlich durch Konkurse verlorenen Arbeitsplätze schwanken für das Jahr 1982 angesichts fehlender Daten zur Wiedereinstellung in anderen Unternehmen zwischen 328000 und 130000; s. Kohlhuber, ZIP 1983, 1134 (1135 - 1139); Uhlenbruck, BFuP 1983, 96 (96). Wegen der unsicheren Datenbasis sind die Versuche der Quantifizierung der gesamtwirtschaftlichen Kosten mit Fehlerquellen behaftet. Gessner / Plett, Sozialplan, S. 21 haben pro verlorenen Arbeitsplatz einen volkswirtschaftlichen Schaden von 18056 DM errechnet.

[4] Eickmann, Konkursrecht, Teil I 2.2, S. 18f.; Gerhardt, FS f. Weber, S. 181 (186 - 188).

[5] Muthesius, ZKredW 1954, 759 (760); Gröner, Ordo 1984, 247 (252).

halb, die gesamtwirtschaftlichen Folgeschäden zu minimieren[6], indem – zur Fortführung geeignete – Produktionseinheiten möglichst erhalten werden.

Dem volkswirtschaftlichen Ziel der Unternehmenserhaltung sollten nach den Motiven der KO[7] und VglO[8] gerichtliche Vergleiche und Zwangsvergleiche dienen. Die Zahl der eröffneten Vergleichsverfahren sinkt jedoch ständig. Sie ging von 1960 bis 1983 von ursprünglich 343 auf 145 zurück[9], wobei der prozentuale Anteil der Vergleichsverfahren wegen des gleichzeitigen Anstiegs der Insolvenzen noch stärker abnahm[10]. Diese Entwicklung läßt sich überwiegend mit Schwächen der VglO erklären. Die Fristen der §§ 10; 14 VglO sind für eine sorgfältige Prüfung der Rettungschancen – insbesondere in Großverfahren[11] – zu kurz, und die Vergleichsquote von 35% ist sehr hoch. Die beaufsichtigende Stellung des Vergleichsverwalters nach § 39 VglO ist für vertrauensbildende Maßnahmen gegenüber den Gläubigern zu schwach; und die dinglich gesicherten Gläubiger, die größte Gläubigergruppe, sind am Verfahren nicht beteiligt, so daß jeder Vergleich Stückwerk bleibt[12]. Wegen dieser Mängel der VglO kann aus der rückläufigen Zahl der Vergleichsanträge nicht geschlossen werden, daß auch die Anzahl der rettungswürdigen Betriebe zurückgegangen ist[13]. Daher ist zu fragen, inwieweit die KO Funktionen der VglO übernehmen kann, ob das Konkursverfahren in Abkehr von seiner Aufgabe reiner Gesamtvollstreckung Mittel zur Bewältigung eines wirtschaftlich-sozialen Symptoms[14] sein kann. Das Konkursrecht müßte dazu volkswirtschaftliche Folgeschäden mindern können. Dieser Aufgabe dienen möglicherweise Betriebsfortführungen, die Zeit für volkswirtschaftliche Anpassungsprozesse lassen oder Betriebsveräußerungen vorbereiten[15].

Als wichtigere betriebswirtschaftliche Aufgabe soll eine Betriebsfortführung den Konkurs ertragreich abwickeln. In der Insolvenzpraxis gelingt es kaum noch, entsprechend § 3 KO die Konkursgläubiger gemeinschaftlich zu befriedigen. Die zunehmende Massearmut der Konkursverfahren hat zum

---

[6] Flessner, ZIP 1981, 1283 (1284) m.w.N.

[7] Hahn, S. 349; K. Schmidt, Gutachten D, S. 41.

[8] Entwurf einer Vergleichsordnung, S. 37f.; Kröger, BfuP 1983, 145 (148).

[9] Statistisches Jahrbuch 1984, S. 135. Für das Amtsgericht Essen s. H. Weiss, ZIP 1981, 438 (438).

[10] 1983 betrug der Anteil ca. 0,9% und 1960 noch rund 11,6%.

[11] s. die Situationsbeschreibung zum Herstatt-Vergleich bei Künne, KTS 1975, 178 (insbes. 180).

[12] Die negative Gesamtbewertung der VglO wird inzwischen allgemein geteilt. s. Arnold, S. 3; Flessner, Sanierung, S. 28f.; Kröger, BfuP 1983, 145 (152-154); K. Schmidt, Gutachten D, S. 43; Uhlenbruck, KTS 1981, 513 (515f.); Gottwald, KTS 1984, 1 (22).

[13] Grub, KTS 1978, 129 (129).

[14] Hanisch, Basl. Jur. Mitteilungen 1977, 161 (173f.).

[15] Ein Verkauf erfordert eine vorherige Betriebsfortführung, s. Kübler, ZGR 1982, 498 (500f.) und s.u. § 4 D I.

„Konkurs des Konkurses“[16] geführt. 1960 wurden rund 12% der beantragten Verfahren eröffnet, und die einfachen Konkursgläubiger mit dem Rang des § 61 I Nr. 6 KO erhielten eine durchschnittliche Konkursquote von 9%[17]. 1982 wurden dagegen 76% der Anträge auf Eröffnung eines Konkursverfahrens mangels Masse gemäß § 107 KO abgelehnt[18]. Selbst in den eröffneten Verfahren wurde für die einfachen Konkursgläubiger durchschnittlich nur eine Quote von 5,1% ausgeschüttet[19]. Ursache dieser Entwicklung sind neue Konkursvorrechte der Arbeitnehmer[20], das mit höheren Steuern größere Ausmaß des Fiskusprivilegs aus § 61 I Nr. 2 KO[21] und die zunehmende Verwendung von Eigentumsvorbehalt, Sicherungsübereignung und -zession[22]. Eine ertragreiche Konkursabwicklung ist daher oft nur möglich, wenn auf Vermögenswerte zugegriffen wird, die sich für dingliche Kreditsicherungen nicht eignen. Das sind vor allem immaterielle Werte wie Firma[23], Lizenzen und Geschäftsbestehenswerte, wozu die Geschäftsbeziehungen, der gute Ruf, das know how, die Qualifikation der Mitarbeiter und die Lagevorteile der Betriebsstätte zählen. Dieser Geschäftswert läßt sich nur bei einer Betriebsveräußerung oder -fortführung verwerten. Die Betriebsfortführung dient somit als Testfall, inwieweit eine wirtschaftlich sinnvolle Konkursabwicklung trotz umfangreicher Sicherungsrechte möglich ist.

Die Bedeutung der Betriebsfortführung für Volkswirtschaft und Verwertungserfolg im einzelnen Konkurs bestätigen Vergleiche mit fremden Rechtsordnungen und die deutsche Reformdiskussion[24] zur Einführung eines Sanierungsverfahrens[25]. Dieses Verfahren soll Unternehmen mit deren Betriebsteilen im volkswirtschaftlichen und betrieblichen Interesse erhal-

---

[16] So Kilger, KTS 1975, 142 (142). s. weiter Hanisch, ZZP 90 (1977), 2 (2).

[17] Statistisches Jahrbuch 1984, S. 135 und 137. Zur entsprechenden Entwicklung beim AG Essen s. H. Weiss, ZIP 1981, 438 (439f.).

[18] Wobei noch mit späteren Verfahrenseinstellungen gemäß § 204 KO gerechnet werden muß. Die Zahl der abgeschlossenen Konkursverfahren dürfte insgesamt bei ca. 15% liegen, s. ZIP 1984, A 12 (A 12).

[19] Statistisches Jahrbuch 1984, S. 137. Ab 1970 überschritt die durchschnittliche Quote 5,1% nicht mehr; Doehring, KTS 1982, 187 (193).

[20] s. §§ 59 I Nr. 3; 61 I Nr. 1 KO.

[21] Hanisch, Basl. Jur. Mitteilungen 1977, 161 (163f.).

[22] Hanisch, ZZP 90 (1977), 1 (8); Kübler, ZGR 1982, 498 (501).

[23] Zur Veräußerung der Firma durch den Konkursverwalter s. BGH, ZIP 1983, 193f.; Bockelmann, KTS 1982, 27 - 62 m.w.N.

[24] Dazu s. Arnold, S. 3ff.; Hanau, Gutachten E; Kilger, ZRP 1984, 46ff.; Mertens, ZGR 1984, 542 (542 - 550); K. Schmidt, Gutachten D; Stürmer, ZIP 1982, 761ff.; Uhlenbruck, KTS 1981, 513ff.; ders., BB 1984, 1949ff. Zu den ausländischen Vorbildern:
a) USA: Flessner, Sanierung, insbes. S. 33 - 137; Hohloch, ZGR 1982, 145 (152 - 166); Kramer, S. 41ff.;
b) Japan: Hohloch, ZGR 1982, 145 (166 - 168);
c) Italien: ders., ZGR 1982, 145 (173 - 176);
d) Frankreich: ders., ZGR 1982, 145 (168 - 173).

[25] Bzw. Reorganisationsverfahren, zur Sprachregelung s. Risse, KTS 1983, 73 (75f.); Hohloch, ZGR 1982, 145 (183f.); Arnold, S. 6 Fn. 24.

ten. International wird eine Betriebsfortführung verschiedentlich privilegiert. In Österreich soll die Betriebsfortführung während eines Vorverfahrens der Regelfall sein[26]. In Großbritannien dient das „floating charge", eine Art Unternehmenspfandrecht, der privaten Verwertung der Unternehmensgesamtheit[27]. Im spanischen[28] und französischen[29] Entwurf eines neuen Konkursgesetzes werden Veräußerung und Betriebsfortführung ausdrücklich als gleichwertige Verwertungsalternativen genannt.

Diese theoretischen Vorzüge lassen erwarten, daß die Betriebsfortführung auch in der Praxis einige Bedeutung erlangt. Das Gegenteil ist richtig. Nach einer Untersuchung von 562 bis 1976 abgeschlossenen Konkursverfahren[30], hatte in 43% der Fälle der Gemeinschuldner den Betrieb bereits vor der Konkurseröffnung stillgelegt. Bei weiteren 31% hatte der Konkursverwalter bzw. Sequester die Betriebsaktivitäten sofort eingestellt. Nur 4% der Betriebe wurden eine gewisse Zeit fortgeführt, und 2% wurden veräußert[31]. Immerhin haben aber Fortführungen größerer Unternehmen, wie z.B. der Borgward Gruppe, der Schlieker KG, der Neff-Werke, der Rolleiwerke und der Hanomag GmbH, Aufsehen erregt[32].

Zwischen dem theoretischen Anspruch an die Betriebsfortführung und ihrer tatsächlichen Bedeutung besteht mithin eine Diskrepanz. Diese wirft die Frage auf, ob rechtliche Hindernisse einer betriebs- und volkswirtschaftlich sinnvollen Verwertung entgegenstehen, oder ob die desolate Betriebsorganisation insolventer Unternehmen eine Betriebsfortführung generell als unzweckmäßig erscheinen läßt.

B. Gang der Untersuchung

Eine entsprechende Beurteilung der gesetzlichen Regelung setzt voraus, die Bedingungen einer Betriebsfortführung durch den Konkursverwalter de

---

[26] Jelinek, ZIP 1984, 495 (500 und 503f.).

[27] G. Weiss, ZIP 1982, 1038 (1040f.) m.w.N.

[28] Art. 273 Anteproyecto de Ley Concursal, hrsg. von Ministerio de Justicia, Madrid 1983.

[29] Balz, ZIP 1983, 1153 (1157).

[30] Gessner, Praxis, S. 185. Gessner / Plett, Sozialplan, S. 39f. und 45 kommen bei der Untersuchung von 48 Sozialplänen in Konkursbetrieben zu dem anderen Ergebnis, daß 18% der betroffenen Betriebe einstweilen fortgeführt und weitere 18% veräußert wurden. Diese Untersuchung ist jedoch wenig repräsentativ, da Sozialpläne vorwiegend in größeren Unternehmen vereinbart werden (Gessner / Plett, Sozialplan, S. 36), die sich wegen der Subventionsbereitschaft der öffentlichen Hand besser zu Betriebsfortführungen eignen (s.u. § 5 A III).

[31] Entsprechend ist das Ergebnis einer Befragung von Konkursverwaltern ausgefallen. Von ihnen hatten 3% häufig, 14% gelegentlich, 36% selten und 48% nie einen Betrieb einstweilig fortgeführt. s. Gessner, Praxis, S. 218f., auch zu den Zahlen erfolgreicher Betriebsveräußerungen.

[32] Für Nachweise und weitere Beispiele s.u. § 2 Fn. 1.

lege lata zu untersuchen. Dementsprechend werden im überwiegenden Teil dieser Arbeit unabhängig von der Reformdiskussion die Lösungen der KO zu den Problemen der Betriebsfortführung herausgearbeitet. Dazu sollen nach einer kurzen Begriffsbestimmung zunächst die praktisch wichtigen Probleme einer Betriebsfortführung an einem aktuellen Beispiel aufgezeigt werden (§ 2). Danach wird gefragt, wann eine Betriebsfortführung rechtlich zulässig (§ 3) und wirtschaftlich zweckmäßig (§ 4) ist. Für die praktische Durchführung der Geschäftstätigkeit ist festzustellen, welchen Einfluß die anderen Konkursbeteiligten, insbesondere die Kredit- und Sicherungsgläubiger und die Arbeitnehmer, bei der Betriebsfortführung haben (§ 5). Anschließend werden die Besonderheiten für die praktisch wichtigen, vom Gesetzgeber vernachlässigten Fälle einer Betriebsfortführung im massearmen Konkurs und nach einer vorhergehenden Sequestration des Betriebes genannt (§ 6). Die bis dahin festgestellten Schwierigkeiten einer Betriebsfortführung dienen als Anlaß zu prüfen, ob Haftung und Vergütung des Konkursverwalters seine Bereitschaft hemmen oder fördern, eine Betriebsfortführung verantwortlich zu leiten (§ 7). Auf der Grundlage der gefundenen Ergebnisse werden abschließend die Problemlösung der KO und der Reformvorschlag zur Einführung eines Sanierungsverfahrens rechtspolitisch bewertet (§ 8).

C. Begriffsbestimmung

Die Definition des Betriebes muß für die Zwecke dieser Arbeit zwei Bedingungen erfüllen: Da die Betriebsfortführung immaterielle Werte realisieren soll, ist in der Definition auf die Einheit der Produktionsfaktoren abzustellen, in der diese Werte verkörpert sind. Zweitens sind die finanziellen Produktionsbedingungen aus dem Betriebsbegriff auszuscheiden, da die Altschulden im Konkurs gerade reguliert werden und insoweit eine Fortführung nicht stattfindet. Diesen Anforderungen genügt die betriebsverfassungsrechtliche Definition[1] des Betriebes[2]. Die betriebliche Mitbestimmung gilt für genügend große, selbständige Produktionseinheiten und betrifft gleichzeitig nicht die finanziellen Unternehmensentscheidungen. Betrieb ist damit jede technisch-organisatorische Einheit, innerhalb derer ein Unternehmer allein[3] oder mit seinen Arbeitnehmern mit Hilfe technischer, mate-

---

[1] BAG, DB 1981, 1190 (1190); Schimuna, BB 1979, 892 (892) m.w.N.

[2] Die in der Betriebswirtschaftslehre vorwiegend angebotenen Definitionen sind für diese Arbeit nicht verwendbar. Der Begriff der Produktionseinheit (Korndörfer, S. 32) schließt auch die finanzielle Unternehmensstruktur ein. Umgekehrt ist die Definition als technische Einheit (Korndörfer, S. 32), die einzelne Fertigungsbereiche umfaßt, zu eng. Immaterielle Werte sind z.T. erst in der räumlichen Zusammenfassung verschiedener Fertigungsbereiche und der Verbindung von Zweigbetrieben verkörpert.

[3] Das BAG und Schimuna (s. Fn. 1) sprechen hier ungenau von einem Arbeitgeber. Ein Arbeitgeber allein, also ohne Arbeitnehmer, ist kein Arbeitgeber.

rieller und immaterieller Mittel zur Deckung von Fremdbedarf fortgesetzt die Zwecke verfolgt, Güter zu produzieren oder Dienstleistungen zu erbringen. Zu unterscheiden ist der Betrieb von der übergeordneten Organisationsform Unternehmen, das die finanzielle Seite der Produktion betrifft[4].

Die Fortführung des so definierten Betriebes erfordert in Abgrenzung zur bloßen Konkursabwicklung, daß der Verwalter mit der Betriebstätigkeit Zwischenziele verfolgt, die über Besitznahme, bewahrende Verwaltung und Veräußerung der Masse hinausgehen.

---

[4] Galperin / *Löwisch*, § 1 BetrVG Rz. 15 m. w. N.

§ 2 Stationen einer Betriebsfortführung am Beispiel der Unternehmensgruppe der Internationalen Baumaschinenholding AG

Die komplexen Vorgänge und Probleme einer Betriebsfortführung, bei der verschiedene Produktionsfaktoren und Interessengruppen eine Rolle spielen, sollen zunächst anhand eines praktischen Beispiels vorgestellt werden[1].

Die Internationale Baumaschinenholding AG (IBH) hielt neben ausländischen Töchtern u. a. die Hanomag GmbH und die Zettelmeyer Maschinenfabrik GmbH[2]. Weltweit beschäftigte der Konzern 10000 Arbeitnehmer, davon in Deutschland 3800[3]. Zum Unternehmenskonzept gehörte es, notleidende Unternehmen aus der Baumaschinenbranche aufzukaufen. Im Verbund glaubte man, der internationalen Konkurrenz besser gewachsen zu sein. Finanziert wurde der Erwerb zum Teil dadurch, daß der Verkäufer Aktien vom aufgestockten Kapital der Holding erhielt[4]. Das rasante Tempo dieser Expansion, mit der die IBH von 1975 bis 1983 zum drittgrößten Baumaschinenhersteller der Welt avancierte[5], ließ keine Zeit, um die Produktpalette des Konzerns anzupassen und die Finanzierung zu konsolidieren[6]. Daneben wurde insbesondere mit der amerikanischen Terex Gesellschaft ein Unternehmen erworben, das für den Konzern nur Verluste brachte[7].

---

1 Einen idealtypischen Verlauf schildert Kübler, ZGR 1982, 498 (500 - 512). Als weitere Beispiele s.: Hanisch, Rechtszuständigkeit, S. 119 - 122 (Borgward-Gruppe und Schlieker KG); ZIP-Report, Bericht des Konkursverwalters der Neff-Werke GmbH, Bretten, ZIP 1982, 1370 - 1376; FAZ v. 9. 2. 1984 S. 15 „Neff und Zanker: Jeder auf seine Weise"; ZIP-Report, Bericht des Konkursverwalters der Rollei-Werke, Braunschweig, ZIP 1982, 230 - 245; ZIP-Report, Konkursverwalter-Schlußbericht zur „Uhren-Kaiser"- Insolvenz, ZIP 1981, 325 - 331; Lüder Bauring-Insolvenz, ZIP 1980, 56 - 58; FAZ v. 6. 12. 1983 S. 13 „Die Zukunft der Hamburger Stahlwerke ist noch ungewiß"; FAZ v. 10. 12. 1983 S. 17 „Anschlußkonkurs für die Hamburger Stahlwerke"; FAZ v. 11. 1. 1984 S. 13 „Meyer-Motoren aus Konkurs gerettet"; Helmer, „Ertragbringende Uhrenfabrik zu verkaufen", FAZ v. 9. 3. 1977 S. 15; Wirtschaftswoche v. 13. 11. 1981 S. 158 - 162 „Kampf ums Überleben" (van Delden-Insolvenz); Fabian, Modell in: Fabian, Arbeiter, S. 7 - 23; Kosch, S. 5 - 23 (Vöslauer Kammgarnfabrik, Österreich); Kübler, ZGR 1984, 560 (562 - 587) zu Konzerninsolvenzen (AEG und Korf).

2 FAZ v. 14. 12. 1983 S. 14 „Vergleichsquote ließ sich nicht erreichen".

3 FAZ v. 5. 11. 1983 S. 13 „Esch muß Vergleich anmelden".

4 Handelsblatt v. 25./26. 11. 1983 S. 13 „Zwei unsolide Jahre brachten Konzern um"; FAZ v. 4. 11. 1983 S. 15 „Esch hat im Jahre 1975 mit einer Million DM begonnen".

5 FAZ v. 14. 12. 1983 S. 14 „Vergleichsquote ließ sich nicht erreichen".

6 Handelsblatt v. 25./26. 11. 1983 S. 13 „Die Großbanken waren nicht zu begeistern"; Wirtschaftswoche v. 18. 11. 1983 S. 140 - 142 (142 „Lichter im Schattenbild".

Angesichts einer Eigenkapitalquote von 6%[8] und der unkonventionellen, ohne eigene liquide Mittel finanzierten Firmenkäufe waren solche Verluste nur schwer zu verkraften. Hinzu kam ein eigenwilliges Management, dem in der Wirtschaftspresse eine unrealistische Unternehmensstrategie vorgeworfen wurde[9]. So wurde die anhaltend schlechte Konjunktur für die Investitionsgüter Baumaschinen[10] unterschätzt.

Die außergerichtlichen Rettungsvorschläge des Managements sahen eine Kapitalaufstockung, Forderungsverzichte der Großaktionäre und Modernisierungen bei den Konzerntöchtern vor[11]. Einige Aktionäre hatten jedoch bereits ihr fehlendes Einverständnis bekundet. Wegen der Krise ihres größten Schuldners geriet die Hausbank der IBH selbst in Schwierigkeiten. In deren Verlauf wurde die Bank zum Teil aufgelöst und teilweise verkauft[12]. Als Reaktion auf die Entwicklung kündigten weitere Banken ihre Kredite an die IBH. Infolge der damit eingetretenen Zahlungsunfähigkeit[13] beantragte die IBH Anfang November 1983 einen gerichtlichen Vergleich.

Darauf mußten u.a. die Tochterunternehmen Hanomag GmbH und Zettelmeyer Maschinenfabrik GmbH gleichfalls Vergleich anmelden. Die Banken hatten das Vertrauen in die Firmen verloren, die bei der Mutter hohe Forderungsausfälle erlitten[14] und zum Teil eigene wirtschaftliche Schwierigkeiten zu bewältigen hatten. Für jede der drei Gesellschaften wurde ein vorläufiger Vergleichsverwalter bestellt[15].

Mit Zustimmung der vorläufigen Vergleichsverwalter wurden die Geschäfte fortgeführt. Bankkredite verschafften die nötigen Mittel, wobei ein Kredit über 20 Millionen DM für die Hanomag zu 10 bzw. 5 Millionen vom Land Niedersachsen und der Stadt Hannover verbürgt war[16]. Der Arbeitslohn während des Eröffnungsverfahrens sollte für die IBH und die

---

7 Handelsblatt v. 27. 12. 1983 S. 7 „Die Koordination im Konzern war Esch überwiegend nicht gelungen".

8 Handelsblatt v. 25./26. 11. 1983 S. 13 „Zwei unsolide Jahre brachten Konzern um".

9 Wirtschaftswoche v. 18. 11. 1983 S. 138f. „Der Außenseiter"; Handelsblatt v. 25./26. 11. 1983 S. 13 „Zwei unsolide Jahre brachten Konzern um".

10 Wirtschaftswoche v. 18. 11. 1983 S. 140 - 142 (140) „Lichter im Schattenbild".

11 Handelsblatt v. 7. 11. 1983 S. 13 „Neben der Kapitalaufstockung sollten die Aktionäre auf 200 Mill. verzichten"; Handelsblatt v. 7. 11. 1983 S. 14 „In Hannover sind 2700 Arbeitsplätze in Gefahr".

12 FAZ v. 13. 12. 1983 S. 13 „Engländer übernehmen die SMH-Bank".

13 Zum Verdacht der Staatsanwaltschaft auf Konkursverschleppung s. FAZ v. 1. 2. 1984 S. 15 „Eine der größten Aktionen der deutschen Justizbehörden".

14 Handelsblatt v. 29. 12. 1983 S. 8 „Man wird noch Geld mitbringen müssen"; Handelsblatt v. 16./17. 12. 1983 S. 10 „Sehr hohe Forderungen der Töchter an die Mutter".

15 Im Konkurs übernimmt ein Sequester gemäß § 106 KO entsprechende Funktionen; s.u. § 6 A.

16 FAZ v. 25. 11. 1983 S. 15 „Bei Hanomag geht die Arbeit weiter".

Hanomag teilweise mit dem Konkursausfallgeld bezahlt werden, indem Banken die Beträge vorfinanzierten[17]. Als sich die Bewertung verschiedener Forderungen und Beteiligungen der IBH in ihrem Vergleichsantrag als unrealistisch erwies, wurde am 13. Dezember 1983 für die IBH der Anschlußkonkurs eröffnet[18]. Damit entfiel die Grundlage für den Vergleich der Hanomag und der Zettelmeyer Maschinenfabrik, für die Ende Januar 1984[19] und Ende Dezember 1983[20] der Anschlußkonkurs eröffnet wurde.

Sowohl im vorläufigen Vergleichs- als auch im Konkursverfahren wurden die Geschäfte beider Firmen fortgeführt. Zum einen sollte die Betriebsorganisation für vorhandene Kaufinteressenten aufrechterhalten werden[21]. Zum anderen wollte man vorhandene Vorräte zu marktgerechten Preisen absetzen[22] und den guten Auftragsbestand abarbeiten[23]. Die Betriebsprodukte wurden tatsächlich ohne Konkursabschläge verkauft, da die Kundenbeziehungen weitgehend erhalten blieben. Der Inlandsumsatz der Hanomag war sogar gestiegen[24]. Bei Zettelmeyer wurde eine eigene Servicegesellschaft gegründet, um die Service- und Garantieleistungen nach einer eventuellen Betriebsauflösung sicherzustellen[25].

In den Verkaufsverhandlungen konnte die Hanomag einen interessanten Firmennamen, gute Lizenzen und eine intakte internationale Vertriebsorganisation anbieten. Angesichts der veralteten Produktionsanlagen[26] sah ein Sanierungskonzept den Neuaufbau der Fabrik vor, was Investitionen von 150 Millionen DM erfordert hätte[27]. Der Zettelmeyer Maschinenfabrik fehlte dagegen eine eigene Verkaufsorganisation, während die – nicht voll ausgelasteten – Produktionsanlagen dem neuesten Stand entsprachen[28]. Anfang Februar 1984 wurde der Betrieb der Zettelmeyer GmbH veräußert. Fast alle der ursprünglich 750 Beschäftigten wurden übernommen[29].

---

[17] FAZ v. 14. 12. 1983 S. 14 „Vergleichsquote ließ sich nicht erreichen"; Handelsblatt v. 17. 11. 1983 S. 12 „Das Los der IBH-Tochter ist immer noch unsicher".

[18] FAZ v. 14. 12. 1983 S. 14 „Vergleichsquote ließ sich nicht erreichen"; FAZ v. 13. 12. 1983 S. 13 „Anschlußkonkurs für die IBH-Gruppe?".

[19] FAZ v. 1. 2. 1984 S. 15 „Zettelmeyer wird von Harms übernommen".

[20] FAZ v. 13. 1. 1984 S. 13 „Interessenten für Zettelmeyer".

[21] FAZ v. 25. 11. 1983 S. 15 „Bei Hanomag geht die Arbeit weiter".

[22] FAZ v. 6. 1. 1984 S. 11 „Zuversicht bei Hanomag".

[23] Handelsblatt v. 7. 11. 1983 S. 14 „In Hannover sind 2700 Arbeitsplätze in Gefahr"; Handelsblatt v. 5. 12. 1983 S. 13 „Der Auftragsbestand ist ‚ausgesprochen gut'".

[24] FAZ v. 6. 1. 1984 S. 11 „Zuversicht bei Hanomag".

[25] FAZ v. 10. 1. 1984 S. 11 „Darlehen für Zettelmeyer?".

[26] FAZ v. 25. 11. 1983 S. 15 „Bei Hanomag geht die Arbeit weiter"; FAZ v. 1. 12. 1983 S. 15 „Hanomag-Bilanz bestätigt Verlustzahlen".

[27] FAZ v. 1. 3. 1984 S. 13 „Der Kampf um Hanomag geht weiter".

[28] FAZ v. 1. 3. 1984 S. 14 „Der Kampf um Hanomag geht weiter"; Handelsblatt v. 27. 12. 1983 S. 7 „Die Koordination im Konzern war Esch überwiegend nicht gelungen".

[29] FAZ v. 1. 2. 1984 S. 15 „Zettelmeyer wird von Harms übernommen".

Die Verhandlungen bei der Hanomag erschwerten sich, weil verschiedene Gruppen faktisch dem Übernahmekonzept zustimmen mußten und deshalb an den Verhandlungen beteiligt waren[30]. Die öffentliche Hand wurde um Subventionen gebeten und war an einer Erhaltung der Arbeitsplätze interessiert. Die Sicherungsgläubiger, die in einem Pool zusammengeschlossen waren, mußten der Übertragung des an sie übereigneten Produktionsvermögens zustimmen.

Mit zunehmender Dauer der Verhandlungen erschöpften sich die liquiden Mittel des vorläufigen Vergleichs- und späteren Konkursverwalters der Hanomag. Er kündigte im Januar 1984 deshalb 1350 Arbeitnehmern und setzte im Februar die Produktion mit 500 Beschäftigten fort[31]. Als weiterer Kündigungsgrund wurde angegeben, daß die Kaufinteressenten selbst die Zahl und Auswahl der später von ihnen beschäftigten Arbeitnehmer bestimmen wollten[32]. Anfang März 1984 kündigte der Konkursverwalter weiteren 200 Angestellten und stellte dem Rest der Belegschaft eine Weiterbeschäftigung nur bei einer 15%igen Lohnkürzung in Aussicht. Darauf streikten die verbliebenen Arbeitnehmer für kurze Zeit und besetzten das Fabrikgelände[33].

Kurze Zeit später, ca. 6 Monate nach dem Vergleichsantrag, traten die Verhandlungen mit zwei Interessenten in die Schlußphase. Der Gläubigerausschuß und die Sicherungsgläubiger bevorzugten das Angebot mit dem höheren Kaufpreis, obwohl der Kaufinteressent die Produktion in das Werk von Zettelmeyer ausgelagert und Arbeitsplätze nicht erhalten hätte[34]. Als dieses Angebot zurückgezogen wurde[35], konnte eine andere Gruppe den Betrieb der Hanomag zu einem niedrigeren Preis übernehmen. Nach dem Fortführungskonzept sollte zunächst mit 350 Beschäftigten weiterproduziert werden. Langfristig wurde eine Kooperation mit ausländischen Kreditgebern angestrebt[36]. Erste Zwischenberichte bescheinigten der Übernahme einen Erfolg, der Neueinstellungen nötig machte[37].

---

30 FAZ v. 7. 12. 1983 S. 23 „Vorsorgliche Massenentlassung"; FAZ v. 28. 1. 1984 S. 14 „Ein Hoffnungsschimmer für Hanomag"; FAZ v. 1. 2. 1984 S. 15 „Zettelmeyer wird von Harms übernommen"; FAZ v. 10. 12. 1984 S. 17 „Verhandlungen mit O + K gescheitert".

31 FAZ v. 10. 1. 1984 S. 10 „Hanomag kündigt allen Mitarbeitern"; FAZ v. 20. 1. 1984 S. 20 „Sozialplan für Hanomag"; FAZ v. 2. 2. 1984 S. 11 „Konkursverwalter setzt Produktion fort".

32 FAZ v. 10. 1. 1984 S. 10 „Hanomag kündigt allen Mitarbeitern".

33 FAZ v. 1. 3. 1984 S. 13 „Der Kampf um Hanomag geht weiter"; FAZ v. 3. 3. 1984 S. 15 „Hanomag bleibt besetzt".

34 FAZ v. 29. 3. 1984 S. 15 „Harms übernimmt Hanomag"; FAZ v. 30. 3. 1984 S. 15 „Gläubigerausschuß gab Zustimmung".

35 FAZ v. 14. 4. 1984 S. 16 „Hanomag nun doch zur Gaßmann-Gruppe".

36 FAZ v. 14. 4. 1984 S. 16 „Hanomag nun doch zur Gaßmann-Gruppe".

37 FAZ v. 16. 6. 1984 S. 15 „Hanomag stockt Belegschaft auf".

§ 3 Die rechtliche Zulässigkeit einer Betriebsfortführung

A. Konkursrechtliche Voraussetzungen der Betriebsfortführung

Welchen Ober- und Unterzielen eine Betriebsfortführung dienen darf, regelt die KO nicht ausdrücklich. Die Geschäftsfortführung wird nur rudimentär in §§ 129 II; 130; 132 I KO, also in der Kompetenzordnung der KO, behandelt. Eine Gesetzesinterpretation kann daher nur von wenigen positiven Normen ausgehen.

I. Die Kompetenzordnung

1. Die rechtliche Verteilung der Zuständigkeiten

An den Verkaufsverhandlungen im Konkurs der Hanomag waren das Land Niedersachsen, die Stadt Hannover, ein Sicherungspool und die Gläubigerbanken beteiligt. Abweichend von dieser typischen Praxis[1] weist die KO die Kompetenzen rechtlich anderen Beteiligten zu. Der Verwalter ist als zentrale Figur der Konkursverwaltung[2] gemäß §§ 6 II; 117 KO grundsätzlich allein verwaltungs- und verfügungsbefugt. Für eine Betriebsveräußerung ist nach § 134 Nr. 1 KO eine Zustimmung des Gläubigerausschusses erforderlich. Die Gläubigerversammlung entscheidet nach § 132 I KO endgültig über die Schließung oder Fortführung des Geschäfts, während der Verwalter nach § 129 II KO vorläufige Regelungen treffen darf. Die wesentlichen Entscheidungen liegen damit in den Händen der Gläubigerselbstverwaltung, während der Verwalter die laufenden Geschäfte führt und dadurch Gläubigerentscheidungen beeinflussen kann.

Gegenüber Maßnahmen des Verwalters und Beschlüssen von Gläubigerausschuß[3] und -versammlung hat das Konkursgericht gemäß §§ 83; 99 KO ein Aufsichtsrecht[4]. Wie beim Konkursverwalter[5] kann das Gericht auch

---

[1] Gessner / Plett, Verflechtung, Jahrbuch f. Rechtstheorie 8, S. 155 (165 und 167).

[2] *Baur* / Stürner, Konkursrecht, Rz. 1017.

[3] Insofern ist eine Analogie zu §§ 83, 99 KO geboten. Mentzel / Kuhn / *Uhlenbruck*, § 83 KO Rz. 1; a. A. *Baur* / Stürner, Konkursrecht, Rz. 1051.

[4] Als Beispiel für Aufsichtsmaßnahmen s. LG Wuppertal, KTS 1958, 45 - 47; LG Freiburg, ZIP 1981, 473 - 478; bestätigt durch OLG Karlsruhe, ZIP 1982, 193 - 198;

Beschlüsse der Gläubigerversammlung nur auf deren Zulässigkeit und nicht auch auf deren Zweckmäßigkeit überprüfen. Eine weite Zweckmäßigkeitskontrolle gegenüber der Gläubigerversammlung läßt sich entgegen einer Literaturmeinung[6] mit der beaufsichtigenden Stellung des Konkursgerichts nicht vereinbaren. Der Wortlaut des § 99 KO läßt vielmehr die Auslegung zu, daß das Gericht die Ermessensausübung nur nach Art der §§ 114 VwGO; 40 VwVfG kontrollieren darf. Teleologisch spricht dafür, daß eine eigene Bewertung der komplexen wirtschaftlichen Zweckmäßigkeit den Konkursrichter bzw. Rechtspfleger nach seinen Erkenntnismöglichkeiten und seiner juristischen Ausbildung überfordert. Eine richterliche Zweckmäßigkeitskontrolle ist auch nicht erforderlich; denn die Mitglieder der Gläubigerversammlung sind von ihren Beschlüssen wirtschaftlich selbst betroffen[7]. Daher ist zu vermuten, daß Entscheidungen sorgfältig überlegt und abgewogen werden. Nach den Motiven zu § 99 KO[8] soll die Gerichtskontrolle vorhandene Interessengegensätze in der Gläubigerversammlung ausgleichen. Damit ist es vereinbar, dem Gericht ein Eingriffsrecht nur bei einer ermessensfehlerhaften Verfolgung von Sondervorteilen zu geben. Daneben kann das Gericht Entscheidungen der Gläubigerversammlung nur aufheben, wenn das Ermessen auf Null reduziert war, d.h. die Betriebsfortführung offensichtlich ungünstig war.

2. Der rechtstatsächliche Einfluß der Arbeitnehmer in der Gläubigerversammlung

Die Gläubigerversammlung hat endgültig über die Zweckmäßigkeit einer Betriebsfortführung zu entscheiden. Deshalb ist zu fragen, inwieweit Gläubiger stimmberechtigt sind, die an der Betriebserhaltung interessiert sind. Diese Untersuchung kann darauf beschränkt werden, den Einfluß der Arbeitnehmer festzustellen. Denn die übrigen Konkursgläubiger ziehen nach einer Befragung von Konkursverwaltern[9] eine Betriebsfortführung nicht generell einer sofortigen Zerschlagung vor. Allenfalls gibt es eine leichte Tendenz, daß Landesarbeitsämter und Lieferanten[10] eher als Banken

---

LG Freiburg, ZIP 1984, 198 - 204; kritisch zu den Urteilen des LG Freiburg Haug, ZIP 1984, 773 (779f.).

[5] RGZ 29, 80 (83), LG Kaiserslautern, KTS 1960, 45 (46) m.w.N.; Mohrbutter, KTS 1956, 177 (178); zu den Gesetzesmaterialien Hahn, S. 281.

[6] Mentzel / Kuhn / *Uhlenbruck*, § 83 KO, Rz. 5; Jaeger / *Weber*, § 83 KO, Rz. 1; § 99 KO, Rz. 2 S. 64.

[7] Hierin liegt der Unterschied zu § 130 II KO. Dort hat das Gericht erweiterte Befugnisse, weil es die Interessen des in der Gläubigerversammlung nicht vertretenen Gemeinschuldners zu beachten hat.

[8] Hahn, S. 289.

[9] Gessner, Praxis, S. 222f.

[10] Die Ansprüche der Lieferanten sind häufig an Kreditversicherer oder Forderungskäufer abgetreten, die eine schnelle Abwicklung bevorzugen. Kübler, ZGR 1982, 498 (504).

und Sozialversicherungsträger für eine Betriebsfortführung votieren. Diese indifferente Einstellung der genannten Gruppen erklärt sich damit, daß sie vor allem ein optimales Konkursergebnis anstreben. Von einer Betriebsfortführung erwarten sie zusätzlich allenfalls schwer kalkulierbare, mittelbare Vorteile. Da das Interesse, den Betrieb als Kunden oder Arbeitgeber zu erhalten, nicht im Vordergrund steht, werden diese Gruppen relativ unvoreingenommen die wirtschaftlichen Aussichten einer Fortführung abwägen. Demgegenüber sind die Arbeitnehmer unmittelbar an der Erhaltung ihrer Arbeitsplätze interessiert[11]. Die Beschäftigten können möglicherweise durch eine einheitliche Stimmabgabe zumindest in Zweifelsfällen die Entscheidung zugunsten einer Betriebsfortführung beeinflussen. Dazu müßten die Arbeitnehmer typischerweise in nicht unerheblichem Umfang stimmberechtigt sein. § 95 KO setzt dafür voraus, daß sie Konkursforderungen besitzen.

a) Stimmrecht für Lohnansprüche

Ob die Lohnansprüche gemäß § 95 KO ein Stimmrecht geben, hängt vom Entstehungszeitpunkt der Ansprüche ab. Der zeitliche Abstand zur Konkurseröffnung bestimmt den Rang und Charakter der Ansprüche.

Konkursforderungen sind gemäß § 61 KO Lohnansprüche, die länger als 6 Monate vor der Konkurseröffnung begründet wurden. Der Arbeitgeber bleibt den Lohn nur in Ausnahmefällen so lange schuldig. Die Arbeitnehmer haben also normalerweise keine Konkursforderungen aus § 61 I Nr. 1 oder Nr. 6 KO.

Die Beschäftigten haben jedoch regelmäßig Lohnrückstände für die letzten sechs Monate vor der Konkurseröffnung. Ob diese Forderungen ein Stimmrecht geben, regeln §§ 3 und 59 I Nr. 3 KO unterschiedlich. Die Ansprüche sind vor der Konkurseröffnung entstanden, so daß sie nach der Legaldefinition des § 3 KO Konkursforderungen sind. § 59 I Nr. 3 KO bezeichnet die Ansprüche demgegenüber als Masseforderungen. Massegläubiger haben kein Stimmrecht. Die h. M. gibt § 59 I Nr. 3 KO als lex specialis den Vorrang[12]. Für Einzelfragen, z. B. für die Konkursanfechtung[13], werden jedoch die Vorschriften über Konkursforderungen analog angewandt. Nach anderer Ansicht sind alle vor Konkurseröffnung begründeten Lohnansprüche trotz des – systemwidrigen – § 59 I Nr. 3 KO Konkursforderungen[14]. Der Gesetzgeber habe den Arbeitnehmern nur einen sicheren Anspruch geben

---

[11] Gessner, Praxis, S. 222 f.

[12] BGH, ZIP 1981, 132 (132); Heilmann, KTS 1976, 96 (96 - 98); Denck, Jura 1984, 183 (183 - 187); wohl auch Mentzel / Kuhn / *Uhlenbruck*, § 59 KO, Rz. 15 a S. 511.

[13] BGH, ZIP 1981, 132 (133 f.); zustimmend Denck, Jura 1984, 183 (191).

[14] Kilger, NJW 1980, 271 (272).

wollen. Er habe ihnen aber nicht wie den Massegläubigern Zwangsvollstreckungen und Zinsforderungen gestatten wollen, weil dies der Konkursabwicklung schade. Gemeinsam ist beiden Ansichten, daß die Spezialität des § 59 I Nr. 3 KO noch nicht das Ergebnis für einzelne Sachfragen vorwegnimmt. Dieser Ansatz ist richtig. Denn es ist eine Frage der Gesetzesauslegung, ob eine spezielle Norm tatsächlich alle Rechtsfolgen der allgemeinen Norm verdrängt[15]. Für die Rechtsfolge des Stimmrechts folgt aus § 64 KO, der Ausfallhaftung der Masse bei Absonderungsrechten, der Grundsatz, daß ein Stimmrecht nur in der Höhe besteht, in der ein Vermögensverlust durch den Konkurs droht[16]. Für die letzten drei Monate vor Konkurseröffnung sichert die Arbeitnehmer ein Anspruch auf Konkursausfallgeld aus § 141 a AFG. Einen Ausfall erleidet daher allenfalls die Bundesanstalt für Arbeit. Der auf sie nach § 141 m I AFG übergegangenen Lohnanspruch ist nach der cessio legis gemäß § 59 II KO folgerichtig als Konkursforderung zu befriedigen, womit die Bundesanstalt ein Stimmrecht gemäß § 95 KO erhält. Es ist auch nicht erforderlich, dem Arbeitnehmer bis zur Zession ein Stimmrecht – quasi für die Bundesanstalt – zu geben. Wegen der Ausschlußfrist des § 141 e I 2 AFG von zwei Monaten wird der Arbeitnehmer den Antrag auf Konkursausfallgeld, der gemäß § 141 m AFG die Zession auslöst, alsbald stellen. Bis zur ersten Gläubigerversammlung wird die Bundesanstalt daher regelmäßig Inhaberin einer Konkursforderung aus § 59 II KO sein. Jedenfalls für die vom Konkursausfallgeld gesicherten Ansprüche verdrängt § 59 I Nr. 3 KO die §§ 3; 95 KO. Die Arbeitnehmer haben insoweit kein Stimmrecht.

Diese Erwägungen gelten nicht für die Lohnrückstände der restlichen drei Monate, die zwar unter § 59 I Nr. 3 KO fallen, jedoch nicht vom Konkursausfallgeld gedeckt sind. Eine – komplizierte – Differenzierung beim Stimmrecht innerhalb des § 59 I Nr. 3 KO läßt sich auf keine gesetzlichen Anhaltspunkte stützen. Zudem sichert das Rangvorrecht auch diese Ansprüche besonders gut ab. Ein Stimmrecht ist somit entbehrlich. Die vom § 59 I Nr. 3 KO erfaßten Ansprüche geben kein Stimmrecht.

b) *Stimmrecht für Sozialplanansprüche*

Ein Stimmrecht der Arbeitnehmer für die potentiellen Sozialplanansprüche[17], die Konkursforderungen sind[18], wird damit abgelehnt, daß dieser

---

15 Larenz, S. 256f.

16 Zeuner, JZ 1976, 1 (6); Berges, BB 1983, 22 (23); s. § 95 KO.

17 Zur – früher str. – Pflicht des Konkursverwalters zum Abschluß eines Sozialplanes s. BAG (GS), NJW 1979, 774 (774 - 776).

18 Gesetz über den Sozialplan im Konkurs- und Vergleichsverfahren vom 20. 2. 1985 (BGBl. I S. 369), § 4; zur Rechtslage vor dem 28. 2. 1984 s. BAG, ZIP 1984, 983 - 988.

Anspruch bei dem Beschluß über die Betriebsfortführung noch nicht besteht[19]. § 112 BetrVG setze die Betriebsänderung voraus, so daß die Arbeitnehmer vor der Betriebseinstellung nicht abstimmen dürften. Die §§ 67, 96 I KO geben jedoch ein Stimmrecht für aufschiebend bedingte Ansprüche[20]. Die Betriebsänderung ist für den Sozialplananspruch zwar keine rechtsgeschäftliche Bedingung i. S. d. § 158 BGB. Ansprüche mit einer Rechtsbedingung fallen jedoch auch unter §§ 67; 96 I KO, da es ausreicht, wenn der Gemeinschuldner den Grund für den Anspruch gelegt hat[21]. Die Arbeitsverträge, die die Grundlage für den Sozialplan bilden, wurden vor Konkurseröffnung geschlossen. Das Stimmrecht kann damit bereits vor dem Bedingungseintritt, der Betriebsänderung, bestehen.

Ebenso unschädlich ist es, wenn die genaue Höhe des Sozialplans noch unbekannt ist. Für unbestimmte Forderungen ist gemäß §§ 69; 96 I KO der Schätzwert maßgeblich.

Teleologisch[22] spricht für eine Beteiligung der Arbeitnehmer an der Gläubigerversammlung, daß so eine engere Zusammenarbeit mit Gläubigern und Verwaltern möglich wird. Vor allem können die Arbeitnehmer wie andere Konkursgläubiger Einbußen an ihren Ansprüchen erleiden. Eine Schlechterstellung hinsichtlich des Stimmrechts ist daher nicht gerechtfertigt.

Fraglich ist, ob die Arbeitnehmer oder der Betriebsrat das Stimmrecht ausüben dürfen. Die Arbeitnehmer erwerben den Anspruch aus dem abgeschlossenen Sozialplan und sind finanziell betroffen. Der Betriebsrat kann dagegen den Abschluß eines Sozialplanes erzwingen, ihm steht der Anspruch auf den Sozialplan zu. Gemäß § 112f. BetrVG wird der Sozialplananspruch mit kollektiven Mitteln gesichert[23]. Dieser Zielsetzung entspräche es, dem Betriebsrat die verfahrensmäßigen Rechte einschließlich des Stimmrechts so lange zuzubilligen, bis der Sozialplan ausgehandelt ist. Die KO gibt jedoch Stimmrechte den vom Konkursverfahren finanziell betroffenen Gläubigern. Demnach sind die einzelnen Arbeitnehmer stimmberechtigt. Ein Stimmrecht des Betriebsrats würde zudem die anderen Gläubigergruppen unangemessen benachteiligen. Die Mitglieder dieser Gruppen, etwa die Lieferanten, sind an eine interne Meinungsbildung nicht gebunden. Deshalb wäre ihr Gruppeneinfluß geringer, als der der Arbeitnehmer, die über den Betriebsrat einheitlich für alle Ansprüche abstimmen könnten. Die KO sieht eine solche kollektive Abstimmung nicht vor. Im übrigen können die Arbeitnehmer ihr Stimmrecht freiwillig Betriebsangehörigen zur Ausübung überlassen[24]. Ein Stimmrecht des Betriebsrates ist somit überflüssig.

Die Arbeitnehmer dürfen auch über Betriebsänderungen abstimmen, obwohl diese den das Stimmrecht begründenden Anspruch erst auslösen.

---

19 Hanau, Gutachten E, S. 57; wohl auch Zeuner, JZ 1976, 1 (6).

20 Mentzel / Kuhn / *Uhlenbruck*, § 67 KO, Rz. 5.

21 RGZ 58, 11 (11); Mentzel / Kuhn / *Uhlenbruck*, § 67 KO, Rz. 1 m. w. N.

22 Zeuner, JZ 1976, 1 (6); Flessner, ZIP 1981, 1283 (1285).

23 Henckel, EzA, § 113 BetrVG 1972, Nr. 1 S. 2 (4).

24 Vertreter dürfen das Stimmrecht ausüben. s. Jaeger / *Weber*, § 94 KO, Rz. 2 und 6.

Denn die KO enthält nicht das Verbot, in eigenen Angelegenheiten abzustimmen[25]. Stimmberechtigte verfolgen fast immer eigene Belange, z.B. das Interesse, den Konkursbetrieb gewinnbringend zu beliefern. Allenfalls ist es entsprechend § 181 BGB unzulässig, daß ein Gläubiger über Rechtsgeschäfte mit sich selbst abstimmt[26]. Den Sozialplan schließt der Betriebsrat mit dem Verwalter ab, so daß die Abstimmung der Arbeitnehmer in der Gläubigerversammlung noch nicht den Abschluß des Rechtsgeschäfts darstellt. Auch ist nicht zu befürchten, daß die Arbeitnehmer den Bedingungseintritt treuwidrig i.S.d. § 162 II BGB herbeiführen. Die Arbeitnehmer sind tendenziell eher an einer Betriebsfortführung als am Sozialplan interessiert.

Die Arbeitnehmer können mithin die Sozialansprüche in der mutmaßlichen Höhe zur Tabelle anmelden. Auf einen Widerspruch von Konkursverwalter oder Gläubiger legt das Konkursgericht gemäß § 96 KO die vermutliche Anspruchshöhe[27] fest. In diesem Umfang sind die Arbeitnehmer stimmberechtigt.

c) Ergebnis

Die Arbeitnehmer haben damit kein Stimmrecht für die Lohnansprüche i.S.d. § 59 I Nr. 3 KO. Einen gewissen Einfluß erhalten sie dadurch, daß sie für Sozialplanansprüche abstimmen dürfen. Da die Sozialplanansprüche im Konkurs durchschnittlich nicht besonders hoch sind[28], haben die Arbeitnehmer allerdings auch keinen beherrschenden Einfluß in der Gläubigerversammlung. Durch die Stimmrechtsverteilung wird eine Betriebsfortführung weder generell bevorzugt noch benachteiligt.

3. Das Interesse an der Konkursabwicklung als Entscheidungsfaktor für Betriebsfortführungen

Neuere Entwicklungen gefährden die ausgewogene Kompetenzverteilung der KO. Angesichts zunehmender Masselosigkeit und geringer Quotenerwartungen ist das Interesse am Verfahren gering[29]. Bei einer schwachen Beteiligung an der Gläubigerversammlung drohen zufällige, unrepräsentative Entscheidungen. Daneben verändern die schlechten Aussichten im

[25] Jaeger / *Weber*, § 95 KO, Rz. 6; BGH, KTS 1985, 520 (522).

[26] Jaeger / *Weber*, § 95 KO, Rz. 6.

[27] Zur durchschnittlichen Höhe der Sozialpläne s. Gessner / Plett, Sozialplan, S. 76 - 78 und 100f.; Hanau, Gutachten E, S. 77.

[28] Zu den statistischen Werten s.o. § 3 A Fn. 27. Danach waren die Sozialplanansprüche eher niedriger als die Ansprüche des § 59 I Nr. 3 KO. Als diese Ansprüche noch Konkursforderungen waren, hat das Stimmrecht dafür nicht zu einem beherrschenden Einfluß der Arbeitnehmer geführt.

[29] Gessner, Praxis, S. 122; Hanisch, JBl. 1977, 237 (246); H. Weiss, ZIP 1981, 438 (440).

Konkurs die Risikobereitschaft. Wenn die Konkursgläubiger ohnehin wenig zu verlieren haben, werden sie zu Entscheidungen bereit sein, die bei Erfolg Gewinn versprechen und beim Mißlingen Verluste für andere Gruppen, die Massegläubiger, wahrscheinlicher machen[30]. Die Funktion der KO, auch die Massegläubiger zu befriedigen, findet bei der Verfahrensbeteiligung keine Entsprechung[31].

Daraus ergeben sich für eine Betriebsfortführung besondere Gefahren. Zum einen werden während der Fortführung besonders viele Masseschulden begründet, da die üblichen Geschäfte weiterlaufen. Die Kreditbereitschaft der Massegläubiger wird möglicherweise beeinträchtigt, wenn sie einseitig die Risiken der Fortführung tragen. Zum anderen stellen sich der Fortführung komplexere wirtschaftliche Probleme als anderen Formen der Konkursabwicklung. Die deshalb erforderliche sorgfältige Abwägung der wirtschaftlichen Aussichten wird durch unrepräsentative Entscheidungen nicht gewährleistet.

II. Ermessensgrenzen

Die Gläubigerversammlung darf über Betriebsfortführungen entscheiden, diese sind also grundsätzlich zulässig. Diese Aussage gilt trotz § 1 KO, der nach seinem Wortlaut den Konkursbeschlag auf Gegenstände beschränkt, die der Einzelzwangsvollstreckung unterliegen. Eine Einzelzwangsvollstreckung in den Betrieb als Sachgesamtheit ist unmöglich. Er darf durch eine Betriebsfortführung oder -veräußerung im Konkurs verwertet werden, da die spezielleren §§ 129 II; 130 II; 132 I KO dies ausdrücklich zulassen[32].

Die Kompetenzordnung der KO regelt nicht, mit welchen Zielen und Mitteln der Betrieb fortgeführt werden darf. Theoretisch kann die Betriebsfortführung mit den Aussichten auf eine höhere Quote, mit dem Interesse der regionalen Wirtschaft oder der Arbeitnehmer an der Arbeitsplatzerhaltung oder mit sonstigen Interessen anderer Beteiligter legitimiert werden. Um diese Ziele zu erreichen, kann der Betrieb – theoretisch – sogar werbend, d.h. dauerhaft fortgeführt werden. Daher ist nach den zulässigen Zielen und Mitteln einer Fortführung zu fragen. Dabei wird zu prüfen sein, ob einer Betriebsliquidation im Zweifel der Vorrang gebührt.

---

30 Marschdorf, S. 175 - 183; Hax / Marschdorf, BFuP 1983, 112 (124f.) sprechen von Divergenz zwischen Verfügungsgewalt und Haftungsrisiko.

31 Heilmann, BB 1983, 1640 (1640f.).

32 Jaeger / *Henckel*, § 1 KO, Rz. 8; Böhle-Stamschräder / *Kilger*, § 1 KO, Anm. 3; Hanisch, Rechtszuständigkeit, S. 115.

1. Zur Rechtfertigung einer Fortführung mit den Interessen an einer Betriebserhaltung

Den Betrieb der Hanomag wollte der Gläubigerausschuß an denjenigen veräußern, der den höchsten Kaufpreis bot, aber den Betrieb stillegen wollte[33]. Damit wurde der Betrieb als Haftungsverband für die Gläubiger und nicht auch als soziale Einheit für Arbeitnehmer und regionale Wirtschaft betrachtet.

Diese Sicht entspricht der Aufgabe des § 117 KO, die Masse zu verwerten. Damit sollen die Verluste der Gläubiger minimiert werden. Dem steht das strukturpolitische Interesse an der Betriebserhaltung gegenüber. Immerhin dokumentiert die öffentliche Hand durch Subventionen im Konkurs immer wieder[34], daß sie aus strukturellen Gründen Betriebe erhalten will. Ebenso wollen die Arbeitnehmer ihre Arbeitsplätze nicht verlieren. Diese verschiedenen Interessen könnten miteinander abzuwägen sein. Die KO schützt immerhin auch den Bestand des Betriebes. So dienen der Zwangsvergleich[35] und § 130 II KO der Betriebserhaltung auch aus überbetrieblichen, volkswirtschaftlichen Gesichtspunkten. Das Arbeitsplatzinteresse der Beschäftigten wird dadurch berücksichtigt, daß der Verwalter gemäß § 112 BetrVG einen Sozialplan abschließen muß. Die damit verbundenen Kosten sollen den Verwalter von unnötigen, arbeitsplatzvernichtenden Betriebsänderungen abhalten[36].

Dennoch rechtfertigen die Bestandsschutzinteressen der Arbeitnehmer eine Betriebsfortführung nicht. Der Sozialplan hat auf Insolvenzentscheidungen nämlich nur insoweit Einfluß, als Kosten bei Betriebsauflösungen entstehen. Dementsprechend haben die Arbeitnehmer das Stimmrecht für Sozialplanansprüche nicht aus mitbestimmungsrechtlichen Gründen. Die Arbeitnehmer sollen vielmehr deshalb abstimmen, weil sie durch die Konkursabwicklung finanzielle Verluste erleiden können. Die Interessen der Arbeitnehmer werden damit nur berücksichtigt, um ihre Verluste als Konkursgläubiger zu verringern.

Die §§ 99; 188 I Nr. 2 KO bestätigen dieses Ergebnis. Danach greift die Gerichtsaufsicht im Interesse der Konkursgläubiger ein. Nach der Wertung der §§ 3; 64; 95 KO sollen diejenigen in der Gläubigerversammlung entscheiden, die finanzielle Einbußen an bereits bestehenden Ansprüchen erleiden können[37]. Da die Stimmrechtsverteilung mit der finanziellen

---

33 FAZ v. 29. 3. 1984 S. 15 „Harms übernimmt Hanomag". Die evtl. Einsparung von Kosten für den Sozialplan ist bei diesen Zahlen noch nicht berücksichtigt. Zum Abschluß der Verkaufsverhandlungen s. o. § 2 m. w. N.

34 s. u. § 5 A III, m. N.

35 s. die Gesetzesmotive bei Hahn, S. 349.

36 Gessner / Plett, Sozialplan, S. 127 f.

37 Zeuner, JZ 1976, 1 (6); Berges, BB 1983, 22 (22 f.).

Betroffenheit korrespondiert, meinen die §§ 99; 188 I Nr. 2 KO die finanziellen Belange der Gläubiger. Die Arbeitnehmerinteressen sind nicht zu berücksichtigen.

Gleiches gilt für die strukturpolitischen Ziele der öffentlichen Hand. Sie ist nur dann stimmberechtigt, wenn sie als Konkursgläubigerin finanzielle Verluste erleiden kann. Nach der KO ist allein dieses institutionalisierte Interesse der Konkursgläubiger an einer Minimierung ihrer Verluste zu beachten.

Angesichts der zunehmenden Massearmut soll diese sog. Versilberungsfunktion des Konkurses an Legitimität verloren haben[38]. Wenn man den Konkursgläubigern schon keine Quote verschaffen könne, müsse man wenigstens eine Rettung des Betriebes für Arbeitnehmer und Volkswirtschaft versuchen. Diese Überlegungen rechtfertigen allerdings keine Rechtsfortbildung contra legem. Zum einen ist das Ziel Verlustminimierung neutral formuliert, so daß es unabhängig von der erwarteten Quote verfolgt werden kann. Zum anderen bleiben Konkurse, in denen eine Quote ausgeschüttet wird. Die Aufgabenbestimmung der KO braucht daher nicht durch andere, rechtspolitisch umstrittene Ziele rechtsfortbildend ersetzt zu werden[39]. Betriebsfortführungen und -veräußerungen sind daher zulässig, wenn sie anderen Verwertungsalternativen gegenüber eine höhere Konkursquote versprechen[40]. Interessen der Arbeitnehmer und der Volkswirtschaft sind von den Konkursorganen nur dann zu beachten, wenn dies einer optimalen Verwertung nicht entgegensteht.

Als Ausgleich für diese kompromißlose gesetzliche Entscheidung dient rechtstatsächlich der Staatseinfluß auf Insolvenzverfahren[41]. Staatliche Hilfen verändern das finanzielle Ergebnis der Verwertungsalternativen und setzen so gesamtwirtschaftliche Ziele durch.

2. Zur Zulässigkeit werbender Betriebsfortführungen

Der konkursrechtlichen Aufgabe der Minimierung der Gläubigerverluste ist nicht zu entnehmen, mit welchen Mitteln dieses Ziel erreicht werden soll.

---

[38] Knieper, BB 1977, 622 (626f.); Wiedemann / Willemsen, RdA 1979, 418 (428).

[39] De lege ferenda ist eine Abkehr vom Ziel der Verlustminimierung nicht wünschenswert. Eine umfassende wirtschaftliche Abwägung der variablen Interessen der Gläubiger, Arbeitnehmer, des Gemeinschuldners und der Gesamtwirtschaft wäre nicht justiziabel.

[40] Stüdemann, FS 100 Jahre KO, S. 401 (404); Plate, Konkursbilanz, S. 10 und 13; Mentzel / Kuhn / *Uhlenbruck*, § 117 KO, Rz. 14 S. 705; Skrotzki, KTS 1967, 142 (146); Haje, S. 23; Walendy, S. 28; Marschdorf, S. 175 und 203. Nach Gessner, Praxis, S. 220f. entscheiden die befragten Konkursverwalter über eine Betriebsfortführung vorwiegend nach den betriebswirtschaftlichen Ausssichten.

[41] Gessner / Plett, Verflechtung, Jahrbuch für Rechtstheorie 8, S. 155 (170); Fr. Weber, KTS 1959, 80 (83) und s. u. § 5 A III.

Aus dem Charakter des Konkurses als Vollstreckungsverfahren wird abgeleitet, daß auch Betriebsfortführungen auf eine Liquidation gerichtet sein müssen[42]. Nach einer Formulierung des BGH[43] dürfen nur vorhandene Vorräte aufgearbeitet und vorhandene Aufträge erfüllt werden. Ein unternehmerischer Neubeginn, eine werbende, d.h. eine auf Dauer gerichtete Betriebsfortführung wird damit ausgeschlossen.

a) Die Konkursgründe als betriebswirtschaftlich untaugliche Auslöser für eine Betriebsauflösung

Vor allem Betriebswirtschaftler[44] haben die restriktive Position des BGH kritisiert. Der Konkursverwalter solle vielmehr – wie ein Unternehmer[45] – nach betriebswirtschaftlichen Gesichtspunkten die optimale Verwertungsalternative auswählen. Der Betrieb sei fortzuführen, wenn dabei der Erlös (Fortführungswert) höher als bei einer Betriebszerschlagung sei[46]. Eine werbende, auf Dauer gerichtete Betriebstätigkeit könne einen höheren Fortführungswert erwirtschaften, weil die Konkursgründe verschuldungsabhängig sind und nichts über den verschuldungsunabhängigen Verwertungserlös bei Liquidation oder Fortführung des Betriebes aussagen[47]. Überschuldung und Zahlungsunfähigkeit beträfen den Unternehmensträger, während Fortführungsentscheidungen im Konkurs sich an der Situation des Betriebes zu orientieren hätten.

Gegen diese theoretischen Erwägungen lassen sich praktische Erfahrungen anführen. De facto sind Betriebsfortführungen seltener, als es die vermeintliche Unabhängigkeit von Illiquidität und Fortführungswürdigkeit erwarten läßt[48]. Dieser Befund kann damit erklärt werden, daß tatsächlich doch Zusammenhänge zwischen der Unternehmensilliquidität und den Aussichten einer Betriebsfortführung bestehen. Die Konkursgründe können mittelbar indizieren, daß der Betrieb fortführungsuntauglich ist. Denn die Zahlungsunfähigkeit hängt u. a. von der Kreditwürdigkeit ab, die wiederum von der Betriebsrentabilität, einem wichtigen Kriterium für eine Betriebs-

---

[42] So die h.M.: RG JW 1899, 305 (305); BGH, KTS 1973, 251 (253); BGH, NJW 1980, 55 (55); OLG Kiel, KuT 1935, 28; OLG Koblenz, KTS 1956, 60 (61); LG Wuppertal, KTS 1958, 45 (47); Mentzel / Kuhn / *Uhlenbruck*, § 117 KO, Rz. 14 S. 705; Kübler, ZGR 1982, 498 (513); K. Schmidt, Gutachten D, S. 73; Jaeger, KuT 1935, 17 (17); Walendy, S. 126f.

[43] BGH, NJW 1980, 55 (55).

[44] Stüdemann, FS 100 Jahre KO, S. 401 (413 - 440); ders., WpG 1978, 413 (420 - 424); Hax / Marschdorf, BFuP 1983, 112 (115 - 127).

[45] Zur freiwilligen Betriebsliquidation außerhalb des Konkurses s. Hellge, insbes. S. 237ff.

[46] Hax / Marschdorf, BFuP 1983, 112 (115).

[47] Hax / Marschdorf, BFuP 1983, 112 (116); Knieper, BB 1977, 622 (627); Kröger, BFuP 1983, 145 (148); Gessner, Praxis, S. 555; Gröner, Ordo 1984, 247 (253).

[48] Hax / Marschdorf, BFuP 1983, 112 (118f.).

fortführung, beeinflußt wird. Außerdem könnte eine finanzielle Unternehmenskrise die Betriebsorganisation soweit zerstören, daß eine Betriebsfortführung unwirtschaftlich wird[49]. Während der Krise können Mitarbeiter, Kunden oder Lieferanten ihr Vertrauen in den Betrieb verloren haben, oder die Unternehmensleitung kann wichtige Betriebsbestandteile zur Liquiditätsbeschaffung veräußert haben.

Diese Einwände treffen jedoch nicht auf alle Konkursbetriebe zu und belegen nicht, daß die Konkursgründe automatisch die fehlende Fortführungswürdigkeit eines Betriebes anzeigen. Denn der Betrieb kann etwa nach einer plötzlichen, finanziellen Unternehmenskrise funktionstüchtig bleiben[50]. Die Illiquidität sagt in diesem Fall nichts über die Wirtschaftlichkeit einer Betriebsfortführung aus. Der praktische Befund über die übliche Konkursabwicklung läßt sich deshalb auch so erklären, daß er auf Mängel der KO oder auf die fehlende Bereitschaft oder Fähigkeit der Verwalter zu wirtschaftlichem Handeln zurückzuführen ist[51]. Die Seltenheit von Fortführungen hängt somit auch von betriebsunabhängigen Faktoren ab. Der praktische Befund belegt deshalb nicht, daß ein Konkursgrund die Ungesundheit des Betriebes indiziert.

Die Überlegungen decken sich mit dem Ergebnis einer Analyse aller Konkursakten des AG Freiburg aus den Jahren 1948 bis 1956. Dort hatten ca. 27% der Unternehmen vor ihrem Konkurs mit Reingewinn gearbeitet[52]. Die Betriebe waren trotz Zahlungsunfähigkeit bzw. Überschuldung des Unternehmensträgers rentabel und fortführungswürdig[53].

Die Konkursgründe sind also aus betriebswirtschaftlicher Sicht ungeeignet, automatisch die Betriebszerschlagung auszulösen. Eine werbende Betriebsfortführung ist demnach eine sinnvolle Verwertungsalternative.

Dieses Ergebnis wird ebenfalls mit einem bilanztheoretischen Ansatz begründet[54]. Das Vermögen ist zum einen die Summe seiner Bestandteile. Im Konkurs dient danach das Vermögen der Schuldendeckung durch Veräußerung der einzelnen Bestandteile. Vermögen hat darüber hinaus die dynami-

---

49 Hax / Marschdorf, BFuP 1983, 112 (119); Gröner, Ordo 1984, 247 (251). Zum Einfluß einer Unternehmenskrise auf den Betrieb s. Albach, ZfB Erg. Heft 2/79, S. 9 (17f.); Mertens, ZGR 1984, 542 (545).

50 Zu den wirtschaftlichen Chancen einer Betriebsfortführung im Konkurs s. u. § 4.

51 Hax / Marschdorf, BFuP 1983, 112 (119f.).

52 Rinklin, S. 78. Neuere statistische Untersuchungen fehlen. Zu Einzelfällen von Betrieben, die im Konkurs mit Gewinn arbeiten, s. Helmer, „Ertragbringende Uhrenfabrik zu verkaufen", FAZ v. 9. 3. 1977 S. 15; FAZ v. 10. 12. 1983 S. 17 „Anschlußkonkurs für die Hamburger Stahlwerke"; FAZ v. 2. 2. 1984 S. 11 „Konkursquote von 20%".

53 Inwieweit sich unrentable Betriebe zur Fortführung eignen, wird im § 4 untersucht.

54 Stüdemann, FS 100 Jahre KO, S. 401 (427 - 431); ders., WpG 1978, 413 (420 - 422).

sche Funktion, mittels der Einheit weitere Erträge zu erwirtschaften. Wegen dieser zukunftsgerichteten Aufgabe bedeutet „verwerten“, durch den Einsatz der Vermögenseinheit Erträge zu erwirtschaften[55]. Der Konkursverwalter erhält somit die Funktion eines Unternehmers: mittels werbender Tätigkeit zu produzieren[56].

b) Rechtliche Argumente

Diese betriebswirtschaftliche Argumentation bedarf des Nachweises, daß eine werbende Betriebsfortführung mit den Konkurszwecken rechtlich vereinbar ist. Bedenken werden aus dem Liquidationsziel des Konkurses, dem riskanten Charakter einer Betriebsfortführung, der den Interessen der Masségläubiger, der überstimmten Konkursgläubiger und des Gemeinschuldners widerspreche, und aus dem Fehlen eines vollhaftenden Rechtsträgers im Konkurs abgeleitet.

aa) Zur Verwertungsfunktion des Konkurses

§ 117 KO soll dem Verwalter nach h. M. nur liquidierende Tätigkeiten erlauben[57]. Nach § 117 KO „hat der Verwalter das gesamte zur Konkursmasse gehörige Vermögen sofort in Besitz und Verwaltung zu nehmen und dasselbe zu verwerten“.

Das Wort „sofort“ in § 117 KO gebietet indessen keine sofortige Liquidation. Es bezieht sich grammatikalisch allein auf die Pflicht zur Besitznahme[58]. Dies bestätigt § 132 KO.

Das Verwertungsverbot des § 117 KO könnte werbende Betriebsfortführungen verbieten. Verwerten meint, daß das Vermögen der Befriedigung der Gläubiger mit Geld dient. Am einfachsten geschieht dies durch eine Veräußerung des Vermögens. Der Wortlaut erlaubt jedoch nach der Wertung der §§ 146ff. ZVG, die die Zwangsverwaltung als Vollstreckungsmaßnahme regeln[59], ebenfalls die Auslegung, daß die Erträge des Vermögens zur Gläubigerbefriedigung dienen. Gegen die Übertragbarkeit der Wertungen des ZVG läßt sich nicht einwenden, daß in der Zwangsverwaltung ein vorhandenes Grundstück benutzt wird[60], während die werbende Betriebsfortführung

---

[55] Stüdemann, FS 100 Jahre KO, S. 401 (431); ders., WpG 1978, 413 (420).

[56] Stüdemann, FS 100 Jahre KO, S. 401 (427 - 431).

[57] s.o. § 3 A II Fn. 42 m. N.

[58] Jaeger / *Weber,* § 117 KO, Rz. 17; F. Baur, FS f. R. Bruns, S. 241 (244f.).

[59] Daneben gestatten §§ 165 II S. 3 - 5; 171c III S. 3 ZVG die zeitweise Verwaltung von Schiffen und Luftfahrzeugen während der Dauer des Versteigerungsverfahrens. Dazu s. Mohrbutter, KTS 1963, 21 (23 - 30).

[60] BGH, NJW 1980, 55 (55) sieht als zulässige Ziele der Betriebsfortführung nur an, vorhandene Produktionsmittel aufzuarbeiten und vorhandene Aufträge zu erfüllen.

einen unternehmerischen Neubeginn darstellt. Mit einer solchen Geschäftsfortführung werden nämlich auch Erträge aus einer vorhandenen Betriebsorganisation gezogen.

Für die Zulässigkeit werbender Betriebsfortführungen spricht systematisch ein Vergleich mit den Vorschriften über die Verwertung gepfändeter oder beschlagnahmter Gegenstände in §§ 1228; 1233 - 1240 BGB; 815 - 825 ZPO und 44 - 94 ZVG. Aus dem Fehlen solch detaillierter Regelungen über die Verwertung folgt, daß diese im Konkurs möglichst flexibel, frei von rechtlichen Bindungen erfolgen soll[61].

Eine werbende Betriebsfortführung ist nach dem System der KO auch praktikabel. Gemäß §§ 161 - 163 KO ist die KO zwar auf die Schlußverteilung und Aufhebung des Konkursverfahrens ausgerichtet. Nach § 149 KO sind jedoch auch Abschlagsverteilungen möglich. Die Erlöse einer werbenden Betriebsfortführung können also an die Konkursgläubiger sukzessive ausgeschüttet werden.

Gemäß §§ 88; 132 II KO können dem Konkursverwalter Berichtspflichten auferlegt werden. Die Kompetenzen zwischen Konkursverwalter, Gläubigerausschuß und -versammlung lassen sich daher in Anlehnung an die Rechte von Vorstand, Aufsichtsrat und Hauptversammlung einer AG verteilen. Fremdkörper bei einer solchen gesellschaftsrechtlichen Organisation im Innenverhältnis ist die Gerichtsaufsicht nach §§ 83, 99 KO. Da insoweit nur eine Rechtsaufsicht besteht[62], stellen sich einer Betriebsfortführung keine organisatorischen Hindernisse.

Das Verbot werbender Betriebsfortführungen führt zu Abgrenzungsschwierigkeiten. Deshalb spricht teleologisch gegen die restriktive Position des BGH, daß sie auch Betriebsfortführungen mit einem Liquidationsziel erschwert. So muß ein „Totschrumpfen", d.h. eine Betriebsfortführung bis zum Verbrauch aller vorhandenen Produktionsfaktoren[63], noch als Liquidation bezeichnet werden. Da die Nutzungsdauer der verschiedenen Produktionsmittel stark differiert, müssen während des Schrumpfungsprozesses komplementär nötige Produkte beschafft werden. Um z.B. die besonders lang nutzbaren Produktionsanlagen bis zu deren Funktionsunfähigkeit zu gebrauchen, müssen Rohmaterialien nachgekauft werden. Dabei läßt sich die werbende Fortführung vom „Totschrumpfen" auch nicht nach der Abschreibungsdauer für den am längsten nutzbaren Produktionsfaktor abgrenzen. Durch den Kauf neuer Anlagen kann sich diese Dauer während des „Totschrumpfens" wieder verlängern. Damit bestehen nur noch graduelle Unterschiede zu einer werbenden Betriebsfortführung. Der BGH ver-

---

[61] Levy, KuT 1927, 182 (182); Jaeger / *Weber,* § 117 KO, Rz. 17; Plate, KTS 1980, 101 (103).

[62] s.o. § 3 A I 1.

[63] Hellge, S. 107 - 110; s.u. § 4 C II.

stärkt die Abgrenzungsprobleme dadurch, daß er allein aus einer achtjährigen (!) Dauer nicht auf die Unzulässigkeit der Betriebsfortführung schließen will[64].

Ferner schwächt die Ansicht des BGH die Verhandlungsposition des Konkursverwalters bei Verkaufsbemühungen. Er wäre gezwungen, auch profitable Betriebe zu veräußern. Dieser Zeitdruck kann sich negativ auf den erzielbaren Preis auswirken. Der Profit wird so von den Konkursgläubigern auf Käufer oder Auffanggesellschaften verlagert[65]. Auch gibt es Branchen, in denen die Zukunftsprognosen so unsicher sind, daß sich selbst für rentable Betriebe keine Interessenten finden. So reizen die Aussichten der Stahlbranche zur Zeit kaum zu Investitionen[66]. Der Konkursverwalter kann dagegen trotz der Zukunftsrisiken den Betrieb fortführen, da er bei einer negativen Entwicklung den Betrieb später liquidieren kann, ohne daß die Masse durch die zeitliche Verzögerung neue Verluste erleidet. Werbenden Betriebsfortführungen kommt damit sehr wohl ein besonderer Nutzeffekt zu[67].

Gegenüber dem Vorteil einer klaren Regelung sind nur geringe Nachteile mit werbenden Betriebsfortführungen verbunden. Die Zahl solcher Fortführungen wird kaum steigen. Denn bei einem Vergleich des Erlöses der Verwertungsalternativen sind die fortlaufenden Erträge zu kapitalisieren. Nach der sog. Formel für die ewige Rente[68] ist dafür ein Kapitalisierungszinsfuß zu bestimmen. Wegen dieser Abzinsung spielen Erträge in späteren Jahren eine um so geringere Rolle, je höher der Zinsfuß ist[69]. Aus Interesse an einer schnellen Befriedigung und wegen der Risiken einer Betriebsfortführung werden die Mitglieder von Gläubigerversammlung und -ausschuß bei dieser Ermessensfrage eher einen hohen Zinsfuß ansetzen. Tendenziell bleibt damit eine werbende Betriebsfortführung auf besonders aussichtsreiche Fälle beschränkt. Werbende Fortführungen lassen sich mit der Verwertungsfunktion des § 117 KO vereinbaren.

---

[64] BGH, ZIP 1980, 851 (853f.). Kübler, ZGR 1982, 498 (513) räumt ein, daß genaue Kriterien für die zulässige Dauer fehlen. Walendy, S. 135 nennt ohne Begründung 3 Jahre als Frist.

[65] K. Schmidt, ZIP 1980, 328 (336) hält deshalb die übertragende Sanierung de lege ferenda für verfehlt.

[66] Als Beispiel s.: FAZ v. 10. 2. 1983 S. 17 „Anschlußkonkurs für die Hamburger Stahlwerke“, FAZ v. 7. 12. 1983 S. 23 „Hamburger Senat unterstützt HSW“.

[67] A.A.: Walendy, S. 135.

[68] $$\text{Ertragswert} = \frac{\text{Nachhaltiger Jahresvertrag} \times 100}{\text{Zinsfuß}}$$
s. Dörner, WP-Handbuch, S. 1131 (1163).

[69] Dörner, WP-Handbuch, S. 1131 (1163); B. Weber, S. 138.

bb) Zu den Interessen der Konkursbeteiligten bei werbenden Betriebsfortführungen

(1) Zum Vorrang einer risikoarmen Verwertung

Die besonderen Risiken dienen dem BGH als weiteres Argument gegen die Zulässigkeit längerer Betriebsfortführungen[70]. Wenn die neu abgeschlossenen Geschäfte zum Mißerfolg führten, drohe den Konkursbeteiligten weiterer Verlust. Diese Gefahr sei nicht zu unterschätzen, da die Konkursursachen fortwirken könnten. Die Übernahme solcher Risiken widerspreche den Interessen der Konkursbeteiligten.

Da auch bei kurzen Fortführungen neue Geschäfte geschlossen werden, besteht diese Gefahr selbst für die vom BGH für zulässig gehaltenen Fortführungen. Das Risikoargument des BGH spricht also nicht spezifisch gegen werbende, langdauernde Fortführungen und begründet nicht, warum diese unzulässig sein sollen.

Zudem berücksichtigt der BGH mit dem Hinweis auf die Risiken nur, daß die Betriebsfortführung weniger als eine sofortige Liquidation erbringen kann. Dagegen bezeichnet er es nicht als Risiko, wenn im umgekehrten Fall eine weniger ergiebige Betriebsliquidation droht. Damit schließt der BGH von der Praxis, in der die sofortige Liquidation vorherrscht, auf die Risiken anderer Verwertungsarten, weil sie den üblichen Liquidationserlös verspielen können.

Wenn man dagegen anerkennt, daß die KO durch die Flexibilität der Verwertung Gläubigerverluste minimieren will, ist eine Betriebsliquidation ebenso riskant wie aussichtsreich. Sie kann nämlich im Vergleich zur günstigeren Betriebsfortführung zu einem geringeren Erlös führen. Wenn aber alle Alternativen die optimale Verwertung verfehlen können, ist es legitim, daß die Mehrheit in der Gläubigerversammlung die verschiedenen Risiken und Chancen – unabhängig von der sonst üblichen Praxis – verbindlich abwägt.

(2) Die Interessen der Konkursgläubiger

Eine solche Abwägung der Risiken durch Mehrheitsentscheidungen entspricht den Interessen der Konkursgläubiger. Sie wollen eine möglichst gute Quote erzielen. Da die Abwägung z. B. zwischen den Aussichten, später eine hohe Quote zu erhalten, und der Chance, relativ schnell einen geringen Erlös zu bekommen, von persönlichen Risikovorlieben abhängt und daher nicht

---

[70] BGH, NJW 1980, 55 (55); BGH, KTS 1973, 251 (253); BGH, WM 1975, 517 (517); so schon OLG Koblenz, KTS 1956, 60 (61).

rational zu entscheiden ist, sind demokratische Mehrheitsentscheidungen angemessen.

Dagegen wird eingewandt, daß die Minderheit nach der Wertung der §§ 54 VglO; 182 KO vor den Gefahren einer Fortführung zu schützen sei[71]. Denn für die Annahme eines Vergleichs oder Zwangsvergleichs sei eine qualifizierte Mehrheit auch deshalb nötig, weil anschließend der Betrieb fortgeführt werde. Die §§ 74 VglO; 182 KO gelten jedoch auch für einen Liquidationsvergleich, bei dem der Betrieb gerade zerschlagen wird. Das Erfordernis einer qualifizierten Mehrheit soll also nicht vor den Risiken einer Betriebsfortführung schützen. Vielmehr soll – unabhängig von der Frage einer Fortführung – legitimiert werden, daß Gläubiger ex ante das Verwertungsergebnis abschätzen und damit ihre Vergleichsquote festlegen. Zudem bedarf der Verzicht auf die Nachhaftung aus § 164 KO einer besonderen Mehrheit. Die §§ 74 VglO; 182 KO enthalten somit nicht die Wertung, daß Beschlüsse über längere Betriebsfortführungen eine besondere Mehrheit erfordern.

Bedenken ergeben sich daraus, daß für die Konkursgläubiger ein Moratorium gilt. Sie unterliegen gemäß § 14 KO einem Vollstreckungsverbot und erhalten wegen § 63 Nr. 1 KO ab Konkurseröffnung nicht mehr die laufenden Zinsen. Fraglich ist, ob eine werbende Betriebsfortführung es legitimiert, daß die überstimmte Mehrheit der Konkursgläubiger auf Dauer diese Nachteile tragen muß. Das Vollstreckungsverbot des § 14 KO soll eine ungeordnete und ungerechte Rechtsverfolgung der einzelnen Gläubiger unterbinden[72]. Da im Konkurs nicht alle Gläubiger ganz befriedigt werden können, ersetzt eine kollektive Organisation die individuelle Rechtsverfolgung, die zu einer ungleichmäßigen Befriedigung führte. Dieser Zweck erfordert die Unterordnung unter Mehrheitsentscheidungen, weshalb das Gleichbehandlungsgebot des § 3 KO den individuellen Rechtsverlust legitimiert. Darüber hinaus dient § 14 KO mittelbar einer wirtschaftlich optimalen Verwertung. Bei Geltung des Prioritätsprinzips der Einzelzwangsvollstreckung würden die Gläubiger zu einem Wettlauf veranlaßt, da sie nur bei früher Vollstreckung einen Teil der beschränkten Masse erhielten. Ohne § 14 KO würde die Masse daher schnell, unkoordiniert und damit unwirtschaftlich zerschlagen. § 14 KO ist also auch Ausdruck des Befriedigungszwecks der KO, nach dem eine wirtschaftlich optimale Verwertung anzustreben ist. Eine werbende Betriebsfortführung kann u. U. aber die beste Verwertungsform sein. In der Praxis begründet das Vollstreckungsverbot im übrigen für werbende Betriebsfortführungen keine besonderen Nachteile. Da Abschlagsverteilungen gemäß § 149 KO möglich sind, wird die Mehrheit der Konkursgläubiger im eigenen Interesse nur dann einer Betriebsfortführung

---

71 Walendy, S. 131.

72 Jaeger / *Henckel*, § 14 KO, Rz. 1.

zustimmen, wenn ihnen die Erträge der Fortführung in angemessener Zeit zugute kommen. Zudem gewährleisten auch andere Verwertungsalternativen keine schnelle Auszahlung des Konkurserlöses. Selbst wenn die Masse schnell liquidiert wird, müssen vor Abschluß des Konkursverfahrens und Auszahlung des Erlöses regelmäßig die Rechte am Erlös noch festgestellt werden, indem beispielsweise langwierige Prozesse mit Aus- und Absonderungsberechtigten oder Konkursgläubigern geführt werden. So wurden nach einer statistischen Untersuchung[73] die Konkursverfahren im Durchschnitt erst nach 2 Jahren und 4 Monaten abgeschlossen. Da Betriebsfortführungen nach derselben Untersuchung sehr selten vorkommen, läßt sich der Befund über den späten Verfahrensschluß nur mit der Notwendigkeit von Rechtsstreitigkeiten erklären. Da parallel zur Betriebsfortführung bereits mit Prozessen begonnen werden kann, muß sie unter Berücksichtigung möglicher Abschlagszahlungen nicht zu einer langen Verzögerung der Erlösverteilung führen. Das Vollstreckungsverbot des § 14 KO beeinträchtigt bei werbenden Betriebsfortführungen also die Interessen der Konkursgläubiger nur wenig. Der Nachteil wird durch das dem Gleichbehandlungsgebot entsprungene Mehrheitsprinzip gerechtfertigt.

Der Zinsausschluß des § 63 Nr. 1 KO erfordert, als Ausgleich für eine spätere Auszahlung kalkulatorisch den erwarteten Erlös abzuzinsen. Denn dem Befriedigungszweck der KO entspricht es nur, die Verwertungsalternative auszuwählen, die effektiv, inflationsbereinigt den besten Erlös verspricht. Werden dementsprechend beim Vergleich der Alternativen die Zinsunterschiede kalkulatorisch beachtet, wird die spätere Auszahlung des Erlöses durch die Aussicht auf eine höhere Quote kompensiert. Dieser Effekt gilt nur nicht für die Gläubiger der höheren Rangklassen, die bei einer früheren Auszahlung 100% ihrer Forderung erhalten hätten. Diese Gläubiger werden durch ihr Rangvorrecht jedoch bereits entgegen dem grundlegenden Gleichbehandlungsgebot des § 3 KO bevorzugt. Weitere, systemwidrige Vorteile für diese Gruppe zu Lasten der einfachen Konkursgläubiger sind ohne ausdrückliche gesetzliche Anordnung nicht gerechtfertigt. Mangels gesetzlicher Hinweise ist deshalb nicht allein im Interesse der höherrangigen Konkursgläubiger eine schnelle Liquidation anzustreben, wenn dadurch der – abgezinste – Verwertungserlös für die einfachen Konkursgläubiger voraussichtlich schlechter ausfällt. Die höherrangigen Gläubiger können im übrigen in geeigneten Fällen Abschlagszahlungen erhalten. Das konkursrechtliche Moratorium gemäß §§ 14; 63 Nr. 1 KO steht damit werbenden Betriebsfortführungen nicht entgegen. Diese widersprechen nicht den Interessen der Konkursgläubiger. Die überstimmte Minderheit hat kein schutzwürdiges Interesse, daß der Betrieb zerschlagen wird.

---

[73] Gessner, Praxis, S. 140.

(3) Die Interessen des Gemeinschuldners

Die Interessen des Gemeinschuldners entsprechen denen der Konkursgläubiger. Ein optimaler Verwertungserfolg vermindert seine Nachhaftung aus § 164 KO. Problematisch wäre eine werbende Betriebsfortführung für den Gemeinschuldner, wenn er für dann begründete Masseschulden mit seinem neuerworbenen Vermögen einstehen müßte[74]. Mit seiner Wirtschaftsfreiheit aus Art. 2 I GG wäre kaum vereinbar, daß der Verwalter ihn zeitlich unbegrenzt verpflichten und damit die Chance auf einen wirtschaftlichen Neubeginn vereiteln könnte. Eine solche Haftung für Masseschulden wurde daraus hergeleitet, daß der Gemeinschuldner im Konkurs Träger des Vermögens bleibe und nach § 6 KO nur die Verwaltungs- und Verfügungsmacht verliere[75]. Unabhängig vom Streit um die rechtliche Stellung des Konkursverwalters ist jedoch festzustellen, daß die KO keine Ermächtigung für den Verwalter enthält, den Gemeinschuldner über das konkursbefangene Vermögen hinaus zu verpflichten. Deshalb haftet der Gemeinschuldner nur für die Masseschulden nach § 59 I Nr. 3 KO, die schon vor Konkurseröffnung bestanden[76].

(4) Die Interessen der Massegläubiger

Besondere Risiken bestehen für Massegläubiger, weil sie die Konkursabwicklung nicht beeinflussen können. Daneben sind sie – anders als bei Verträgen mit einer GmbH – nicht durch Kapitalschutzvorschriften geschützt. Andererseits haben Massegläubiger das Rangvorrecht des § 60 KO, und im Konkurs ist eine relativ objektive Überprüfung der wirtschaftlichen Aussichten gewährleistet. Der vom Konkursgericht beaufsichtigte Verwalter hat nach dem Gleichbehandlungsgebot die Belange aller Beteiligten zu beachten[77] und verfolgt nur im geringen Maße eigene wirtschaftliche Interessen[78]. Das fehlende Stimmrecht der Massegläubiger muß wegen dieser Absicherungen nicht zusätzlich dadurch kompensiert werden, daß die Verwertungsalternative gewählt wird, die ihnen relativ sicher eine volle Quote bringt, für alle anderen Gläubiger aber ungünstig ist.

---

[74] Walendy, S. 132.

[75] Wilmowski / *Kurlbaum*, vor § 57 KO, Anm. 2; *Kleinfeller* / Petersen, vor § 57 KO, Anm. 3; wohl auch Walendy, S. 132.

[76] BGH, WM 1964, 1125 (1125); Hanisch, Rechtszuständigkeit, S. 148 - 150; Mentzel / Kuhn / *Uhlenbruck*, § 57 KO, Rz. 11; *Baur* / Stürner, Konkursrecht, Rz. 1099 m.w.N.

[77] Nach *Baur* / Stürner, Konkursrecht, Rz. 1017 handelt der Konkursverwalter „mehrseitig fremdbestimmt“.

[78] Zur teilweise erfolgsabhängigen Vergütung des Konkursverwalters s.u. § 7 D I und § 3 VergütVO.

Die Interessen der Konkursbeteiligten stehen somit der Zulässigkeit werbender Betriebsfortführungen nicht entgegen.

Die entgegengesetzte Ansicht des BGH von den besonderen Risiken erklärt sich damit, daß er Betriebsfortführungen vor allem ex post in Haftungsprozessen gegen Konkursverwalter zu beurteilen hat. Die Rechtsprechung beschäftigt sich naturgemäß vorwiegend mit den fehlgeschlagenen Betriebsfortführungen, während die erfolgreichen Fälle i. d. R. keinen Anlaß für Rechtsstreitigkeiten bieten.

cc) Zur Rechtsschutzfunktion des Konkurses

Neben der Verlustminimierung dient das Konkursverfahren dem Rechtsschutz der Gläubiger[79]. Der Konkurs soll eine geordnete staatliche Vollstreckung ermöglichen[80]. Daraus kann jedoch nicht geschlossen werden, daß entsprechend der prozeßrechtlichen Beschleunigungsmaxime[81] ein zügiger Verfahrensabschluß ein Ziel der KO ist. Eine schnelle Verwertung ist häufig unwirtschaftlich[82] und widerspricht damit einer zentralen Aufgabe der KO.

dd) Zur Ausscheidungsfunktion des Konkurses

Die – behauptete – Funktion des Konkurses, nicht konkurrenzfähige Wirtschaftsobjekte aus dem Markt auszuscheiden[83], spricht nicht gegen die Zulässigkeit werbender Betriebsfortführungen. Selbst wenn dem Konkurs eine derartige Sanktionsaufgabe zukäme[84], forderte diese nicht, einen fortführungstauglichen, also konkurrenzfähigen Betrieb mit insolventem Unternehmensträger zu zerschlagen. Die Sanktion des Konkurses muß sich nur gegen den Unternehmensträger richten.

---

[79] Stüdemann, FS 100 Jahre KO, S. 401 (404f.); Gerhardt, FS f. Fr. Weber, S. 181 (182).

[80] *Baur* / Stürner, Konkursrecht, Rz. 950.

[81] Dazu s. Rosenberg / *Schwab*, § 84 m. w. N.

[82] Plate, Konkursbilanz, S. 102; Fürst, KTS 1961, 126 (130) und s. u. § 4 B.

[83] Einerseits: Meyer-Cording, NJW 1981, 1242 (1242); Stürner, ZIP 1982, 761 (762); R. Schmidt, Analyse, S. 34f. und 82.
Andererseits: Prager, KTS 1956, 86 (90f.); Gerhardt, FS f. Fr. Weber, S. 181 (183 - 188); Eickmann, Konkursrecht, I 2.2.

[84] Der angeblichen Ausscheidungsfunktion des Konkurses steht entgegen, daß bereits Gewinn und Verlust marktwirtschaftlich den Kapitaleinsatz lenken. Weitere Sanktionen sind daher überflüssig. Marschdorf, S. 173. Für weitere Kritik s. Gerhardt, FS f. Fr. Weber, S. 181 (183 - 188).

ee) Zum handelsrechtlichen Gebot einer unbeschränkten Haftung bei werbender Betriebstätigkeit

Gegen die Zulässigkeit werbender Betriebsfortführungen wird schließlich eingewandt, daß das Haftungssystem im Konkurs mit handels- und gesellschaftsrechtlichen Prinzipien auf Dauer nicht vereinbar sei[85]. Die Haftungsbeschränkung auf die Masse[86] mit einer bloßen Verschuldenshaftung des Konkursverwalters aus § 82 KO soll gegen das handelsrechtliche Prinzip verstoßen, daß nur ein vollhaftender Rechtsträger eine Firma führen dürfe. Aus diesem Prinzip folgert die h. M., daß ein Testamentsvollstrecker Firmen nicht fortführen dürfe[87].

Die Stellung des Konkursverwalters ist in bezug auf Geschäftsfortführungen mit der des Testamentsvollstreckers jedoch nicht vergleichbar. Der Konkurs ist nach § 32 HGB ins Handelsregister einzutragen. Anders als bei der Testamentsvollstreckung[88] ergeben sich daher keine Publizitätsprobleme. Vor allem läßt die KO zumindest auf eine Liquidation gerichtete Fortführungen eines Handelsgeschäftes zu. Das handelsrechtliche Prinzip einer notwendig unbeschränkten Haftung besteht damit nicht ausnahmslos und wird durch die spezielleren Regeln der KO modifiziert. Art. 2 EGHGB begründet keinen Vorrang des Handelsrechts[89]. Zunächst ist zweifelhaft, ob das Konkursrecht im Sinne dieser Norm zum bürgerlichen Recht gehört. Jedenfalls geht es nicht um das durch Art. 2 EGHGB evtl. geregelte Verhältnis von HGB und KO, sondern um den Inhalt des handelsrechtlichen Postulats von der unbeschränkten Haftung bei Führung einer Einzelfirma[90]. Da die speziellere KO insoweit Ausnahmen zuläßt, verbietet das handelsrechtliche Prinzip keine Betriebsfortführung durch den Konkursverwalter und erfordert auch keine Modifikationen der Haftungsordnung[91]. Die Zulässigkeit einer werbenden Betriebsfortführung ergibt sich allein aus einer Interpretation der KO.

---

[85] K. Schmidt, Gutachten D, S. 73; Walendy, S. 133.

[86] s. o. § 3 A II 2 b bb (3).

[87] RGZ 132, 138 (144); BGHZ 12, 100 (102); MK - Brandner, § 2205 BGB, Rz. 14; John, BB 1980, 757 (757) m. w. N.; zur Kritik an der h. M. s. F. Baur, FS. f. Dölle, S. 249 (251 - 269).

[88] Gegen die Eintragungsfähigkeit der Testamentsvollstreckung in das Handelsregister: RGZ 132, 138 (140 f.); BGHZ 12, 100 (102); a. A.: F. Baur, FS f. Dölle, S. 249 (259 f.).

[89] Anders für die Testamentsvollstreckung: RGZ 132, 138 (144); BGHZ 12, 100 (102).

[90] So für die Testamentsvollstreckung: F. Baur, FS f. Dölle, S. 249 (261 f. und 268 f.).

[91] Der Testamentsvollstrecker soll als Vertreter des Erben oder als Treuhänder mit eigener Haftung auftreten. s. John, BB 1980, 757 (758 - 761).

c) *Ergebnis*

Werbende Betriebsfortführungen sind zulässig[92]. Die KO enthält als privatrechtliches Mittel einer Gesamtvollstreckung in §§ 161; 163 KO zwar Normen, die auf eine Schlußverteilung und baldige Liquidation gerichtet sind. Andererseits ist auch die Zwangsverwaltung eine Vollstreckungsmaßnahme, und eine flexibel durchgeführte Verwertung ist ein Ziel der KO. Wer jede Form der Betriebsfortführung für zulässig hält, vermeidet Abgrenzungsschwierigkeiten. Betriebsfortführungen sind dann erlaubt, wenn sie wirtschaftlich zweckmäßig sind. Werbende Betriebsfortführungen widersprechen zudem nicht den Interessen der Konkursbeteiligten, da andere Verwertungsalternativen ebenfalls mit dem Risiko eines schlechteren Verwertungserlöses belastet sind. Damit kann der betriebswirtschaftlichen Erkenntnis Rechnung getragen werden, daß die Konkursgründe untaugliche Auslöser für eine automatische Betriebszerschlagung sind.

3. Zum grundsätzlichen Vorrang einer Betriebszerschlagung

Der BGH[93] hält jede Betriebsfortführung, selbst wenn sie auf eine spätere Betriebszerschlagung gerichtet ist, für eine besonders zu rechtfertigende Ausnahme. Hiergegen sprechen die oben angeführten Argumente. Eine Betriebszerschlagung kann die Chance auf Mehrerlöse zerstören und damit dem Befriedigungszweck der KO, nach dem eine möglichst hohe Konkursquote zu erzielen ist, widersprechen. Dabei liegt kein Interessenunterschied darin, daß der Zerschlagungserlös stets greifbar ist, während eine Betriebsfortführung bloße Erwerbschancen realisieren soll. Die Kreditgeber und späteren Konkursgläubiger haben einem lebenden Unternehmen Kredite gegeben, weil sie sich von den laufenden Geschäften eine Deckung der Ansprüche erhofften. Im Konkurs können sie deshalb zu Recht erwarten, daß bereits angelaufene Geschäfte, bei denen sich wirtschaftliche Chancen bereits konkretisiert haben, in geeigneten Fällen fortgeführt werden. Zumindest kurzfristige Fortführungen sind deshalb ebensowenig riskant wie Betriebsliquidationen, da beide Alternativen konkrete Geschäftsaussichten zunichte machen können. Weiterhin indiziert der Konkursgrund nicht, daß eine Betriebsauflösung notwendig ist. Außerdem stehen nach der Formulierung des § 132 I KO die Alternativen Auflösung und Fortführung gleichwertig nebeneinander, da sie durch ein „oder“ verbunden sind. Die gemäß §§ 132 ff. KO erforderlichen Genehmigungen für die Betriebsfortführung und -veräußerung haben ihren Grund in der Schwierigkeit und weit-

---

[92] Stüdemann, FS 100 Jahre KO, S. 401 (431 f.); Hax / Marschdorf, BFuP 1983, 112 (115, 122 und 126) und wohl auch Mohrbutter, KTS 1980, 125 (126). Nachweise zur abweichenden h. M. s. o. § 3 A II 2 Fn. 42.

[93] BGH, NJW 1980, 55 (55); OLG Koblenz, KTS 1956, 60 (61).

reichenden Bedeutung dieser Geschäfte[94], die §§ 132ff. KO begründen aber kein Regel-Ausnahme-Verhältnis. Ein solches Verhältnis folgt auch nicht daraus, daß die Zwangsversteigerung wegen § 161 ZVG der Zwangsverwaltung vorgeht. Im Konkurs besteht eine Zwangsgemeinschaft der Gläubiger. Deshalb können Mehrheitsentscheidungen den Streit verschiedener Gläubiger um die richtige Verwertungsart lösen, während im ZVG eine derartige Kollisionsregel erforderlich ist. Rechtlich ist die Betriebsfortführung eine gleichwertige Verwertungsalternative[95].

Umgekehrt gibt es kein generelles Gebot, den Betrieb fortzuführen[96], da die Selbstverwaltungsorgane die Aussichten und Risiken einer Betriebsfortführung nach ihrem Ermessen frei abwägen dürfen.

Überlegenswert ist allenfalls, ob eine tatsächliche Vermutung besteht, daß eine Betriebsfortführung i.d.R. unzweckmäßig ist. Für eine solche Vermutung ist hinsichtlich der verschiedenen Formen der Fortführung zu differenzieren. Diese können kurzfristig der Aufarbeitung vorhandener Produktionsfaktoren dienen, eine Betriebsveräußerung anstreben, einen werbenden Charakter tragen oder den Betrieb totschrumpfen lassen. Um die Vermutung zu verifizieren, ist eine genaue Analyse dieser Alternativen einschließlich der Zwischenformen nötig. Dies soll in § 4 dieser Arbeit versucht werden.

Der Betriebszerschlagung gebührt damit weder ein rechtlicher Vorrang gegenüber einer Betriebsfortführung noch besteht eine entsprechende generelle und undifferenzierte tatsächliche Vermutung.

B. Sonstige Schranken einer Betriebsfortführung

I. Wettbewerbsrechtliche Grenzen

Nach Kommentaren in der Tagespresse[1] sollen Konkursverwalter mit Betriebsfortführungen in der Textilbranche einen Vernichtungswettbewerb gegen solvente Unternehmen führen. Wegen konkursbedingter Kalkulationsvorteile können die Preise der Konkurrenz unterboten werden, weil der Verwalter für vorgefundene Roh- und Halbfertigprodukte nicht den Einkaufspreis, sondern nur den niedrigeren mutmaßlichen Verwertungserlös berechnen muß. Wegen § 63 Nr. 1 KO werden Zinsen für Konkursforderun-

---

[94] Baumann, § 8 II 2 b β, S. 71 und zu den Gesetzesmaterialien s. Hahn, S. 285 und 287.

[95] F. Baur, FS f. R. Bruns, S. 241 (244).

[96] So aber Stüdemann, WpG 1978, 413 (421). Ders. hatte in: FS 100 Jahre KO, S. 401 (432) Zerschlagung und Fortführung noch als gleichwertige Ziele genannt.

[1] Neukirchen, Welt am Sonntag, v. 1. Nov. 1981 S. 13 „Die schärfste Konkurrenz sind Pleite-Firmen"; z.T. wörtlich zitiert bei Arnold, S. 5 Fn. 21.

gen nicht fällig, und bis zur ersten Kündigungsmöglichkeit müssen die Lohnforderungen der Arbeitnehmer ohnehin bezahlt werden, so daß diese Ausgaben nicht in die Preiskalkulation einzustellen sind[2].

Die deshalb mögliche Preisunterbietung im Wettbewerb könnte gegen § 1 UWG verstoßen. Der Verdrängungswettbewerb ist eine Fallgruppe der sittenwidrigen Wettbewerbsbeschränkung[3]. Grundsätzlich ist die Preisfestsetzung als Teil des Leistungswettbewerbs frei. Eine eigene, zulässige Leistung liegt auch vor, wenn das bessere Angebot auf Glück oder Zufall statt auf eigener Tüchtigkeit beruht. Denn gleiche Startchancen können nicht vorausgesetzt werden[4]. Die Preisunterbietung ist erst dann sittenwidrig, wenn die dadurch errungene marktbeherrschende Stellung anschließend ausgenutzt werden soll[5]. Der Verwalter darf also aufgrund zufälliger Kalkulationsvorteile niedrigere Preise anbieten, soweit er keinen Verdrängungswettbewerb führt. Dazu ist er nicht in der Lage, da die Kalkulationsvorteile nur eine begrenzte Zeit bestehen[6]. Sobald die vorhandenen Rohprodukte aufgebraucht und die ersten Kündigungsfristen verstrichen sind, muß der Verwalter mit den Einkaufspreisen und den Löhnen kalkulieren. Für neue Kredite muß er die marktüblichen Zinsen als Masseschulden bezahlen. Die konkursspezifischen Vorteile nehmen also kontinuierlich ab, so daß ein systematischer, längerer Verdrängungswettbewerb unmöglich ist. Daß der Verwalter konkursbedingte Vorteile im Wettbewerb ausnutzen darf, bestätigt § 12 VerstVO, der entgegen § 34b IV Nr. 5b GewO im Konkurs die Versteigerung neuer Waren zuläßt.

Ebensowenig trifft den Verwalter der Vorwurf der Preisschleuderei[7], einer weiteren Fallgruppe des § 1 UWG[8]. Diese setzt voraus, daß die Waren aus kaufmännisch unvernünftigen Gründen weit unter Preis verkauft werden[9]. Wegen der konkursbedingten Kalkulationsvorteile und des Verwertungszwanges ist ein niedrigerer Preis jedoch wirtschaftlich berechtigt.

De lege lata ist die Preisunterbietung wegen konkursbedingter Vorteile wettbewerbsrechtlich zulässig[10].

De lege ferenda ist zu beachten, daß den Vorteilen konkursspezifische Nachteile gegenüberstehen. So muß sich der Verwalter schnell in einen

---

[2] Zur Preiskalkulation bei einer Betriebsfortführung s. Plate, KTS 1981, 325 - 347; s.u. § 4 C I 1.

[3] Baumbach / *Hefermehl*, § 1 UWG, Rz. 206 - 210 m.w.N.

[4] Baumbach / *Hefermehl*, § 1 UWG, Rz. 204.

[5] Baumbach / *Hefermehl*, § 1 UWG, Rz. 203, 204 und 206 m.w.N.; BGHZ 28, 54 (60).

[6] s.u. § 4 E.

[7] Jaeger / *Weber*, § 117 KO, Rz. 17 S. 216 m.w.N.; a.A. KG, KuT 1928, 121 (122) zu einer vertraglich übernommenen Preisbindung.

[8] Baumbach / *Hefermehl*, § 1 UWG, Rz. 224.

[9] Baumbach / *Hefermehl*, § 1 UWG, Rz. 224.

[10] Kübler, ZGR 1982, 498 (513).

fremden Betrieb einarbeiten, dessen Ruf und Organisation in der vorhergehenden Krise gelitten haben können[11]. Fortgeführte Konkursbetriebe stellen daher keine große Gefahr für die Konkurrenz dar.

II. Betriebe mit persönlichen Anforderungen an die Qualifikation des Inhabers

1. Gewerberechtliche Voraussetzungen

Die konkursrechtlichen Probleme bei der Fortführung von Betrieben, die einer gewerberechtlichen Erlaubnis bedürfen, sind wenig umstritten. Für diese insolvenzrechtliche Arbeit genügen daher einige Hinweise[12].

Eine Lösung des Konkurrenzproblems zwischen Gewerbe- und Konkursrecht sollte eine sinnvolle Verwertung erleichtern und gleichzeitig den gewerberechtlichen Schutz der Gemeininteressen durchsetzen. Dies ist unproblematisch, wenn unabhängig von der Person des Unternehmers eine dingliche Betriebserlaubnis erforderlich ist. Diese gilt auch für den Konkursverwalter[13].

Schwieriger ist die Rechtslage, wenn der Gewerbetreibende persönlich besonders qualifiziert sein muß. In diesem Fall versagt die h.M. dem Verwalter eine eigene Erlaubnis[14]. Da er weder auf eigene Rechnung noch dauerhaft tätig sei, übe er kein Gewerbe aus. Eine eigene Erlaubnis ist auch nicht besonders sinnvoll. Das Genehmigungsverfahren ist u.U. zeitaufwendig und kann von der Behörde ausgenutzt werden, um für den Betrieb neue Auflagen zu verfügen[15].

Da § 6 KO den Gemeinschuldner von der Verwaltung suspendiert, ist der Verwalter nicht dessen unselbständige Hilfsperson, für die keine eigene Gewerbeerlaubnis notwendig ist.

Der Konkursverwalter ist daher gewerberechtlich Stellvertreter des Gemeinschuldners. Der Verwalter handelt selbständig und auf Rechnung der Masse, er erfüllt die gewerberechtlichen Voraussetzungen einer Stellvertretung[16]. Konkursrechtlich darf der Verwalter als Stellvertreter die

---

[11] Zu weiteren praktischen Schwierigkeiten s.u. § 4 und § 5.

[12] Als ausführlichere Darstellungen s.: Schultzenstein, ZZP 33 (1904), 447 - 510; Sello, JR 1951, 618 - 623; Schulz, GewArch. 1959, 73 - 76; Bitter, BayVBl. 1972, 202 - 206; Jaeger / *Henckel*, § 1 KO, Rz. 11; s. ferner BVerwG, MDR 1970, 80 (81f.). (Die Entscheidung ist durch eine Reform des GüKG teilweise überholt.)

[13] Bitter, BayVBl. 1972, 202 (205).

[14] Schultzenstein, ZZP 33 (1904), 447 (452); Sello, JR 1951, 618 (618); Schulz, GewArch. 1959, 73 (73f.).

[15] Als Beispiel s. ZIP-Report, Bericht des Vergleichsverwalters der Wienerwald GmbH, München, ZIP 1983, 373 (379).

[16] Jaeger / *Henckel*, § 1 KO, Rz. 11; Michel / *Kienzle*, § 9 GastG, Rz. 3; Fröhler / Kormann, § 45 GewO, Rz. 1; Schulz, GewArch. 1959, 73 (73f.); a.A. mit begriffsjuristischen Argumenten: Schultzenstein, ZZP 33 (1904), 447 (475f.).

Gewerbeerlaubnis des Gemeinschuldners verwerten. Diese Erlaubnis fällt nämlich in die Masse, obwohl eine Einzelzwangsvollstreckung in dieses Recht nicht möglich ist. Es kann nach § 45 GewO jedoch durch einen Stellvertreter ausgeübt werden. Das Recht ist daher nicht höchstpersönlich, sondern durch andere verwertbar, fungibel, was für § 1 KO ausreicht[17]. Die Gewerbeerlaubnis ermöglicht eine Betriebsfortführung und hat folglich, wie von § 1 KO gefordert, Vermögenswert[18].

Hinsichtlich der gewerberechtlichen Folgen ist dreifach zu differenzieren. Im Normalfall gilt § 45 GewO. Der Verwalter braucht keine neue formelle Erlaubnis[19]. Er muß aber den materiellen Anforderungen an die Gewerbetätigkeit, Sachkunde und Zuverlässigkeit, genügen. Soweit er die Bedingungen nicht erfüllt, kann er – gewerbe- und konkursrechtlich zulässig – einen qualifizierten Stellvertreter ernennen. Eine solche teilweise Substitution teilt die konkursrechtlichen Befugnisse dem Verwalter und die gewerberechtlichen Aufgaben dem Vertreter zu[20]. Gewerberechtlich kommt es in keinem Fall mehr auf die Person des Gemeinschuldners an[21]. Er hat keinen Einfluß auf die Geschäfte, so daß seine Unzuverlässigkeit öffentliche Interessen nicht gefährdet. Die Erlaubnis kann wegen seiner Fehler nicht zurückgenommen werden[22]. Entsprechend § 6 KO kann er auf die Erlaubnis auch nicht verzichten[23].

Nach einigen Normen, z.B. §§ 9 GastG; 47 GewO[24], braucht der Gewerbetreibende eine besondere Erlaubnis für den Stellvertreter. In diesen Fällen gelten entsprechende Grundsätze. Zusätzlich ist eine formelle Erlaubnis notwendig, auf deren Erteilung ein Rechtsanspruch besteht.

Die Position des Verwalters ist schwächer, wenn der Konkurs wie in § 102b Nr. 4 GüKG einen besonderen Widerrufsgrund darstellt. Seit der letzten Reform des GüKG ist die Behörde zur Rücknahme der Erlaubnis nicht mehr verpflichtet[25]. Die Behörde hat jetzt einen Ermessensspielraum. Grund der Rücknahmemöglichkeit ist, daß für Güterverkehrsgenehmigun-

---

[17] Sello, JR 1951, 618 (619); Jaeger / *Henckel*, § 1 KO, Rz. 11; Bitter, BayVBl. 1972, 202 (203); Schultzenstein, ZZP 33 (1904), 447 (467 - 471); a.A. OLG Kiel, KuT 1935, 28.

[18] Jaeger / *Henckel*, § 1 KO, Rz. 11; Sello, JR 1951, 618 (618f.); Bitter, BayVBl. 1972, 202 (203).

[19] Landmann / Rohmer / *Salewski*, § 45 GewO, Rz. 11.

[20] Schulz, GewArch. 1959, 73 (75); Jaeger / *Henckel*, § 1 KO, Rz. 11.

[21] Er ist lediglich formell der Adressat eventueller Unterlassungsverfügungen; s. Bitter, BayVBl. 1972, 202 (205f.).

[22] Sello, JR 1951, 618 (621); Jaeger / *Henckel*, § 1 KO, Rz. 11; a.A. Schultzenstein, ZZP 33 (1904), 447 (489).

[23] Bitter, BayVBl. 1972, 202 (204); Sello, JR 1951, 618 (623); Schulz, GewArch 1959, 73 (76); a.A. Schultzenstein, ZZP 33 (1904), 447 (490).

[24] Weitere Beispiele nennt Landmann / Rohmer / *Salewski*, § 45 GewO, Rz. 2.

[25] Zu § 78 I Nr. 5 GüKG a.F. s. BVerwG, MDR 1970, 80 - 82.

gen gemäß § 9 GüKG objektive Zulassungsbeschränkungen bestehen. Die Interessen nachfolgender Bewerber sind deshalb mit denen der Masse abzuwägen. Soweit nur eine kurze, kostengünstige Fortführung beabsichtigt ist, überwiegen regelmäßig die Interessen der Masse. Denn der nachfolgende Bewerber muß nur kurze Zeit warten. Dagegen ist das Ermessen nicht auf Null reduziert, wenn der Speditionsbetrieb veräußert werden soll. Gemäß § 11 I GüKG ist die Genehmigung nämlich nicht übertragbar.

Für Kreditunternehmen ist eine Stellvertretung wegen § 34 KWG ausgeschlossen. Erlaubnisfrei ist nur die einjährige Fortführung durch die Erben. Diese Ausnahmevorschrift ist nicht analogiefähig. Der Tod des Kreditunternehmers schadet im Gegensatz zur Zahlungsunfähigkeit oder Überschuldung der Vermögensstruktur des Unternehmens nicht. Ein ausreichendes Vermögen ist gemäß § 35 II Nr. 5 KWG für die Erlaubnis zum Bankbetrieb wesentlich. Wegen der unterschiedlichen finanziellen Situation von Erben einerseits und Konkursverwaltern andererseits sind die Interessenlagen nicht vergleichbar.

Für Versicherungsunternehmen ist eine Betriebsfortführung wegen § 7 I VAG unmöglich. Danach dürfen natürliche Personen, also auch Konkursverwalter, die Versicherungsgeschäfte nicht selbständig führen.

Bei Kredit- und Versicherungsunternehmen ist der Verwalter also auf abwickelnde Tätigkeiten beschränkt. Eine Betriebsfortführung in der Insolvenz ist nur in der Form möglich, daß die Gemeinschuldnerin einen Vergleichsantrag stellt und bis zu dessen Abweisung die Geschäfte unter Aufsicht eines Vergleichsverwalters selbst führt.

2. Freiberufliche Praxen

Die für Gewerbebetriebe geltenden Grundsätze sollen für freiberufliche Praxen nicht gelten[26]. Deren immateriellen Werte gehörten gemäß § 1 KO nicht zur Masse, da dem Gemeinschuldner die spätere Fortsetzung seiner Betriebstätigkeit möglich bleiben müsse[27]. Wegen des besonderen Vertrauensverhältnisses etwa zwischen Arzt und Patient habe vor allem der Arzt selbst zu entscheiden, wem er seine Patienten anvertraut[28]. Praxisinhaber müßten einer Betriebsfortführung durch den Konkursverwalter zumindest zustimmen.

Wegen Art. 12 GG ist in der Tat die freie Berufsausübung des Gemeinschuldners nach Konkurseröffnung zu gewährleisten[29]. Deshalb unterliegt

---

[26] RG, LZ 1914, Sp. 491 (492); Jaeger / *Henckel,* § 1 KO, Rz. 12; Mentzel / Kuhn / *Uhlenbruck,* § 1 KO, Rz. 78.

[27] RG, LZ 1914, Sp. 491 (492).

[28] Jaeger / *Henckel,* § 1 KO, Rz. 12; RG, LZ 1914, Sp. 491 (492).

er bei einer Betriebsfortführung oder -veräußerung keinem Wettbewerbsverbot. Die Betriebsfortführung selbst hindert ihn dagegen nur, mit seinen alten betrieblichen Mitteln seinen Beruf auszuüben. Ein Neuanfang wird ihm wie allen anderen Gemeinschuldnern nicht verwehrt[30]. Gegen die Massezugehörigkeit der Praxis spricht ebensowenig die Vertrauensbeziehung zwischen Inhaber und Klient. Diese dient den Interessen der Kunden und soll nicht den Arzt oder Anwalt schützen. Es reicht daher, wenn die Klienten ihren Geschäftspartner frei wechseln können[31]. Allerdings werden die Klienten dem Übergang der Praxiskartei nicht ausdrücklich zustimmen. Die Möglichkeit des Erwerbers, die Kartei einzusehen, beeinträchtigt Persönlichkeitsrechte. Der BGH hat jedoch für den Verkauf einer Arztpraxis durch ihren Inhaber für ausreichend gehalten, daß die Patientenkartei in die Hände eines Berufskollegen kommt, der ebenso durch Standes- und Strafrecht gebunden ist[32]. Ein Verkauf oder eine einstweilige Betriebsfortführung im Konkurs belastet die Klienten nicht schwerer, soweit nur Berufskollegen die Kartei einsehen. Andererseits erfordert eine optimale Verwertung, daß die Praxis mit den Lage- und Organisationsvorteilen insgesamt in die Masse fällt. Der Verwalter kann also eine freiberufliche Praxis fortführen oder verwerten.

Die immateriellen, übertragbaren Geschäftsbestehenswerte einer Praxis sind aber nicht besonders wertvoll. Wegen der besonderen Vertrauensbeziehung werden die Klienten bei einem Inhaberwechsel leicht abwandern. Dies droht um so mehr, als der Gemeinschuldner ohne seine Zustimmung keinem Wettbewerbsverbot unterliegt.

C. Zusammenfassung

Entgegen dem tatsächlichen Einfluß der Sicherungsgläubiger und staatlicher Stellen sind die wichtigen Entscheidungen bei einer Betriebsfortführung nach §§ 130; 132 - 134 KO in die Hände der Gläubigerselbstverwaltung gelegt. An den Entscheidungen sind die Arbeitnehmer nur wegen ihrer Sozialplanforderungen, die als aufschiebend bedingte Ansprüche gemäß § 96 KO ein Stimmrecht geben, beteiligt.

Aus der Orientierung des Stimmrechts am möglichen finanziellen Verlust folgt, daß für konkursrechtliche Entscheidungen gesamtwirtschaftliche Interessen und Belange der Arbeitnehmer nur dann berücksichtigt werden dürfen, wenn dies einer optimalen Verwertung nicht widerspricht. Um die

---

29 *Baur* / Stürner, Konkursrecht, Rz. 981; Mentzel / Kuhn / *Uhlenbruck*, § 1 KO, Rz. 78.

30 Hubmann, FS f. H. Lehmann, S. 812 (818).

31 Hubmann, FS f. H. Lehmann, S. 812 (818).

32 BGH, NJW 1974, 602.

Gläubigerverluste zu minimieren, ist andererseits jede Form der Betriebsfortführung zulässig. Dieses Ergebnis entspricht der betriebswirtschaftlichen Erkenntnis, daß die Fortführungswürdigkeit des Betriebes unabhängig von Überschuldung oder Zahlungsunfähigkeit des Unternehmensträgers ist. Die Zwangsverwaltung des ZVG als Vollstreckungsmaßnahme, die konkursrechtliche Forderung nach einer möglichst flexiblen Verwertung und der Vorteil einer klaren Regelung sprechen juristisch gegen die restriktive Position der h.M. Nach dieser sind werbende Betriebsfortführungen unzulässig. Nach der hier vertretenen Auffassung steht dem Konkursgericht gegenüber einer am optimalen Verwertungserfolg orientierten Betriebsfortführung nur eine Ermessenskontrolle nach Art der §§ 40 VwVfG; 114 VwGO zu.

Weder aus den Konkurszwecken noch aus einer generellen tatsächlichen Vermutung ergibt sich, daß einer Betriebszerschlagung im Zweifel der Vorrang vor einer Fortführung gebührt.

§ 1 UWG verbietet dem Verwalter nicht, aufgrund konkursspezifischer Kalkulationsvorteile während einer Betriebsfortführung niedrigere Preise anzubieten.

Öffentlichrechtlich ist nur die Fortführung von Kredit- und Versicherungsunternehmen unzulässig. In anderen Fällen kann der Konkursverwalter gewerberechtlich als Stellvertreter auftreten. Er muß dann die materiellen, persönlichen Anforderungen an die Gewerbetätigkeit erfüllen. Der Konkurs ermächtigt die Behörde allein nach § 102b Nr. 4 GüKG zum Widerruf der Erlaubnis.

Freiberufliche Praxen dürfen ebenfalls fortgeführt werden. Wegen der besonderen Vertrauensbeziehung der Klienten zum Praxisinhaber sind die immateriellen Werte aber nicht besonders wertvoll.

§ 4 Die wirtschaftliche Zweckmäßigkeit einer Betriebsfortführung

A. Die Informationsbeschaffung

Eine wirtschaftlich optimale Verwertung erfordert vom meistens unternehmensexternen Verwalter, die Aussichten zu prognostizieren. Für die Beurteilung komplexer wirtschaftlicher Vorgänge fehlen feste, leicht anwendbare Regeln oder Gesetze. Es sind somit alle Umstände des Einzelfalles zu berücksichtigen. Deshalb erleichtert eine möglichst breite Informationsbasis eine zutreffende Beurteilung. Dieses Informationsbedürfnis erkennt die KO in §§ 123; 131 an. Der Verwalter soll eine Inventur, eine Konkursbilanz und einen Bericht anfertigen.

Die Informationssuche wird dadurch erschwert, daß bislang sichere betriebswirtschaftliche Indikatoren für die Sanierungsfähigkeit eines Unternehmens[1] bzw. die Fortführungswürdigkeit eines Betriebes[2] nicht festgestellt wurden. Zu dieser Unsicherheit in bezug auf die maßgeblichen Kriterien[3] tritt ein erheblicher Zeitdruck. Eine rechtliche Ursache des Zeitdrucks ist, daß Handlungen des Konkursverwalters als konkludente Erfüllungsverlangen i.S.d. § 17 KO ausgelegt werden können[4]. Deshalb kann er an Verträge gebunden werden, wenn er im Zuge seiner Geschäftstätigkeit deren Erfüllung verlangt. Da er bei einer Fortführung auf Vertragserfüllungen angewiesen ist und bei einer Liquidation umgekehrt möglichst keine alten Verträge mehr ausführen will, darf er nicht mit der Fortführung beginnen, bevor er sich Klarheit über die Konsequenzen für die nicht erfüllten Verträge verschafft hat. Weiterhin muß der Verwalter bei einem ungünstigen Termin der Konkurseröffnung schnell über die Kündigung der Beschäftigten entscheiden. Die Konkurseröffnung beeinflußt gemäß § 22 I S. 2 KO nicht die gesetzlichen Kündigungsfristen[5]. Denn diese Fristen gelten – soweit nicht ausnahmsweise eine kürzere Frist vereinbart wurde –

---

1 Kayser, BB 1983, 415 (415); ders., Sanierung S. 68.

2 s.u. § 4 C und § 4 D.

3 Für Unternehmenssanierungen haben Goldbeck / Wahlen / Gauer, Rz. 80, 84, 91, 96 und 102 umfangreiche Arbeitsblätter entwickelt. Diese Blätter sind auch für Konkursentscheidungen tauglich, um die gesammelten Informationen geordnet darzustellen. Die Blätter ersetzen aber weder die Informationsbeschaffung noch die Auswahl und Bewertung der gefundenen Indikatoren.

4 BGHZ 15, 333 (334f.).

5 Böhle-Stamschräder / *Kilger*, § 22 KO, Anm. 4 u. 7.

auch für den Verwalter. Da z.B. die Fristen der §§ 622 BGB; 2 AngKündG[6] von einem bestimmten Datum, dem Ende eines Monats oder Vierteljahrs, abhängen, kann die Konkurseröffnung sehr kurze Zeit vor dem Beginn einer Kündigungsfrist liegen. Läßt der Verwalter einen solchen Termin verstreichen, wird die Masse gemäß § 59 I Nr. 1 KO mit Lohnansprüchen für mehrere Monate belastet.

Wirtschaftliche Gründe erzwingen ebenfalls schnelle Entscheidungen. Die Publizität des Konkurses führt zu einem Vertrauensverlust bei Kunden und Lieferanten. Deshalb sind so früh wie möglich Maßnahmen zu treffen, die die Lieferanten und Kunden von einer geplanten Betriebsfortführung überzeugen[7]. Andernfalls können Geschäftsbeziehungen verloren gehen.

Als Informationsmittel geben Handelsregister und Grundbuch Aufschluß über die formale Unternehmensstruktur, den vorhandenen Grundbesitz und evtl. über anfechtbare Rechtsgeschäfte. Die Informationen sind zwar zuverlässig, für eine Betriebsfortführung jedoch nicht besonders aufschlußreich.

Daneben ziehen sowohl Konkursverwalter[8] als auch Gutachter in außergerichtlichen Sanierungsverfahren[9] als Informationsquelle regelmäßig den Jahresabschluß heran. Dieser enthält jedoch zumindest für den Konkursverwalter erhebliche Unsicherheiten. Die going-concern-value-Prämisse der Handelsbilanz, nach der die Wertansätze in der Bilanz eine Unternehmensfortführung unterstellen[10], ist nur bei besonders langdauernden Betriebsfortführungen auf die Konkurssituation übertragbar. Die von der Bilanzpolitik beeinflußten Wertansätze enthalten somit nicht die bei einer erzwungenen Verwertung erzielbaren Einzelwerte. Vor allem wird nicht das für eine Betriebsfortführung frei verfügbare Betriebsvermögen bilanziert, da die Bilanz keine Angaben zum immateriellen Geschäftswert[11] und zu den Aus- und Absonderungsrechten wegen Eigentumsvorbehalt und Sicherungsübereignung[12] enthält. Speziell die Bilanzen insolventer Unternehmen wurden während vorhergehender Krisensituationen eher zu optimistisch aufge-

---

[6] Für § 626 II BGB folgert das OLG Düsseldorf, ZIP 1984, 86 (88) (aufgehoben durch BGH, ZIP 1984, 1113f.) aus dem Zeitdruck des Konkursverwalters, daß der Arbeitnehmer erst nach einer angemessenen Einarbeitungszeit des Verwalters anzuhören sei. Die Frist des § 626 II BGB beginne daher später zu laufen. Diese Ansicht ist auf andere Kündigungsfristen schon deshalb nicht übertragbar, weil die dort genannten Daten und Fristen keinen Auslegungsspielraum lassen.

[7] Kosch, S. 9 nennt 48 Stunden als Frist. Als Beispiel für den Zeitdruck s. Handelsblatt v. 12. 12. 1983 S. 7 „Die Buchprüfer sind zur Zeit noch auf der Suche nach weiteren Risiken".

[8] Gessner, Praxis, S. 212.

[9] Kayser, BB 1983, 415 (416); Hellge, S. 23.

[10] Großfeld, Bilanzrecht, § 10 II, S. 71 m.w.N.

[11] Ausnahme ist § 153 V S. 2 AktG. s. Großfeld, Bilanzrecht, § 12 X 1 und 2, S. 127f.

[12] Großfeld, Bilanzrecht, § 9 IV 2 und 3.

stellt[13]. Den begrenzten Aussagewert der Bilanzen für Fortführungsentscheidungen im Konkurs bestätigt die Erfahrung, daß die bisher entwickelten Systeme zur zahlenmäßigen Beurteilung einer Bilanz (Kennzahlensysteme) keine sicheren Aussagen über die Sanierungsfähigkeit eines Unternehmens gestatten[14,15]. Immerhin ist ein Jahresabschluß in §§ 39 HGB; 148 AktG gesetzlich vorgeschrieben, also leicht verfügbar, und der Vergleich verschiedener Jahresbilanzen kann Aufschlüsse über die Unternehmensentwicklung geben.

Steuerbilanzen lassen bei der Wertfestsetzung und Abschreibungspolitik weniger Spielraum. Sie werden jedoch häufig mit einer bis zu zweijährigen Verspätung erstellt[16], so daß der Konkursverwalter aus ihnen nichts über die wichtigen Auswirkungen der jüngsten Unternehmenskrise entnehmen kann.

Bessere Informationen enthalten daher betriebsinterne, gesetzlich nicht vorgeschriebene Rechnungen und Aufstellungen. Pläne über die voraussichtliche Liquiditätsentwicklung, die Betriebsorganisation, über erwartete Finanzströme sowie Kostendeckungsrechnungen und Bewegungsbilanzen sind in gut geführten Unternehmen ebenso notwendig wie Listen über das Vermögen, einschließlich der zur Sicherheit übertragenen Güter, über den Personalbestand, die anwendbaren Tarifverträge und Aufstellungen über ausstehende Aufträge und Forderungen und über die abgeschlossenen Kreditverträge[17]. Daneben können Preis- und Angebotslisten und andere Werbematerialien Auskünfte geben. Soweit diese Informationsmittel vorhanden sind, braucht der Verwalter nur noch konkursbedingte Veränderungen zu berücksichtigen und kann aus den Zahlen und Angaben seine Schlüsse ziehen. Die Praxis sieht meistens anders aus. Bei mittleren Unternehmen, insbesondere bei einem mehr technisch als kaufmännisch ausgerichteten Management, fehlen häufig derartige betriebsinterne Daten[18]. Für Konkursbetriebe ist zusätzlich zu befürchten, daß während der vorhergehenden Unternehmenskrise die Buchhaltung – z. B. infolge eines Vertrauens- und Motivationsverlustes bei den Mitarbeitern oder infolge mangelhafter Kontrollen – so gelitten hat, daß die vorhandenen Unterlagen ungenau oder unbrauchbar sind. So sollen die Zustände in der Buchhaltung eines größeren Unternehmens der IBH-Gruppe so chaotisch gewesen sein, daß der Verwal-

---

[13] W. Baur, S. 34 - 36; Hellge, S. 25; Schmiedel, ZfB 1984, 761 (767).

[14] Kayser, BB 1983, 415 (419); ders., Sanierung, S. 177; Hommelhoff, ZfB 1984, 698 (709 f.). Zu verschiedenen Kennzahlensystemen s. Großfeld, Bilanzrecht, § 32 I 3 b, S. 291 - 294; Hellge, S. 30 - 37 m. w. N.

[15] Diese Aussage gilt wegen des oben dargestellten fehlenden Konkursbezuges der Bilanz für Fortführungsentscheidungen des Verwalters noch mehr.

[16] Hellge, S. 23.

[17] Kayser, BB 1983, 415 (417); W. Baur, S. 95; Schmiedel, ZfB 1984, 761 (765 f.); Hellge, S. 26.

[18] Kayser, BB 1983, 415 (417); Hellge, S. 26; W. Baur, S. 98; Kretschmer, KTS 1977, 137 (139); Schmiedel, ZfB 1984, 761 (766).

ter Wochen nach der Konkurseröffnung noch keinen Überblick über die Masse hatte[19]. Die schriftlichen Betriebsunterlagen bieten mithin nur ausnahmsweise eine ausreichende Informationsbasis.

Deshalb ist eine örtliche Überprüfung erforderlich. Neben einer Betriebsbegehung[20] bietet sich eine Befragung der Arbeitnehmer, des Managements und des gemäß § 100 KO auskunftspflichtigen Gemeinschuldners an. Auf diese Weise kann betriebsinternes Wissen erschlossen werden. Insbesondere die Arbeitnehmer können auf bisher unbekannte Schwachstellen hinweisen[21]. Zu beachten bleibt, daß die Mitarbeiter und der Gemeinschuldner häufig „ihren" Betrieb zu optimistisch sehen[22]. Ihre Fehleinschätzungen können den Konkurs verursacht haben.

Eine objektivere Beurteilung der Verhältnisse gewährleisten betriebsexterne Stellen. Der antragstellende Gläubiger, die Hausbank, Gewerkschaften, Verwaltungs- und Finanzbehörden, die IHK und Branchenkonkurrenten können als Ansprechpartner dienen[23]. Deren Erkenntnismöglichkeiten sind jedoch beschränkt, in betriebsinterne Vorgänge dürfte nur die Hausbank Einblick haben.

Damit ist jedes der einzelnen Informationsmittel mit Mängeln behaftet und enthält mögliche Fehlerquellen. Ein zutreffendes Bild setzt daher eine Gesamtschau, einen Vergleich der Einzel- und Gesamtinformationen voraus.

Eine solche umfassende Informationssuche hat sich in der Praxis bewährt. Nach einer statistischen Untersuchung[24] greifen gerade erfahrene, mit Betriebsfortführungen bereits erfolgreiche Verwalter auf viele Informationen zurück, während Anfänger sich oft mit wenigen Betriebsunterlagen begnügen. Erfahrenen Verwaltern werden zwar eher die großen, die Mehrarbeit lohnenden Verfahren anvertraut. Dennoch bestätigt die Praxis der erfahrenen Verwalter, daß die Mehrarbeit bei der Informationsbeschaffung sich im Konkursergebnis auszahlt.

Insgesamt sind wichtige Informationen wegen des Zeitdrucks und der Mängel der einzelnen Informationsquellen nur schwer zu erhalten.

---

19 Handelsblatt v. 16./17. 12. 1983 S. 10 „Bereits 1983 war ein dicker Verlust entstanden".

20 Zu deren Nützlichkeit s. Goldbeck / Wahlen / Gauer, Rz. 106.

21 Zu Sinn, Ziel, Bedeutung und Psychologie von Mitarbeiterbefragungen s. W. Baur, S. 99 - 101.

22 W. Baur, S. 97.

23 Gessner, Praxis, S. 212.

24 Gessner, Praxis, S. 212.

B. Der Vergleichsmaßstab: Wertverluste als Folge einer Betriebsauflösung

Zur Wahl der optimalen Verwertungsalternative ist das voraussichtliche finanzielle Ergebnis einer Betriebsfortführung mit dem einer Einzelveräußerung der Massegegenstände zu vergleichen. Die Einzelwerte sind weiter deshalb zu ermitteln, weil § 123 KO für das Inventar eine Einzelbewertung verlangt. Daneben bildet die Summe der hypothetischen Ergebnisse einer Einzelveräußerung den Mindestpreis für einen Verkauf des Betriebes[1].

Der Wert der einzelnen Gegenstände ist keine objektiv feststellbare Größe, sondern der marktabhängige, erzielbare Preis[2]. Die Marktbedingungen verschlechtern sich im Konkurs merklich. Der erzwungene Zeitpunkt und die – tatsächlich – begrenzte Dauer der Verwertung schließen ebenso wie die sehr knappen finanziellen Mittel der Masse aus[3], daß für die Betriebsprodukte eine große Nachfrage besteht bzw. geschaffen werden kann. Die konkursbedingte Rufschädigung des Unternehmens und das Fehlen einer verkaufsfördernden, langfristigen Servicepolitik wirken zusätzlich preismindernd[4].

Andererseits kann der Verwalter auch bei einer Betriebsauflösung die Masse flexibel verwerten. Er kann Produkte kombinieren, die Preise der Nachfrage anpassen und als Verwertungsart eine Versteigerung, eine Veräußerung an gewerbsmäßige Aufkäufer oder einen freihändigen Verkauf wählen[5]. Dabei ist der Verwalter weder an einen innerbetrieblichen Instanzenzug noch an besondere wettbewerbsrechtliche Gebote gebunden[6].

Überwiegend bleiben jedoch die mit dem Verwertungszwang verbundenen Nachteile. Aspekte der konkursmäßigen Veräußerung sollen die Formulierungen verdeutlichen, daß sich nur der „Versilberungs-, Versteigerungs-, Verschleuderungs-, Zerschlagungs-, Zwangsverwertungs- oder Konkurswert" erzielen lasse[7]. Angesichts der Flexibilität der Verwertung trifft jedoch kein Begriff auf alle Veräußerungsalternativen zu. So gibt es insbesondere keinen „Konkurswert"[8], da der Erlös von der gewählten Veräußerungsalternative abhängt. Die anderen Begriffe können je nach der Verwertungsart gleichwertig behandelt werden.

---

1 s.u. § 4 D II.

2 Großfeld, Bilanzrecht, § 10 I.

3 s.u. § 5 A I.

4 Zu den Schwierigkeiten eines Warenverkaufs im Konkurs s. Plate, KTS 1980, 101 (102f.); W. Fischer, S. 46.

5 Zur Verkaufsförderung im Konkurs s. Plate, KTS 1980, 101 (102 - 111); Levy, KuT 1927, 182 (182f.).

6 s.o. § 3 B I.

7 Plate, Konkursbilanz, S. 84 m.N. und weiteren Beispielen.

8 Für diese Wortwahl aber Plate, Konkursbilanz, S. 86.

Die Zerschlagungsverluste der einzelnen Teile des Aktivvermögens hängen von der Marktsituation und der Qualifikation des Verwalters ab. Obwohl deshalb generelle Aussagen nur bedingt möglich sind, soll eine systematische Aufstellung versucht werden.

Vom Anlagevermögen sind die Maschinen häufig und u. U. auch die Grundstücke speziell an die Betriebsorganisation angepaßt. Sie haben daher bei getrennter Verwertung für potentielle Käufer nur einen geringen Wert[9]. Eine Umwidmung des Betriebsgrundstücks, z. B. in ein Wohngebiet, kann an den hohen Abbruchkosten oder öffentlichrechtlichen Bauvorschriften scheitern[10]. Daneben kann die hohe Belastung des Grundstücks mit Grundpfandrechten Interessenten vom Kauf abhalten. Die übrig bleibende Zwangsversteigerung, bei der gemäß § 91 I ZVG Grundpfandrechte erlöschen können, schränkt die Nachfrage weiter ein. Die Maschinen erleiden Wertverluste, weil sie gebraucht sind und während einer vorhergehenden Unternehmenskrise häufig mangelhaft gewartet und gepflegt wurden[11]. War eine allgemeine Branchenkrise die Konkursursache, bieten auch Konkurrenten derartige Maschinen bei einer geringen Nachfrage vermehrt an[12].

Die immateriellen Werte des Anlagevermögens sind zum Teil in der Produktionseinheit verkörpert und können, wie z. B. der Geschäftswert, nicht einzeln veräußert werden. Andere Werte, z. B. manche Lizenzen oder Patente, sind häufig so an die Produktionspalette angepaßt, daß sie für Erwerber uninteressant sind. Der Firmenwert ist besonders konkursanfällig, da der Konkurs den Unternehmensruf beeinträchtigen kann[13]. Die anderen, frei veräußerbaren immateriellen Werte unterliegen den mit dem Verwertungszwang verbundenen allgemeinen Nachteilen[14].

Das gesamte Anlagevermögen ist im lebenden Unternehmen nicht zur Veräußerung bestimmt. Ein Verkauf im Konkurs ist daher nur nach erheblichen Preiszugeständnissen möglich.

---

[9] Veit, Konkursrechnungslegung, S. 67; Plate, Konkursbilanz, S. 121 f.; Groß, Sanierung, S. 240. Als Beispiel s. die Wertansätze der IHK Münster zu den Vergleichsanträgen der van-Delden-Gruppe, ZIP-Report, Stellungnahme der IHK Münster zu den Vergleichsanträgen im Rahmen der Insolvenz der van-Delden-Gruppe, ZIP 1981, 542 (543 f.).

[10] So die geplante Grundstücksverwertung im Vergleichsvorschlag der Zanker GmbH, s. ZIP-Dokumentation, Stellungnahme der IHK Reutlingen zum Vergleichsantrag im Falle Zanker GmbH, ZIP 1982, 1376 (1378) und AG Tübingen, ZIP 1982, 1346 f.

[11] Plate, Konkursbilanz, S. 100.

[12] Als Beispiel s. die Insolvenz der van-Delden-Gruppe, ZIP-Report, Stellungnahme der IHK Münster zu den Vergleichsanträgen im Rahmen der Insolvenz der van-Delden-Gruppe, ZIP 1981, 542 (544).

[13] Zur Verwertung immaterieller Werte s. Plate, Konkursbilanz, S. 124 - 127.

[14] Als Beispiel für die Werteinbußen bei immateriellen Werten s. ZIP-Report, Bericht des Konkursverwalters der Rollei-Werke, Braunschweig, ZIP 1982, 230 (242).

Von den Vorräten des Umlaufvermögens sind die Rohstoffe für Dritte verwendbar. Die Verwertungskosten können jedoch angesichts des geringen Wertes unbearbeiteter Produkte so hoch sein, daß eine Veräußerung nicht lohnt[15]. Halbfertigprodukte lassen sich häufig nur im Produktionsprozeß des betroffenen Betriebes fertigstellen. Für sie läßt sich bei einer Veräußerung dann nur der Schrottwert erzielen[16]. Die Fertigprodukte sind ohnehin zur Veräußerung bestimmt. Im Konkurs kann sich jedoch das Produktimage verschlechtern. Daneben wirken sich das Fehlen der Kaufberatung oder Servicepolitik und der plötzliche Ausstoß aller Fertigprodukte negativ auf die Absatzchancen aus. Mode- und Saisonartikel sind wegen des erzwungenen Verwertungszeitpunkts u. U. schwer absetzbar[17].

Zum schlechten Erlös einer Einzelveräußerung treten spezifische Zerschlagungskosten. Die Betriebsstätten sind evtl. abzubrechen und die Abfälle sind wegen gesetzlicher Vorschriften u. U. kostenintensiv zu beseitigen. In entsprechend großen Unternehmen entstehen Kosten für den Sozialplan.

Insgesamt fällt der Erlös bei einer sofortigen Veräußerung konkursbedingt sehr niedrig aus. Insbesondere für Halbfertigprodukte, immaterielle Werte und hochspezialisierte Maschinen und Betriebsgebäude werden die ursprünglichen Investitionskosten oder Buchwerte kaum erreicht. Damit ist die sofortige Veräußerung zwar schnell, einfach und billig, wirtschaftlich aber wenig erfolgversprechend.

C. Betriebsfortführungen mit dem Ziel einer späteren Betriebsauflösung

I. Betriebsfortführungen zur Aufarbeitung vorhandener Produktionsfaktoren

Die aufgezeigten schlechten Verwertungsergebnisse einer Betriebszerschlagung lassen vermuten, daß bereits eine zeitlich begrenzte Geschäftsfortführung die Nachteile einer schnellen und erzwungenen Verwertung mindern kann. Eine solche Fortführung bleibt auf die Aufarbeitung vorhandener Vorräte oder die Abwicklung laufender Geschäfte und Aufträge beschränkt.

---

[15] Plate, Konkursbilanz, S. 96 und 129.

[16] Veit, Konkursrechnungslegung, S. 70; Kosch, S. 11f.; Hellge, S. 171; Plate, Konkursbilanz, S. 129.

[17] Zur Veräußerung von Fertigprodukten s. Veit, Konkursrechnungslegung, S. 65: Hellge, S. 171.

1. Die Kostenkalkulation

a) Grundsätze

Konkursverwalter und Gläubigerversammlung haben sich vor der Betriebsfortführung zu vergewissern, daß diese praktikabel ist[1], wie es § 18 Nr. 4 VglO für den Fortführungsvergleich verlangt. So müssen Banken, Lieferanten, andere Sicherungsgläubiger und die Arbeitnehmer zur Kooperation bereit sein. Da ein tragfähiges und erfolgversprechendes Fortführungskonzept diese überzeugen und neue Finanzquellen[2] erschließen kann, ist die erste Frage, welche Gewinne die Betriebsfortführung verspricht. Glaubwürdige und nachprüfbare Verwalterentscheidungen erfordern dafür eine genaue Kalkulation[3], die möglichst schriftlich zu fixieren ist[4].

Die Kalkulation der Betriebskosten im Konkurs[5] weicht erheblich von derjenigen solventer Unternehmen ab. Diese bieten ihre Produkte zu solchen Preisen an, daß die Anschaffungs-, Wiederbeschaffungs- und Produktionskosten zumindest gedeckt sind. Wenn nicht aus anderen Gründen, etwa wegen einer Marktbeherrschungsstrategie, Verluste in Kauf genommen werden, soll die Betriebstätigkeit mindestens die ursprünglichen Investitionen erwirtschaften. Im Konkurs sind dagegen die Unternehmensverluste bereits eingetreten, die ursprünglichen Investitionen des Gemeinschuldners können nicht mehr erwirtschaftet werden. Im Konkurs reicht es daher aus, die Gläubigerverluste zu minimieren[6]. Die Produktion ist fortzusetzen, wenn eine sofortige Stillegung zu höheren Verlusten führt. Für die Preiskalkulation folgt daraus, daß Kosten nur solche Aufwendungen sind, die durch die Betriebsfortführung veranlaßt werden. Die mit der Konkurseröffnung anfallenden Ausgaben sind in die Rechnung nicht einzustellen[7]. Denn diese Verluste, die ebenso bei einer sofortigen Betriebsstillegung entstehen, sind bereits mit dem Konkurs eingetreten.

Diese Kalkulationsgrundsätze gelten nur, wenn der Erlös der Fortführung die Massekosten und -schulden aus §§ 59 I Nr. 1, 2; 58 Nr. 1, 2; 60 I Nr. 1 KO deckt. Denn im Konkursverfahren ist zu gewährleisten, daß die Ansprüche der Neugläubiger erfüllt werden. Ihre Verluste sollen nicht die Konkursabwicklung finanzieren. Im massearmen Konkurs gelten daher Besonderheiten, die unten erläutert werden[8].

---

1 BGH, KTS 1973, 251 (253); Kosch, S. 11.

2 Groß, KTS 1982, 355 (369).

3 Plate, KTS 1981, 325 (326). Kosch, S. 8 und 11 hält wegen des Zeitdrucks nur gefühlsmäßige Entscheidungen für möglich.

4 So auch LG Freiburg, ZIP 1981, 473 (475f.).

5 Dazu grundlegend Plate, KTS 1981, 325 - 347.

6 s.o. § 3 A II 1.

7 Plate, KTS 1981, 325 (328f.); Kübler, ZGR 1982, 498 (508); LG Freiburg, ZIP 1981, 473 (476f.).

b) *Beispiele*

aa) Kosten für die Arbeitnehmer

Die Kalkulation im Konkurs mit ausreichender Masse soll anhand eines Beispiels, der Ausführung eines Fertigungsauftrages, erläutert werden. Zunächst muß der Verwalter ermitteln, welche Produktionsfaktoren in welcher Menge zur Vertragserfüllung, z.B. zur Errichtung eines Bauprojektes, benötigt werden. Danach sind die voraussichtlichen Kosten der Masse für die benötigten Produktionsmittel festzustellen. Besonderheiten ergeben sich insbesondere, wenn einzelne Produktionsmittel in der Masse vorhanden sind bzw. ihr zur Verfügung stehen.

Solange die Arbeitnehmer wegen § 22 I KO ohnehin zu beschäftigen sind und ihre Ansprüche aus §§ 611 oder 615 BGB im Rang des § 59 I Nr. 2 2. Fall KO[9] zu erfüllen sind, werden die Ausgaben nicht durch die Fortführung veranlaßt. Sie sind also mit Null anzusetzen. Erst ab der hypothetischen Wirksamkeit der ersten Kündigungsmöglichkeit entstehen bei einer Weiterbeschäftigung für die Masse Fortführungskosten. Dabei sind nicht nur rechtlich zulässige, sondern auch tatsächlich wirksame Kündigungen zu berücksichtigen. Eine unberechtigte fristlose Kündigung wäre erfolgreich, wenn der Arbeitnehmer dagegen nicht klagen würde. Er könnte nämlich das Arbeitslosengeld einem Masselohnanspruch vorziehen[10,11]. Insbesondere bei Konkursen mit sehr geringer Masse kann ein solches Vorgehen gelingen, so daß dann die Weiterbeschäftigung gegenüber der Stillegung anrechenbare Kosten verursacht, die allerdings kaum vorhersehbar sind. Daneben kann der Annahmeverzug des Verwalters nach einer unberechtigten Kündigung dazu führen, daß der Lohnanspruch gemäß § 615 S. 2 BGB vermindert wird, weil sich dem Arbeitnehmer anderweitiger Erwerb bietet. Eine Weiterbeschäftigung schlösse diese Ersparnis aus und verursachte insoweit Kosten. In Zeiten größerer Arbeitslosigkeit ist jedoch nicht damit zu rechnen, daß die Arbeitnehmer schnell Arbeit finden. Desweiteren ist zu beachten, daß der Anspruch auf den verbliebenen Urlaub nach der Konkurseröffnung entsteht[12]. Die Arbeitnehmer müssen ihren restlichen Jahresurlaub demnach während des Konkursverfahrens nehmen, so daß ihre Arbeitskraft insoweit

---

[8] s.u. § 6 B.

[9] RGZ 55, 265 (267); RAG, KuT 1932, 175 (176); Mentzel / Kuhn / *Uhlenbruck*, § 59 KO, Rz. 12; *Baur* / Stürner, Konkursrecht, Rz. 999; a.A. Grunsky, Arbeitsverhältnis, S. 21f., der bei einem Erfüllungsverlangen des Konkursverwalters den Masseschuldcharakter aus § 59 I Nr. 2 1. Fall ableitet.

[10] Grunsky, Arbeitsverhältnis, S. 31.

[11] Eine Sperrzeit für das Arbeitslosengeld nach § 119 AFG wird jedenfalls deshalb ausscheiden, weil der Arbeitnehmer für die unterlassene Klage angesichts des Konkurses jeweils gewichtige Gründe anführen kann.

[12] BAG, DB 1966, 788; Oehlerking, S. 92 m.w.N.

nicht verfügbar ist. Zudem kann die frei verfügbare Arbeitszeit der einzelnen Arbeitnehmer nicht einfach addiert werden. Da die Kündigungsfristen und jeweiligen Urlaubsansprüche voneinander abweichen und die Arbeit sich zum Teil nur in Gruppen mit bestimmten Spezialisten abwickeln läßt, müssen einzelne Arbeitnehmer zur Komplettierung der Gruppen oder wegen ihrer Spezialkenntnisse über die erste Kündigungsmöglichkeit weiterbeschäftigt werden oder Überstunden leisten. Dadurch werden Kosten verursacht.

Trotz dieser Einschränkungen steht dem Konkursverwalter wegen der zum Teil langen Kündigungsfristen[13] Arbeitskraft in größerem Umfang kostenlos zur Verfügung. Kosten entstehen nur, wenn der Verwalter Arbeitnehmer trotz rechtlicher oder faktischer Kündigungsmöglichkeiten beschäftigt oder wenn Arbeitnehmer im Annahmeverzug des Konkursverwalters ihre Dienste zu anderweitigem Erwerb verwenden könnten.

Gleiches gilt hinsichtlich der Sozialabgaben für die Arbeitnehmer[14]. Allein die Abgaben an die Berufsgenossenschaft gemäß §§ 723, 725 RVO entfallen bei einer Betriebsstillegung[15], sie werden also durch die Betriebsfortführung veranlaßt.

bb) Kosten für sachliche Betriebsmittel

Die Verwendung der zur Masse gehörenden Rohstoffe und Materialien kostet die Masse nur den sonst erzielbaren, regelmäßig niedrigen[16] Zerschlagungswert. Der Anschaffungspreis ist einzukalkulieren, wenn Produkte nachgekauft werden. Bestand an den benutzten Materialien ein Eigentumsvorbehalt, erhält der Verwalter ein Verwertungsrecht allenfalls dann, wenn er gemäß § 17 KO die Erfüllung des Vertrages verlangt[17]. Damit werden die

---

13 Im Konkurs der Uhren-Kaiser GmbH bestanden z. B. folgende Fristen:

	Arbeiter	Angestellte
6 Monate	–	60
bis 5 Monate	–	4
bis 4 Monate	–	5
bis 3 Monate	16	15
bis 2 Monate	61	–
bis 1 Monat	69	2
bis 2 Wochen	330	22
	476	155

s. ZIP-Report, Konkursverwalter-Schlußbericht zur „Uhren-Kaiser"-Insolvenz, ZIP 1981, 325 (327).

14 BSG, ZIP 1986, 237 (238) zu den Beiträgen an die Bundesanstalt für Arbeit. Die Konkursausfallgeldumlage ist aber nicht zu entrichten, weil ein erneuter, den Anspruch auslösender, Konkurs nicht möglich ist. BSG, DB 1978, 1844.

15 BSG, ZIP 1981, 1106 (1107); a. A. LSG NW, ZIP 1985, 1407 (1408).

16 s. o. § 4 B.

17 s. u. § 5 B II und Henckel, Probleme, S. 50.

ausstehenden Forderungen des Vorbehaltsverkäufers zu Masseschulden nach § 59 I Nr. 2 1. Fall KO. Diese Forderungen bilden dann zusammen mit einem voraussichtlichen Verwertungsüberschuß bei der sofortigen Veräußerung die zu berechnenden Kosten. Entsprechendes gilt für die Sicherungsübereignung.

Die Versorgung mit Wasser, Strom etc. kann für die Betriebsfortführung im Konkurs teurer werden. Da gegenüber den Versorgungsbetrieben häufig noch Rechnungen ausstehen, wird der Verwalter die Erfüllung dieser Verträge gemäß § 17 KO ablehnen[18]. Der Versorgungsbetrieb wird einen neuen Liefervertrag ohne den alten Mengenrabatt abschließen, um die Konkursverluste auszugleichen[19].

Für die benutzten Maschinen und Anlagen ist der erneute Wertverlust, der durch die zeitliche Verzögerung der Veräußerung entsteht, Kostenfaktor. Die Abschreibung hat sich also an den niedrigen Liquidationswerten zu orientieren und ist entsprechend gering. Für die vom Gemeinschuldner gemieteten Sachen gilt wegen § 19 KO, daß – ähnlich den Arbeitslöhnen – bis zur ersten Kündigungsmöglichkeit keine Fortführungskosten entstehen.

Zusätzlich sind für das vom Verwalter geliehene Kapital die nach § 59 I Nr. 1 KO zu erfüllenden Zinsen zu berechnen.

Neben der Erhöhung des Verwalterhonorars infolge der Betriebsfortführung[20] ist ein angemessener Zins für die spätere Auszahlung des Konkurserlöses in die Kostenkalkulation einzusetzen[21]. Ein solcher Zins ist wegen § 63 Nr. 1 KO zwar nicht auszuzahlen. Wenn die Betriebsfortführung jedoch nur deshalb erfolgreich wäre, weil die Gläubiger, die bei einer Betriebszerschlagung eine volle Quote erhalten hätten, länger auf ihre Bezahlung warteten, führte die Verzögerung zu einer Vermögensumverteilung zugunsten der Gläubiger der unteren Rangklassen. Diese erhielten den Zinsverlust der höherrangigen Gläubiger als eigenen Gewinn. Eine solche Umverteilung allein wegen der Zinsvorteile ist jedoch nicht gerechtfertigt, da so nur die Inflation ausgenutzt würde, ohne daß wirtschaftlich sinnvolle Werte produziert würden. § 63 Nr. 1 KO bezweckt nicht, daß die Gläubiger allein durch den Zeitablauf den Konkurserfolg finanzieren. Deshalb ist ein Zins auf das vom Konkursverwalter eingesetzte Kapital, also auf den voraussichtlichen Erlös bei einer Betriebszerschlagung, als Kostenfaktor einzusetzen.

---

[18] Zur dogmatischen Begründung des Rechts auf Erfüllungsablehnung bei „Wiederkehrschuldverhältnissen" s. RGZ 148, 326 (330); Mentzel / Kuhn / *Uhlenbruck*, § 17 KO, Rz. 27 m.w.N.

[19] Als Beispiel s. LG Kassel, ZIP 1983, 970 (970f.).

[20] s.u. § 7 D I.

[21] Plate, KTS 1981, 325 - 347 nennt diesen Kostenfaktor nicht. Skrotzki, KTS 1967, 142 (145) bezeichnet dagegen den Zeit- und Zinsgewinn wegen einer schnelleren Auszahlung als Ermessenserwägung.

Von der Summe der so ermittelten Kosten sind schließlich die Posten abzuziehen, die mit einer Betriebsfortführung eingespart werden. Dazu gehören Schadensersatzansprüche, die bei der Erfüllung des Auftrages nicht anfallen. Da diese Ansprüche wegen § 26 S. 2 KO lediglich einfache Konkursforderungen sind, ist die tatsächliche Einsparung, die voraussichtliche Quote, jedoch recht gering.

Liegt die Summe der nach dieser Rechnung verbleibenden Kosten unter der Auftragssumme, kann der Betrieb zur Erfüllung fortgeführt werden.

cc) Kalkulation bei Produktions- und Dienstleistungsbetrieben

Das vorgestellte Rechenverfahren ist mit Modifikationen auf andere Problemstellungen übertragbar. Bei produzierenden Gewerben kann so der Deckungsbeitrag, d. h. die durch ein Produkt verursachten Kosten, berechnet werden. Liegt der Deckungsbeitrag unter dem erzielbaren Verkaufserlös, kann produziert werden. Da die Kosten von der produzierten Menge abhängen und die verschiedenen Produktionsfaktoren in unterschiedlichem Umfang der Masse verbilligt zur Verfügung stehen, ist zunächst zu ermitteln, für wieviele Stücke des Produkts jeder der vorhandenen Produktionsfaktoren ausreicht. Als Ergebnis ergibt sich beispielsweise, daß die Rohstoffe für 200, die Arbeitskraft für 500 und die Nutzungsdauer der Maschinen für 1000 Produktionseinheiten ausreichen. Anschließend sind für die geringste so ermittelte Stückzahl, hier 200, die Kosten zu bestimmen. Danach verfährt man für die nächst große Stückzahl, im Beispiel 500, entsprechend. Dabei werden die Kosten steigen, weil das knappste Produktionsmittel, hier die Rohstoffe, auf dem Markt nachbeschafft werden muß. Diese Berechnungen werden so lange fortgesetzt, bis die Kosten den unter Konkursbedingungen erzielbaren Preis erreichen. Bis zu dieser Menge kann mit Gewinn produziert werden[22].

Bei der Produktion mehrerer Güter entstehen Gemeinkosten, die mehreren Produkten zuzurechnen sind. Solche Kosten, z. B. für die Verwaltung, sind der jeweiligen Produktgruppe zuzuordnen, die die Kosten gemeinsam veranlaßt. Anschließend kann der Deckungsbeitrag für die Produktgruppe berechnet werden[23].

Für Dienstleistungsunternehmen ist zu ermitteln, für welche Zeitspanne die einzelnen Produktionsfaktoren ausreichen. Die Kosten für den jeweiligen Zeitraum können dann analog berechnet und den erwarteten Einnahmen gegenübergestellt werden.

---

[22] Einzelheiten und Rechenbeispiele bei Plate, KTS 1981, 325 (333 - 336).

[23] Einzelheiten und Rechenbeispiele bei Plate, KTS 1981, 325 (336 - 345).

Weitere Einzelheiten, Rechenbeispiele und das Verfahren zur Ermittlung einer optimalen Produktkombination können den Ausführungen von Plate[24] entnommen werden.

dd) Fazit

Vorsicht ist gegenüber dem beschriebenen Rechenverfahren insofern geboten, als es möglicherweise eine falsche Sicherheit vorspiegelt. Infolge des Zeitdrucks weiß der Konkursverwalter nur vage, welche Produktionsfaktoren ihm zur Verfügung stehen. Der unbekannte Umfang der Sicherungsrechte und der Urlaubsansprüche der Arbeitnehmer bilden ebenso wie die Fragen, ob unberechtigte, fristlose Kündigungen erfolgreich sein und ob Arbeitnehmer abwandern werden, Unsicherheitsfaktoren. Insbesondere die Ermittlung der Aus- und Absonderungsrechte bei den Verlängerungs- und Erweiterungsformen von Eigentumsvorbehalt und Sicherungsübereignung fordert eine rechtlich und tatsächlich schwierige Prüfung. Der Konkursverwalter wird daher zunächst auf Schätzungen und Erfahrungstatsachen zurückgreifen[25]. Zudem läßt sich mit der Kostenrechnung nicht ermitteln, zu welchem Preis und in welcher Menge die Betriebsprodukte abgesetzt werden können.

Insgesamt unterscheiden sich die anrechenbaren Produktionskosten im Konkurs grundlegend von denen eines lebenden Unternehmens. Die fehlende Rentabilität oder die Illiquidität des Unternehmens sagt nichts über die Zweckmäßigkeit kurzfristiger Betriebsfortführungen im Konkurs aus[26]. Wegen der Kalkulationsvorteile eignen sich insbesondere lohnintensive Betriebe und solche mit großen Vorräten an Rohstoffen und Halbfertigprodukten zu kurzfristigen Betriebsfortführungen.

2. Weitere Vor- und Nachteile

Neben den quantifizierbaren Kalkulationsvorteilen bestehen Vor- und Nachteile, die sich nicht berechnen lassen. Das Ergebnis der Kostenkalkulation muß deshalb an weiteren Umständen überprüft und relativiert werden.

Auf der Absatzseite spricht ein hoher Auftragsbestand für eine Betriebsfortführung[27]. Wegen des negativen Konkursimages droht jedoch, daß bis-

---

[24] Plate, KTS 1981, 325 (338 - 345).

[25] Auf die Schwierigkeiten exakter Beitragsdeckungsrechnungen weist Hellge, S. 99 hin.

[26] Falsch insoweit das LG Wuppertal, KTS 1958, 45 (47), das die hohe Unternehmensverschuldung für ein Indiz gegen die Zulässigkeit einer Betriebsfortführung hält.

[27] Für dieses Kriterium: Kübler, ZGR 1982, 498 (507).

herige Großabnehmer neue Lieferanten suchen[28]. Insbesondere bei einer insolventen Konzerntochter ist es möglich, daß mit der insolventen Mutter ein Hauptabnehmer wegfällt[29]. Absatzmindernd wirkt weiter das Fehlen eines dauerhaften Serviceangebots. Andererseits braucht bei Werbung, Qualität und Preis auf die langfristigen, negativen Wirkungen der Produktdarbietung keine Rücksicht genommen zu werden[30].

Eine intakte, während der Betriebsfortführung weiter arbeitende Buchhaltung kann Außenstände realisieren. Dies ist für ein gutes Konkursergebnis schon deshalb wichtig, weil Forderungen statistisch betrachtet in einem relativ geringen Umfang zur Sicherheit abgetreten werden[31]. Zum anderen bestreiten Schuldner im Konkurs den Anspruch häufig unberechtigt[32]. Unbegründete Gewährleistungseinbehalte etc. sollen Aufrechnungsmöglichkeiten erhalten. Daneben erwartet man, daß der Verwalter mangels Masse die Ansprüche nicht einklagen kann. Die Buchhaltung kann in solchen Fällen die Beweissituation verbessern oder offene Forderungen ermitteln.

Das Anlagevermögen kann während der Betriebsfortführung gewartet und für einen Verkauf besser präsentiert werden[33]. Die gewonnene Zeit kann der Käufersuche dienen und dadurch den Erlös erhöhen.

Eventuelle Sanierungsmöglichkeiten sprechen dagegen kaum für eine kurzfristige Geschäftsfortführung. Maßnahmen zur Verbesserung der Betriebsstruktur wirken regelmäßig erst nach einigen Monaten oder gar Jahren[34]. Der Wechsel in der Betriebsleitung kann allenfalls zu einem Vertrauensgewinn bei den Arbeitnehmern führen und diese wieder motivieren[35].

Als Gefahr droht im Konkurs u. a., daß Fehlentscheidungen des Verwalters zu hohen Schäden führen. Da er an Erfüllungsverlangen oder erteilte Aufträge gebunden ist, kann er seine Maßnahmen häufig nicht korrigieren.

Desweiteren kann der Verwalter gezwungen sein, zur Förderung des good will des Konkursbetriebes Forderungen von Lieferanten oder Kunden nachzugeben oder die Lieferanten bar zu bezahlen[36]. Der Verwalter muß so ver-

---

[28] Neubert, DB 1979, 1949 (1951). Als Beispiel für derartige Befürchtungen s. FAZ v. 6. 12. 1983 S. 13 „Die Zukunft der Hamburger Stahlwerke ist noch ungewiß“.

[29] Als Beispiel s. ZIP-Report, Bericht des Konkursverwalters der Neff-Werke GmbH, Bretten, ZIP 1982, 1370 (1371 f.).

[30] Plate, KTS 1980, 101 (103).

[31] Gessner, Praxis, S. 145.

[32] Kübler, ZGR 1982, 498 (502); Groß, Sanierung, S. 249 f.; zu außergerichtlichen Sanierungen: Hellge, S. 173 f.

[33] Kübler, ZGR 1982, 498 (508) und als Einzelfallbeschreibung Unger, KTS 1961, 97 (97).

[34] W. Baur, S. 114 f.

[35] Groß, Sanierung, S. 170 zu außergerichtlichen Betriebsübernahmen.

hindern, daß die Betriebsfortführung von negativer Publizität begleitet wird.

Das größte Hindernis für eine Betriebsfortführung besteht, wenn während einer vorhergehenden Unternehmenskrise die Betriebsorganisation so gelitten hat[37], daß eine Fortführung mit hohen Anlaufkosten verbunden ist. Diese Gefahr besteht vorwiegend nach langen Unternehmenskrisen, während eine plötzlich eintretende Insolvenz den Betrieb weniger beeinträchtigt[38].

Die vielen, in diesem Kapitel aufgezeigten Vorteile einer Betriebsfortführung belegen, daß diese zumindest eine gleichwertige Verwertungsalternative gegenüber der sofortigen Betriebszerschlagung ist. Nach diesen wirtschaftlichen Überlegungen ist es unverständlich, daß die Betriebsfortführung in der Praxis relativ selten vorkommt[39].

II. Betriebsauflösung durch einen kontinuierlichen Schrumpfungsprozeß

Die zur Masse gehörenden Produktionsfaktoren lassen sich im Rahmen einer Betriebsfortführung ebenfalls durch ein „Totschrumpfen" des Betriebes ausnutzen. Im Unterschied zur kurzfristigen Fortführung wird dabei der Betrieb nicht nach einer Frist durch Maßnahmen des Verwalters zerschlagen. Der Betrieb wird vielmehr so lange fortgeführt, bis keine nutzungsfähigen Produktionsgüter mehr vorhanden sind[40]. Die Betriebsauflösung wird dabei nur dann durch eine Neuanschaffung oder Veräußerung von Produktionsmitteln beeinflußt, wenn wegen der unterschiedlichen Nutzungsdauer der Anlagen und Maschinen Ersatzstücke benötigt werden oder einzelne Maschinen ohne komplementär benötigte Produktionsmittel überflüssig wurden. Das „Totschrumpfen" wird grundsätzlich fortgeführt, solange Teile des Anlagevermögens noch gebrauchsfähig sind. Infolge der hohen Nutzungsdauer von Maschinen oder Anlagen kennzeichnet eine lange Dauer diese Fortführungsalternative[41].

Die Kostenvorteile des „Totschrumpfens" bestehen darin, daß für Anlagen, Maschinen und Gebäude lediglich eine Abschreibung in Höhe des sonst erzielbaren Liquidationserlöses erforderlich ist. Demnach bietet sich ein Totschrumpfen an, wenn das Anlagevermögen durch Kapitaldienst und

---

36 Als Beispiel s. ZIP-Report, Bericht des Konkursverwalters der Rollei-Werke, Braunschweig, ZIP 1982, 230 (244).

37 Groß, Sanierung, S. 169; Plate, Konkursbilanz, S. 100.

38 Fürst, KTS 1961, 126 (129).

39 s.o. § 1 A.

40 Hellge, S. 108.

41 Hellge, S. 109.

Abschreibung vor dem Konkurs ein bedeutender Kostenfaktor war und sich das Anlagevermögen nur unter erheblichen Wertverlusten veräußern läßt. Der Wert des Anlagevermögens wird dann nicht mittels Veräußerung, sondern durch Nutzung realisiert. Ein weiterer Vorteil des „Totschrumpfens" kann sein, daß während des längeren Verfahrens Arbeitnehmer freiwillig oder aus Altersgründen ausscheiden und so Sozialplankosten reduziert werden.

Im Vergleich zur kurzfristigen Betriebsfortführung ist das „Totschrumpfen" jedoch wesentlich gefährlicher. Die unterschiedliche Lebensdauer der einzelnen Produktionsmittel führt zu einem ständigen Anpassungszwang[42]. Der Ausfall einer Maschine zwingt beispielsweise zu der Entscheidung, ob ohne sie weitergearbeitet wird, oder ob ein Ersatzstück – mit welcher Lebensdauer? – gekauft oder gemietet wird. Der Auftragsbestand und die Kapazität ist jeweils der kontinuierlichen Betriebsverkleinerung anzupassen, um Schadensersatzansprüche zu verhindern. Zudem kann die Ablehnung von Aufträgen Kunden verunsichern und zu neuen Krisen führen. Gleichzeitig drohen Leerkapazitäten, die nur teilweise durch eine betriebsfremde Nutzung überflüssiger Produktionsfaktoren ausgleichbar sind. Das Kapital wird lange und unproduktiv gebunden. Zudem werden die Anlagen mit zunehmender Dauer vermehrt reparaturanfällig und gewährleisten weniger die Konkurrenzfähigkeit. Insgesamt erschwert es jede Betriebseinschränkung, die Produktionseinheit aufrecht zu erhalten. Die Vielzahl der einzukalkulierenden Veränderungen erhöht das Fehlerrisiko.

Steuerrechtlich entfällt beim „Totschrumpfen" anders als bei einer Veräußerung oder Betriebsaufgabe, die sich auch einer kurzen Fortführung anschließt, das Privileg der §§ 16; 34 EStG[43]. Nach diesen Normen ist der Veräußerungsgewinn, also der Erlös abzüglich Verwertungskosten und Buchwert[44], mit einem ermäßigten Satz zu versteuern. Die Umsätze und der Bilanzgewinn während des „Totschrumpfens" unterliegen dagegen den üblichen Steuern[45]. Wegen der konkursbedingten Nachteile bei der Liquidation ist der Veräußerungsgewinn aber nur selten groß, so daß umgekehrt der beim „Totschrumpfen" entgangene Steuervorteil gering ist.

Die Anpassungsschwierigkeiten beim Schrumpfungsprozeß und das Fehlerrisiko bei der Planung machen das „Totschrumpfen" zu einer gefährlichen Verwertungsalternative. Wirtschaftlich zweckmäßig dürfte es allenfalls bei wenig komplexen Produktionseinheiten sein, bei denen in der Liquidation geringwertige Maschinen oder Gebäude wesentlich zur Produktivität beitragen.

---

[42] Hellge, S. 108f. und 229.

[43] Hellge, S. 214.

[44] Hellge, S. 212.

[45] s.u. § 5 D.

Für andere Formen des kontinuierlichen Kapazitätsabbaus[46] gilt Entsprechendes. Ein schrittweises Schrumpfen, also die Liquidation von Teilbereichen[47], erfordert jeweils, die Betriebsorganisation mit den veränderten Kapazitäten zu harmonisieren. Schwierigkeiten ergeben sich bei den nicht teilbaren, schwer reduzierbaren Gemein- und Fixkosten. So mindert der Abbau eines Produktionsbereiches noch nicht die Kosten für Verwaltung oder Absatzorganisation. Ein Kapazitätsabbau bietet sich daher an, wenn rentable Betriebsteile relativ selbständig funktionieren. Eine mehrfache Wiederholung einer Betriebsschrumpfung erhöht jedoch das Fehlerrisiko[48].

D. Betriebsfortführungen mit dem Ziel der Veräußerung von Produktionseinheiten

I. Die Notwendigkeit einer Geschäftsfortführung während der Verkaufsbemühungen

Die Betriebsfortführungen im Konkurs der Hanomag GmbH und Zettelmeyer GmbH sollten u. a. eine Betriebsveräußerung vorbereiten. Die – im Konkurs typische[1] – Notwendigkeit, den Betrieb bis zum Verkauf fortzuführen, hat zwei Gründe: Bei der Konkurseröffnung sind erstens Kaufinteressenten selten vorhanden. Eine Betriebsstillegung würde zweitens die Veräußerungschancen erheblich verschlechtern.

Der Mangel an abschlußbereiten Kaufinteressenten erklärt sich damit, daß der Konkurseröffnung zumindest in größeren Unternehmen regelmäßig gescheiterte außergerichtliche Sanierungsversuche vorangingen. Da das bisherige Management in dieser Phase keine neuen Kapitalgeber oder Käufer fand, ist es Aufgabe des Konkursverwalters, Kaufinteressenten zu suchen[2]. Anders ist die Situation nur, wenn ein Interessent zwar ein Angebot abgab, jedoch nicht die Schulden des Unternehmens übernehmen will. Er wird dann den Konkurs abwarten, um nicht gemäß §§ 419 BGB, 25 HGB für Altschulden haften zu müssen[3]. Selbst wenn der Verwalter mit Interessenten

---

[46] Eine Systematisierung außergerichtlicher Liquidationen versucht Hellge, S. 100 - 107.

[47] Etwa der Abbau einer Produktionsschiene, eines Nebenbetriebes, der Absatzorganisation oder ein prozentualer Abbau der Gesamtkapazität.

[48] Zu den Gefahren einer Betriebsverkleinerung bei solventen Unternehmen s. Hellge, S. 51.

[1] Kübler, ZGR 1982, 498 (500); Kosch, S. 15; BGH, KTS 1985, 520 (523 f.) hält eine übereilte Veräußerung für pflichtwidrig.

[2] Kübler, ZGR 1982, 498 (500).

[3] Die §§ 25 HGB, 419 BGB finden auf eine Betriebsveräußerung durch den Konkursverwalter keine Anwendung, da die konkursrechtlichen Verteilungsgrundsätze diesen Haftungsnormen vorgehen: RGZ 58, 166 (168); BAG, KTS 1966, 189 (191); Jaeger / *Henckel,* § 1 KO, Rz. 16 m. w. N. Zu § 613 a BGB s. u. § 4 D II.

Verhandlungen aufgenommen hat, wird für die Begutachtung und Erörterung schwieriger rechtlicher und wirtschaftlicher Probleme des Betriebskaufs einige Zeit vergehen.

Der Betrieb ist bis zum Verkauf fortzuführen. So kann er dem Interessenten verkaufsfördernd präsentiert werden. Vor allem verursacht ein Wiederbeginn nach einer Betriebsstillegung hohe Anlaufkosten[4]. Für Werbung, Einstellung der Arbeitnehmer, für den Abschluß neuer Lieferverträge und für die Wartung der Betriebsanlagen ist dann ein erhöhter Organisationsaufwand zu finanzieren. Zudem geht der flüchtige immaterielle Geschäftswert nach einer Stillegung schnell verloren. Die Organisationsstruktur löst sich auf, mit der Abwanderung von Arbeitnehmern verliert der Betrieb sein know how, und die Stammkunden suchen sich alsbald neue Lieferanten. Darüber hinaus kann eine Betriebsfortführung selbst nach Abschluß der Kaufverhandlungen erforderlich sein. Der Erwerber kann vom Verwalter verlangen, noch Abwicklungsarbeiten durchzuführen[5].

Die damit für eine Veräußerung notwendige Betriebsfortführung erfordert, schädliche Folgewirkungen der Geschäftstätigkeit möglichst zu vermeiden. Ein zwischenzeitlicher Qualitätsverlust oder Preisverfall kann die Kundenerwartungen beeinflussen und damit den Betrieb für Erwerber uninteressant machen. Soweit konkursbedingt billiger produzierte Waren nicht ohne Preisnachlässe absetzbar sind, bietet sich der Verkauf unter einer neuen, neutralen Billigmarke an. Sollte diese Methode wegen Produktart oder Absatzmenge unpraktikabel sein, muß jedenfalls der Sondercharakter von Preisnachlässen herausgestellt werden, um dem Betriebserwerber spätere Preiserhöhungen vorzubehalten.

II. Vorteile einer Veräußerung für die Beteiligten

Die Verkaufschancen, die eine Betriebsfortführung evtl. rechtfertigen, sind ex ante noch schwieriger zu beurteilen als die Aussichten einer kurzfristigen Betriebsfortführung. Kaufinteressenten sind bei Konkurseröffnung häufig nicht vorhanden. Es fehlt somit der sicherste Indikator für die Verkaufschancen, nämlich die Nachfrage. Die Veräußerungsmöglichkeit hängt ferner nicht allein von der Betriebssituation, sondern ebenso vom Bedarf potentieller Erwerber und von der Marktlage ab. Immerhin steht dem Verwalter für seine Entscheidung einige Zeit zur Verfügung. Während er Halbfertigprodukte aufarbeiten läßt, kann er gleichzeitig Kaufinteressenten suchen.

---

4 Castendieck, Probleme, S. 86; Koch, S. 87; Mohrbutter, DB 1954, 343.

5 Als Beispiel s. FAZ v. 28. 1. 1984 S. 14 „Ein Hoffnungsschimmer für Hanomag".

Sind Verkaufsversuche vor dem Konkurs gescheitert, kann für Erwerber ein Betriebskauf im Konkurs trotzdem attraktiv sein. Zunächst entfällt dabei die Schuldenhaftung aus §§ 25 HGB; 419 BGB[6]. Der Erwerber muß zwar gemäß § 613a BGB die Arbeitnehmer übernehmen[7]. Er haftet jedoch nicht für Altschulden des früheren Arbeitgebers[8], insbesondere also nicht für unverfallbare Rentenanwartschaften[9]. Das BAG reduziert insoweit § 613a BGB im Konkurs, weil dem Gleichbehandlungsgebot und der konkursrechtlichen Erlösverteilung und Schuldenregulierung ein systematischer Vorrang gegenüber der Haftungsfunktion des § 613a BGB zukommt.

Hinzu treten steuerrechtliche Vorteile. Der neue § 6d EStG ermöglicht es mittelständischen[10] Erwerbern eines notleidenden mittelständischen Unternehmens, 30% des Kaufpreises für 5 Jahre zurückzulegen. Die deshalb später eintretende Steuerpflicht bewirkt einen Zins- und Liquiditätsvorteil während der kritischen Anlaufphase[11]. Zudem kann der Käufer eines Konkursbetriebes in verschiedenen Bundesländern von der Grunderwerbssteuer befreit werden[12].

Für die Rettung von Arbeitsplätzen kann der Erwerber staatliche Subventionen erhalten.

Kaufbestimmend dürfte für den Erwerber der attraktive Preis eines Konkursbetriebes sein. Für diesen ist kein objektiver Schiedswert[13], sondern die subjektive Wertschätzung der Parteien maßgeblich[14]. Ein Kaufinteressent kann daher seine gute Verhandlungsposition dazu benutzen, einen niedrigen Kaufpreis zu vereinbaren[15]. Da der Verwalter den Betrieb nur mit erheblichen Wertverlusten zerschlagen könnte, ist er zu einer Veräußerung im Ganzen eher geneigt. Eine schwindende Masse setzt den Verwalter bei den Verhandlungen zudem unter Zeitdruck. Arbeitnehmer und öffentliche Mei-

---

6 s.o. § 4 D I.

7 Str.; so BAG, ZIP 1980, 117 (119f.) m.w.N.; a.A. Mentzel / Kuhn / *Uhlenbruck*, § 1 KO, Rz. 80a; LAG Hamm, ZIP 1982, 991 (991 - 1000).

8 BAG, ZIP 1980, 117 (120f.) m.w.N.; im Anschluß an Henckel, ZIP 1980, 2 (3 - 8); Wiedemann / Willemsen, RdA 1979, 418 (422 und 427).

9 Das LAG Hamm, KTS 1983, 456 (459f.) verneint aus den gleichen Gründen auch die Haftung für Masseschulden.

10 Mittelständisch heißt dabei, daß der Jahresumsatz unter 100 Millionen DM liegt.

11 Zur Einführung des § 6d EStG s. BMF Finanznachrichten Nr. 37/82 v. 22. 11. 1982, abgedruckt in: DB 1982, 2548; s. weiter Jüttner-Kramny, DB 1983, 1749 (1751).

12 Nicht in Bremen, Hamburg und Rheinland-Pfalz. Nachweise bei Groß, KTS 1982, 355 (364 Fn. 46 - 51); ders., Sanierung, S. 175f.

13 Zu diesem s. Dörner, WP-Handbuch, S. 1131 (1133 - 1135); zum Wert unrentabler Unternehmen s. ders., WP-Handbuch, S. 1131 (1227 - 1232); Räss, S. 147f.

14 Zur subjektiven Unternehmensbewertung s. Dörner, WP-Handbuch, S. 1131 (1133f. und 1136); Großfeld, Unternehmensbewertung S. 18 - 20.

15 Deshalb wird der Kaufpreis auch den Ertragswert kaum erreichen. Die Gewinnaussichten sind nur ein, wenn auch wichtiges, Verhandlungskriterium.

nung, die eine Rettung der Arbeitsplätze wünschen, werden den Verkaufsdruck verstärken[16]. Zudem vermindert der Konkurs die für Unternehmen ohnehin geringe Nachfrage. Denn der Kauf von Konkursbetrieben ist mit den Risiken verbunden, daß sich die Auswirkungen des Konkurses nur schwer abschätzen lassen und daß während einer Anlaufphase weitere Verluste entstehen[17]. Wegen dieser Verhandlungsposition kann ein Interessent darauf hinweisen, daß er die freiwillig aufgenommenen Verhandlungen ohne eigene Nachteile jederzeit abbrechen kann[18]. Der Erwerber kann daher verglichen mit dem Kauf eines lebenden Unternehmen einen stark ermäßigten Preis aushandeln[19], der wenig über dem Mindestpreis des Konkursverwalters, dem Erlös bei einer Betriebsliquidation[20], liegt.

Die Veräußerung ist jedoch auch für Verwalter und Konkursgläubiger attraktiv. Verglichen mit dem schlechteren Zerschlagungserlös verspricht der Verkauf im Ganzen für die Masse ein zufriedenstellendes Ergebnis[21], da so immaterielle Werte zumindest teilweise realisiert werden können. Außerdem ist die Abwicklung eines Kaufvertrages schnell und billig. Als nennenswerte Verwertungskosten fallen oftmals nur Notargebühren an. Führt der Unternehmer die alten Aufträge aus[22] und übernimmt er die Arbeitnehmer, entstehen weder Schadensersatzforderungen noch Sozialplanansprüche[23]. Da die Schadensersatzansprüche unter § 61 I Nr. 6 KO fallen, spart die Veräußerung allerdings nur die – geringe – Quote ein. Der Spareffekt für den Sozialplan ist auf 2½ Monatsgehälter pro Arbeitnehmer und ein Drittel der für Konkursgläubiger freien Masse beschränkt[24].

Unabhängig vom finanziellen Ergebnis favorisieren Arbeitnehmer und Lieferanten eine Betriebsübernahme, weil sie ihre Arbeitsplätze bzw. ihren Abnehmer erhalten wollen. Der Konkursverwalter darf diese Interessen

---

16 Grub, KTS 1978, 129 (134).

17 Allgemein zu den Gefahren einer Unternehmensübernahme: B. Weber, S. 86 - 100.

18 s. z.B. die Schilderung bei Güthe, „Kühler Kopf beim Konkurs", FZ Blick durch die Wirtschaft v. 9. 3. 1982, S. 1.

19 Grub, KTS 1978, 129 (134f.). Als Beispiele für Werteinbußen bei Betriebsverkäufen s. ZIP-Report, Bericht des Konkursverwalters der Rollei-Werke, Braunschweig, ZIP 1982, 230 (242); ZIP-Report, Bericht des Konkursverwalters der Neff-Werke GmbH, Bretten, ZIP 1982, 1370 (1375).

20 Plate, Konkursbilanz, S. 35f.; Hellge, S. 156; Larcier, S. 98.

21 Das gute Ergebnis bei einer Veräußerung betonen: Hanisch, Rechtszuständigkeit, S. 117 - 119; Henckel, ZIP 1980, 2 (2); Kilger, KTS 1975, 142 (153); Hellge, S. 229 (zu außergerichtlichen Betriebsverkäufen).

22 s. z.B.: ZIP-Report, Konkursverwalterbericht zur Lüder Bauring-Insolvenz, ZIP 1980, 56 (58); ZIP-Report, Bericht des Konkursverwalters der Neff-Werke, Bretten, ZIP 1982, 1370 (1374).

23 Die Veräußerung ist keine Betriebsveränderung i.S.d. §§ 112f. BetrVG. s. BAG, DB 1980, 164.

24 §§ 2f. Gesetz über den Sozialplan im Konkurs- und Vergleichsverfahren, vom 20. 2. 1985 (BGBl. I S. 369).

berücksichtigen, wenn dadurch das finanzielle Konkursergebnis nicht schlechter ausfällt[25].

III. Beurteilung der Veräußerungschancen

1. Betriebsbezogene Indikatoren

a) Die maßgeblichen Kriterien

Die allgemeinen Vorteile eines Verkaufs für die Konkursbeteiligten und den Erwerber zeigen noch nicht, ob der konkrete Betrieb sich zur Veräußerung eignet. Die Verkaufschancen hängen dabei von den Qualitäten des Betriebes und vom Bedarf potentieller Erwerber ab. Allgemeine Aussagen sind deshalb nur bedingt möglich. Verwalter, Gläubigerversammlung und -ausschuß müssen die jeweiligen Umstände des Einzelfalls berücksichtigen.

Erschwert wird die Beurteilung dadurch, daß bislang betriebswirtschaftliche Analysen zur Veräußerungsfähigkeit von Konkursbetrieben fehlen. Die verschiedenen Konkurstests[26] und Untersuchungen zur Sanierungsfähigkeit von Unternehmen[27] betreffen die finanziellen Verhältnisse des Unternehmens. Im Konkurs steht jedoch die Illiquidität des Unternehmensträgers fest. Es ist dann entscheidend, ob die leistungswirtschaftliche Seite, der Betrieb, für andere verwendbar ist. Die Anleitungen zur Prüfung der Sanierungs- oder Vergleichsfähigkeit können hier also nur soweit herangezogen werden, als Verbesserungen des Betriebes, leistungswirtschaftliche Reorganisationsmaßnahmen, behandelt werden. Die Vorschläge zur Verbesserung der Finanzstruktur des Unternehmens helfen im Konkurs dagegen nicht, da ein neues, liquides Unternehmen den Betrieb übernehmen soll.

Eine Systematisierung veräußerungstauglicher Betriebe hat sich daran zu orientieren, daß wirtschaftliches Handeln Gewinne erzielen soll. Die Ertragsfähigkeit ist daher ein entscheidendes Kriterium.

b) Gewinnträchtige Betriebe

Für Erwerber sind erstens Betriebe interessant, die vor dem Konkurs Gewinne erwirtschaftet haben und weiterhin Rentabilität erwarten lassen. Diese Situation ist selten, weil die Illiquidität des Unternehmens meistens[28]

---

[25] s.o. § 3 A II 1.

[26] Dazu Hellge, S. 34 - 49 m.w.N.

[27] W. Baur; Kayser, BB 1983, 415 - 419; ders., Sanierung; Niggemann; Räss; Rinklin.

[28] Gessner, Praxis, S. 527. Nach einer älteren Untersuchung von Konkursakten aus dem Amtsgerichtsbezirk Freiburg hatten ca. 27% der Unternehmen vor dem Konkurs mit Gewinn gearbeitet, s. Rinklin, S. 78.

darauf zurückzuführen ist, daß mit Verlusten produziert wurde. Ausnahmen sind einerseits möglich, wenn zu hohe Gewinnentnahmen des Eigners den Konkurs ausgelöst haben[29]. Rentable Betriebe können daneben in Konkurs fallen, wenn hohe Forderungsausfälle zur Illiquidität geführt haben. Da der Betrieb weiter Gewinn verspricht und gleichzeitig das Vertrauen der Gläubiger in das Management nicht erschüttert zu sein braucht, ist in derartigen Fällen bereits ein Vergleich oder ein außergerichtlicher Sanierungsversuch erfolgversprechend[30]. Kapitalaufstockungen oder Forderungsverzichte können das benötigte Kapital zuführen. Eine Veräußerung im Konkurs bleibt nur möglich, wenn ein Vergleich oder eine außergerichtliche Sanierung gescheitert ist. Weiter können gewinnträchtige Unternehmen illiquide werden, weil die geringe Eigenkapitalquote die Kreditwürdigkeit des Unternehmens beeinträchtigt. Eine entsprechende Unternehmenskrise läßt sich außergerichtlich durch die Aufnahme neuer Gesellschafter lösen, so daß für die Betriebsfortführung im Konkurs wenig Raum bleibt.

Eine größere praktische Bedeutung kommt hingegen den rentablen Konzerntöchtern zu, die durch die Insolvenz der Mutter zahlungsunfähig wurden[31]. Obgleich die Tochter eine eigene Rechtspersönlichkeit besitzt, ist sie über Patronatserklärungen, Bürgschaften und den Konzernfinanzausgleich oftmals finanziell von der Liquidität der Mutter abhängig. Zusätzlich führt der Konkurs der Mutter häufig zu erheblichen Forderungsausfällen, weil die Außenstände innerhalb des Konzerns nicht gesichert wurden. Gleichzeitig können der Tochter einzelne Betriebsbereiche, etwa die Absatzorganisation oder die Entwicklungsabteilung, fehlen, weil diese Bereiche im Konzern zentralisiert wurden[32]. Aus diesen Gründen wird die Insolvenz der Mutter den Konkurs der Tochter verursachen, ohne daß die Tochter durch einen Fortführungsvergleich oder eine außergerichtliche Sanierung als selbständiges Unternehmen gerettet werden könnte. Der Aufbau einer eigenen Absatzorganisation oder Entwicklungsabteilung wäre zu teuer. Wird die

---

[29] Rinklin, S. 57 hält diese Konkursursache für statistisch bedeutend. Räss, S. 67 - 82 stellt die verschiedenen Systematisierungsversuche von Ursachen für Unternehmenskrisen kritisch dar. Eindeutige Ergebnisse fehlten bislang.

[30] Fürst, KTS 1961, 126 (129).

[31] Als Beispiel s. FAZ v. 9. 2. 1984 S. 15 „Neff und Zanker: Jeder auf seine Weise"; ZIP-Report, Bericht des Konkursverwalters der Neff-Werke, Bretten, ZIP 1982, 1370 - 1376; ZIP Dokumentation, Stellungnahme der IHK Reutlingen zum Vergleichsantrag im Falle Zanker GmbH, ZIP 1982, 1376 (1377); FAZ v. 6. 12. 1983 S. 13 „Die Zukunft der Hamburger Stahlwerke ist noch ungewiß" und s. o § 2 zur Insolvenz der IBH-Gruppe.
Weitere Beispiele beschreiben: Kübler, ZGR 1984, 560 (562 - 570); Wellensiek, ZIP 1984, 541 (543).

[32] Wellensiek, ZIP 1984, 541 (541 und 545); Albach, ZfB 1984, 773 (777); Lutter, ZfB 1984, 781 (782f.); als Beispiele s. FAZ v. 10. 12. 1983 S. 17 „Anschlußkonkurs für die Hamburger Stahlwerke"; ZIP-Report, Bericht des Konkursverwalters der Neff-Werke GmbH, Bretten, ZIP 1982, 1370 (1371) und Kübler, ZGR 1984, 560 (562f.) und s.o. § 2 zur IBH-Gruppe.

Konzernmutter aufgelöst[33] oder sieht deren Vergleichskonzept die Abspaltung der Tochter vor[34], bleibt nur noch, die Tochter im Konkurs zu veräußern. Der Erwerber muß sie dann in seinen Konzern eingliedern oder eine andere Kooperation mit eigenen Betrieben durchführen.

Die nächste Kategorie bilden die Betriebe, die bis zur Konkurseröffnung unrentabel arbeiteten, danach aber ausreichende Gewinne versprechen. Eine solche Veränderung kann sich bereits aus einer Rechenoperation ergeben. Rentabilität ist das Verhältnis des erwirtschafteten Ertrages zum eingesetzten Kapital[35]. Beim Kauf werden der Preis, nicht der Buchwert, und eventuelle Zusatzinvestitionen als Kapital eingesetzt. Soweit diese Summe wegen des niedrigen Kaufpreises geringer als das vom Gemeinschuldner eingesetzte Kapital ist, steigt die Rentabilität. Dieser Effekt kann dadurch verstärkt werden, daß mit der konkursrechtlichen Schuldenablösung die Kosten für den Schuldendienst sinken, der Ertrag also entsprechend steigt. Für solche gesunden Betriebe eines unterkapitalisierten Unternehmens gibt es aber häufig andere Sanierungsmöglichkeiten, etwa einen Vergleich oder die Aufnahme neuer Kapitalgeber. Einen wichtigen Unterfall unrentabler Unternehmen mit hohem Schuldendienst und günstigen Zukunftsprognosen bilden Betriebe mit hohen Anlaufkosten[36]. Ein Werbefeldzug, hohe Anschaffungskosten für die Betriebsmittel oder die allgemeinen Schwierigkeiten beim Betriebsbeginn können den Konkurs verursachen, obwohl für die nächste Zeit Gewinne erwartet werden. Soweit ein gerichtlicher oder außergerichtlicher Vergleich unmöglich war, ist der Betrieb wegen der Gewinnaussichten für Käufer attraktiv.

Die wichtigsten Beispiele für bisher unrentable Betriebe mit Gewinnaussichten finden sich bei Unternehmen, die durch Managementfehler illiquide wurden. Trotz unterschiedlicher Bewertungsansätze und Untersuchungsmethoden besteht in der Konkursursachenforschung nunmehr Einigkeit, daß Fehler der Unternehmensleitung die meisten Konkurse zumindest mitverursacht haben[37]. Der bloße Wechsel des Managements oder des Unternehmensträgers beendet indes die Verlusttendenz noch nicht. Fehler des Gemeinschuldners können auf die Betriebssituation fortwirken, wenn z.B. ein falscher Betriebsstandort gewählt oder eine grundsätzlich falsche Investitionsentscheidung getroffen wurde. Mithin ist entscheidend, ob die Fehler

---

33 So im Fall der IBH-Insolvenz, s.o. § 2.

34 So im Fall der AEG-Insolvenz, s. ZIP-Dokumentation, Stellungnahme der IHK Reutlingen zum Vergleichsantrag im Falle Zanker GmbH, ZIP 1982, 1376 (1377); ZIP-Report, Bericht des Konkursverwalters der Neff-Werke GmbH, Bretten, ZIP 1982, 1370 (1370); Kübler, ZGR 1984, 560 (562f.).

35 Dörner, WP-Handbuch, S. 1131 (1227); Mentzel / Wittelsberger, S. 255.

36 Dörner, WP-Handbuch, S. 1131 (1152 und 1228); Walendy, S. 188f.

37 W. Baur, S. 34; Risse, KTS 1982, 65 (67); Doehring, KTS 1980, 229 (238); Uhlenbruck, Gläubigerberatung, S. 20f. und 25 m.w.N.

behebbar sind. Als Reorganisationsmaßnahme kann sich die Einführung eines Mahnwesens[38] oder einer Kostenrechnung[39], die Straffung der Organisation durch klarere Kompetenzregeln, eine Betriebsmodernisierung oder ein Personalabbau anbieten[40]. Die Auswahl der richtigen Maßnahme im Einzelfall ist dabei vom wirtschaftlichen Sachverstand des Konkursverwalters oder des Käufers abhängig. Die betriebswirtschaftliche Literatur gibt dazu allgemeine Anleitungen und stellt Beispiele vor[41]. Bei den reorganisierbaren Betrieben bieten sich Veräußerungschancen im Konkurs, wenn die Rettungsmöglichkeiten – wie häufig bei kleineren Betrieben[42] – vor dem Konkurs nicht erkannt wurden. Desweiteren können Mangementfehler das Vertrauen der Kreditgeber so erschüttert haben, daß sie die Betriebstätigkeit nur dann weiter finanzieren, wenn der Unternehmersträger wechselt.

c) Unrentable Betriebe

Drittens ergeben sich Veräußerungschancen selbst dann, wenn der Betrieb unrentabel arbeitet und auch keine positiven Prognosen möglich sind. Denn der Erwerber kann auf andere Nutzungsmöglichkeiten hoffen. Er kann sich sog. Synergieeffekte versprechen, d.h. von der Kooperation zwischen seinem alten und dem neuen Betrieb eine Wert- und Ertragssteigerung für den alten Betrieb erwarten. Mit dem Kauf soll u.U. ein billiger Lieferant erhalten oder eine Marktbeherrschungsstrategie verfolgt werden. In reglementierten Märkten, wie in der Stahlbranche, kann ein Kauf sogar günstig sein, um den Betrieb stillzulegen und dessen Produktionsquote zu übernehmen. Der Nutzen eines unrentablen Betriebes hängt vom jeweiligen Erwerber ab. Der Interessent muß daher bekannt sein, um die Veräußerungschancen beurteilen zu können.

d) Nicht veräußerbare Betriebe

Die überwiegende Zahl der Betriebe eignet sich jedoch nicht zu einer Veräußerung. Betriebe mit einer desolaten Organisation, mit einer mangelhaften Arbeitsmoral des Personals, mit einem grundsätzlich falschen Unter-

---

[38] W. Baur, S. 48 berichtet aus seiner Praxis von einem Unternehmen, das Forderungen nicht eingezogen habe.

[39] So für die Firma Blohm, ZIP-Dokumentation, Der Staat als Sanierer, Bericht des Parlamentarischen Untersuchungsausschusses zur Untersuchung der Gründe für das Scheitern der Sanierung Blohm, ZIP 1980, 930 (932).

[40] Als Beispiel für eine Reorganisation durch den Konkursverwalter s. Helmer „Ertragbringende Uhrenfabrik zu verkaufen“, FAZ v. 9. 3. 1977 S. 15.

[41] W. Baur, S. 135 - 141 und 165 - 248; Räss, S. 118 - 129; Kayser, Sanierung, S. 23f.; Marschdorf, S. 46 - 49.

[42] Nach Gessner, Praxis, S. 262 versuchen vor allem große Unternehmen außergerichtliche Sanierungen.

nehmenskonzept oder mit nicht aufhebbaren Managementfehlern werden kaum Käufer finden. Wie bei der einstweiligen Betriebsfortführung können die Schäden während der Unternehmenskrise vor dem Konkurs die Substanz des Betriebes so aufgezehrt haben, daß für eine Veräußerung wenig bleibt. Wenn wichtige Lizenzen oder andere Betriebsmittel fehlen, können Erwerber den Betrieb nicht gebrauchen. Davon zu unterscheiden ist der massearme Konkurs, in dem die Massekosten und erstrangigen Masseschulden höher als der voraussichtliche Erlös sind. Die Massearmut besagt damit über die Veräußerungsfähigkeit des Betriebes ebensowenig wie die Illiquidität[43], da im massearmen Konkurs die wichtigen Betriebsteile noch vorhanden sein können. Nur schwer zu veräußern sind schließlich die Betriebe einer Branche, die in einer allgemeinen Krise stecken. Das Konkursverfahren kann die Konjunktur nicht beeinflussen.

Für die Verkaufschancen von Teilbetrieben gelten diese Erwägungen analog. Zusätzliche Schwierigkeiten bereitet die Trennung der Betriebsteile, weil Gemeineinrichtungen, z.B. Verwaltung oder Absatzorganisation, für verschiedene Bereiche bestehen. Zudem ist unsicher, ob der einzelne Betriebsteil mit Gewinn oder Verlust gearbeitet hat. Denn bei der Zuordnung der Gemeinkosten und des Erlöses entstehen Abgrenzungsprobleme.

Für die Beurteilung der Veräußerungschancen eines Betriebes nach allen Umständen des Einzelfalls sind zunächst Unternehmensentwicklung und Konkursursachen zu begutachten. Wichtiges Indiz ist dabei, ob die Krise sich längere Zeit hinzog oder den Betrieb plötzlich, unabhängig von seiner gesunden Organisation, traf[44]. Neben dieser Vergangenheitsanalyse ist zu beachten, wie sich die Konkurseröffnung auswirkt und welchen Erfolg Reorganisationsmaßnahmen versprechen.

2. Potentielle Kaufinteressenten

a) Betriebsfremde Personen – insbesondere Marktkonkurrenten

Wird der Betrieb selbst für veräußerungstauglich gehalten, ergibt sich für die Käufersuche im Konkurs der kleine Vorteil, daß die negative Publizität eines Verkaufsversuchs ohnehin besteht. Verkaufsbemühungen müssen daher nicht verschwiegen werden[45]. Mitunter läßt sich die Presseberichterstattung sogar für eine kostenlose Werbung zum Unternehmenskauf ausnut-

---

[43] Gottwald, KTS 1984, 1 (25). Nach statistischen Ergebnissen waren erfolgreiche Veräußerungen in Mangelkonkursen nicht seltener. s. Gessner, Praxis, S. 355 und s.u. § 6 B II.

[44] Für dieses Kriterium Fürst, KTS 1961, 126 (129).

[45] Zu den Gefahren der Publizität von Verkaufsplänen s. Larcier, S. 9 - 11.

zen[46]. Eine weitere Vermittlungstätigkeit können Banken, Geschäftspartner oder Unternehmensmakler übernehmen[47].

Der Verwalter muß sich von der Bonität der vorhandenen Interessenten überzeugen[48]. Die Veräußerung hat gerade den Vorteil einer schnellen Abwicklung, weshalb die Konkursgläubiger an einer sofortigen Vertragserfüllung interessiert sind. Zudem scheiden im Konkurs sonst übliche Formen der Kaufpreiszahlung[49] aus. Rentenversprechen oder die Übergabe von Aktien des Unternehmens dienen der Gläubigerbefriedigung kaum, da diese Werte noch zu Geld gemacht werden müssen. Neben seiner Bonität hat der Interessent häufig zu gewährleisten, daß er den Betrieb fortführt. Staatshilfen für den Erwerber sollen nämlich Arbeitsplätze erhalten und sind deshalb an entsprechende Bedingungen geknüpft[50]. Der Subventionsgeber ist insofern gegenüber ausländischen Erwerbern mißtrauisch. Man befürchtet, daß die Betriebsübernahme nur zum Transfer der Technologie ins Ausland benutzt werden soll[51].

Rechtliche Probleme ergeben sich hinsichtlich des Käufers, wenn der Erwerb seine marktbeherrschende Stellung verstärkt oder begründet. Ein derartiger Erwerb kommt häufiger vor, weil die so gewonnene Marktmacht besonders interessant ist und gerade Marktführer das benötigte Kapital und Wissen für einen Erwerb besitzen[52]. Die kartellrechtliche Fusionskontrolle des § 24 GWB ist im Konkurs anwendbar[53] und schränkt dadurch den Käuferkreis ein. Für kleinere Konkursbetriebe scheidet die Fusionskontrolle jedoch nach der Toleranzklausel des § 24 VIII Nr. 2 GWB aus, wenn das Konkursunternehmen im letzten Jahr zwischen 4 und 50 Millionen DM umsetzte und der Übernehmer gleichzeitig einen Umsatz unter einer Milliarde DM hatte oder wenn der Konkursbetrieb weniger als 4 Millionen DM umsetzte.

Dagegen ermöglicht die Überlegung, daß der Erwerb eines sonst liquidierten Konkursbetriebes die Marktmacht des Unternehmens nicht kausal verstärke[54], nur ausnahmsweise eine erlaubnispflichtige Fusion. Regelmäßig

---

[46] Als Beispiel s. Helmer, „Ertragbringende Uhrenfabrik zu verkaufen", FAZ v. 9. 3. 1977 S. 15.

[47] Hellge, S. 122.

[48] Räss, S. 148f.; Kübler, ZGR 1982, 498 (511).

[49] Hellge, S. 160 - 163; Larcier, S. 99.

[50] Westermann, S. 9 - 12; als Beispiel s. FAZ v. 28. 1. 1984 S. 14 „Ein Hoffnungsschimmer für Hanomag".

[51] Kübler, ZGR 1982, 498 (511); ZIP-Report, Bericht des Konkursverwalters der Rollei-Werke, Braunschweig, ZIP 1982, 230 (244); als Beispiel s. FAZ v. 14. 1. 1984 S. 14 „Bifora Uhren schließt endgültig".

[52] Zum Interesse an Sanierungsfusionen s. Herrmann, AG 1984, 1 (2); Emmerich, AG 1978, 118 (132).

[53] Gottwald, KTS 1984, 1 (15).

[54] F. Baur, JZ 1982, 577 (578); Uhlenbruck, DBW 1977, 311 (312).

wächst der Marktanteil eines zerschlagenen Betriebes allen Mitbewerbern anteilig zu. Übernimmt ein Unternehmen den Betrieb und damit alle Marktanteile, vergrößert sich seine Marktmacht überproportional[55].

Ein Fusionsverbot ist gemäß § 24 I 2. Halbsatz GWB ausgeschlossen, wenn der Zusammenschluß die Wettbewerbsbedingungen verbessert. Nach Wortlaut und systematischem Vergleich mit § 24 III GWB betrifft diese Abwägungsklausel jedoch die Verbesserungen des Wettbewerbs[56]. Die Notlage des Konkursbetriebes ist für diese Klausel kein Abwägungskriterium[57].

Die wirtschaftliche Lage des Betriebes spielt damit allein für die Ministererlaubnis des § 24 III GWB eine Rolle. Danach erlaubt der Bundesminister für Wirtschaft einen vom Bundeskartellamt untersagten Zusammenschluß, wenn überwiegende gesamtwirtschaftliche Interessen für die Fusion sprechen. In diesem Rahmen sind u. a. die Rettung von Arbeitsplätzen und die Erhaltung der inländischen Wirtschaftskraft zu berücksichtigen[58]. Die prognostizierten Vorteile müssen allerdings dauerhaft sein, da die Wettbewerbsnachteile über längere Zeit bestehen[59]. In der Praxis hat der Bundesminister für Wirtschaft in Sanierungsfällen die Erlaubnis bereits mehrfach erteilt[60].

Die Fusionskontrolle gilt damit für die Übernahme von größeren Konkursbetrieben. Die Rettung von Arbeitsplätzen und der Druck der öffentlichen Meinung geben jedoch gute Aussichten auf eine Ausnahmeerlaubnis nach § 24 III GWB.

b) Gesellschafter der Gemeinschuldnerin

Die Gesellschafter einer insolventen Kapitalgesellschaft können den Kauf eines Konkursbetriebes dazu benutzen, die Geschäfte fortzuführen und sich gleichzeitig der Schulden zu entledigen. Für diese „übertragende Sanierung“[61] gründen die Gesellschafter des Konkursunternehmens eine neue

---

[55] BGH, AG 1980, 221 (222f.) m. w. N.; Herrmann, AG 1984, 1 (2); Immenga / *Mestmäcker*, § 24 GWB, Rz. 21.

[56] Beispiel ist, daß das zweitstärkste Unternehmen auf dem Markt den Konkursbetrieb übernimmt und so dem Marktführer wirksamer Kokurrenz machen kann.

[57] Herrmann, AG 1984, 1 (2f.); Emmerich, AG 1978, 118 (130f.).

[58] Herrmann, AG 1984, 1 (3f.); Gottwald, KTS 1984, 1 (15); Jüttner-Kramny, DB 1983, 1749 (1752); Emmerich, AG 1978, 150 (152f.) (kritisch zur Eignung einer Fusion als Mittel zur Rettung von Arbeitsplätzen).

[59] *Westrick* / Loewenheim, § 24 GWB, Rz. 79.

[60] Z. B. BMWi, AG 1982, 45 (46f.) „IBH/Wibau“; BMWi, WuW/E BMW 155 (156f.) „Babcock/Artos“; BMWi, WuW/E BMW 159 (162f.) „Thyssen/Hüller“.

[61] K. Schmidt, ZIP 1980, 328 (336); als Beispiel s. den Sachverhalt von BSG, KTS 1984, 123 - 129 und LSG Essen, KTS 1982, 693 - 698. Dort wurde das Verfahren innerhalb weniger Jahre wiederholt durchgeführt.

Gesellschaft, die den Betrieb erwerben soll. Die Aktiva sollen ohne Passiva übernommen werden.

Rechtspolitisch bedenklich ist, daß so die Vergleichsvorschriften umgangen und die Konkursgläubiger am Gewinn des Verfahrens nicht beteiligt werden[62]. Deshalb wird vereinzelt[63] gefordert, daß für die Gesellschaft die Haftung gemäß §§ 25 HGB; 419; 613 a BGB eingreifen müsse. Die teleologische Reduktion dieser Vorschriften im Konkurs solle den Erwerber schützen. Dieser sei aber nicht schutzwürdig, wenn die Gesellschaft allein zur Ablösung der Schulden gegründet wurde.

Die §§ 25 HGB, 419 BGB sind jedoch im Konkurs ausgeschlossen und § 613 a BGB wird eingeschränkt, weil der konkursmäßigen Schuldenregulierung ein Vorrang vor diesen Haftungsnormen gebührt[64]. Die Erwägung, daß die gleichmäßige Gläubigerbefriedigung im Konkurs endgültig die Forderungen abwickeln soll, gilt ebenso für die übertragende Sanierung.

Unzutreffend ist überdies die Prämisse der Kritik, daß die Neugesellschaft bei einer übertragenden Sanierung nicht schutzwürdig sei. Diese Prämisse beachtet die rechtliche Selbständigkeit der Neugesellschaft, über deren Wirkungen man sich nicht leichtfertig hinwegsetzen darf[65], nicht genügend. Es wird ungenau analysiert, wer den Konkursgläubigern den Schaden zufügt. Denn die Neugesellschaft schadet den Konkursgläubigern nicht. Sie zahlt für den Erwerb einen höheren Preis als die nächstbeste Verwertungsalternative erbringen würde, der Erwerb verbessert also das Konkursergebnis. Die allgemeinen Nachteile der Zwangsverwertung sind bereits mit der Konkurseröffnung eingetreten, dem Kauf durch die Neugesellschaft also nicht anzulasten. Ebensowenig kann man den Gesellschaftern vorwerfen, daß sie ihr Geld in die Neugesellschaft statt in eine Kapitalaufstockung der insolventen Altgesellschaft investieren. Denn eine gesellschaftsrechtliche Nachschußpflicht besteht grundsätzlich nicht[66]. Den Schaden der Gläubiger hat damit allein der Konkurs der Altgesellschaft verursacht. Der Schadensregulierung dient das Konkursverfahren, in dem die Neugesellschaft wie jeder andere den Betrieb erwerben kann.

Wurde die Zahlungsunfähigkeit – ausnahmsweise – sittenwidrig zur Schädigung der Gläubiger herbeigeführt, hilft den Gläubigern ein Durchgriff[67] gegen die Gesellschafter. Mangels Nachschußpflicht ist es jedoch

---

[62] Kosch, S. 20f.; K. Schmidt, ZIP 1980, 328 (336f.).

[63] K. Schmidt, ZIP 1980, 328 (337); *a.A.:* Groß, Sanierung, S. 232; Gottwald, KTS 1984, 1 (17); Walendy, S. 149f.; wohl auch BSG, KTS 1984, 123 (129).

[64] Jaeger / *Henckel,* § 1 KO, Rz. 16; *Baur* / Stürner, Konkursrecht, Rz. 1004 S. 409; RGZ 58, 166 (168).

[65] BGHZ 20, 4 (11); BGHZ 61, 380 (383) m.w.N.

[66] s. §§ 707 BGB, 26 GmbHG; Hueck, § 36 II 3 c.

[67] Dazu s. Hueck, § 35 IV 2 c, S. 330 - 333 m.w.N.

zulässig, wenn die Gesellschafter eine nicht absichtlich herbeigeführte Unternehmenskrise mit einer übertragenden Sanierung lösen.

Wegen der rechtspolitischen Bedenken gegen die übertragende Sanierung hat der Verwalter besonders darauf zu achten, daß der Kaufpreis angemessen ist. Die Gesellschafter der Gemeinschuldnerin, die jetzt die Übernahmegesellschaft kontrollieren, können ihren Informationsvorsprung zu Verhandlungs- und Preisvorteilen ausnutzen.

c) Arbeitnehmer der Gemeinschuldnerin

Ein Betriebskauf durch die eigenen Arbeitnehmer ist praktisch weniger bedeutend als gesellschaftspolitisch relevant. Denn erfolgreiche Betriebsübernahmen durch die Arbeitnehmerschaft[68] oder deren Beteiligung an Übernahmegesellschaften[69] sind selten. Allenfalls übernehmen leitende Angestellte oder Mitarbeiter mit technischen Spezialkenntnissen etwas häufiger kleinere Betriebe. Angesichts der gesellschaftspolitischen Brisanz wurde Ende der 60er Jahre die Übernahme einer Firma mit 280 Beschäftigten, der Süßmuth Glashütte, kontrovers diskutiert. Einige befürworteten die Übernahme, weil so Basisdemokratie und wahre Mitbestimmung verwirklicht werde, bei der die Arbeitnehmer an Gewinn und Unternehmensentscheidungen beteiligt sind[70]. Andere sahen darin ein sozialistisches Experiment, das die Grundlagen des freien Unternehmertums angreife[71].

Diese Extrempositionen verkennen, daß der Betriebskauf der Arbeitnehmer zu einer nicht ungewöhnlichen kapitalistischen Beteiligung ihrer Gesellschaft am Wettbewerb führt. Die Identität von Beschäftigten und Unternehmenseignern ist auch bei Handwerks- und Familienbetrieben und kleineren Personengesellschaften bekannt. Atypisch war für die Arbeitnehmergesellschaft der Süßmuth Glashütte nur, daß ausscheidende Arbeitnehmer ihren Anteil an der GmbH verlieren sollten[72]. Insoweit wurde überlegt, wie der Verlust erworbener Rechte zu entschädigen sei. Die besondere Stellung als Unternehmenseigner wurde damit akzeptiert.

Die systemkonforme Organisation eines Arbeitnehmerbetriebes rechtfertigt eine kontroverse Beurteilung daher nicht.

---

[68] Beispiele nennt Uhlenbruck, KTS 1981, 513 (559 insbes. Fn. 156); als Beschreibung eines Einzelfalls s. Fabian, Fall in: Fabian, Arbeiter, S. 7 - 24 und Friedel, in: Fabian, Arbeiter, S. 67 - 84.

[69] Gottwald, KTS 1984, 1 (6 Fn. 21); Hanau, Gutachten E, S. 80; Uhlenbruck, KTS 1981, 513 (559 Fn. 158f.) jeweils m. N. zu Beispielsfällen.

[70] Friedel, in: Fabian, Arbeiter, S. 67 (69 - 71).

[71] Beitrag aus „Der Selbständige" 1970, abgedruckt in: Fabian, Arbeiter, S. 107 - 109.

[72] Fabian, Fall in: Fabian, Arbeiter, S. 7 (18f.).

Darüber hinaus ist davor zu warnen, der Betriebsübernahme durch Arbeitnehmer Modellcharakter[73] zuzusprechen. Die konkursbedingten Besonderheiten verbieten Verallgemeinerungen. Eine Betriebsübernahme im Konkurs sagt insbesondere nichts darüber aus, mit welchem Erfolg Arbeitnehmer nicht krisenbedrohte Unternehmen übernehmen oder sich an ihnen beteiligen können.

Im Konkurs wird die Übernahme häufig schon daran scheitern, daß den Arbeitnehmern das Kapital für Kaufpreis, Ablösung von Sicherheiten und Neuinvestitionen fehlt. Desweiteren sind in Konkursbetrieben Reorganisationsmaßnahmen alsbald vorzunehmen. Zu den üblichen Schwierigkeiten der Unternehmensführung treten damit die Probleme der Krisenbewältigung. Dafür fehlt den Arbeitnehmern die Erfahrung. Weiterhin muß die Kaufentscheidung relativ schnell fallen. Wenn ernsthafte Kaufinteressenten fehlen oder eine Aufzehrung der Masse droht, wird der Verwalter den Betrieb stillegen und damit die Verkaufsmöglichkeiten verringern. Da Arbeitnehmer durch den Konkurs regelmäßig überrascht werden[74] und gleichzeitig die Organisation und Entscheidungsbildung der Belegschaft einige Zeit beansprucht, kann der Entschluß zum Kauf zu spät kommen[75]. Kaufen die Arbeitnehmer dennoch den Betrieb, besteht die Gefahr, daß sie die Aussichten zu optimistisch einschätzen. Wegen ihres Wunsches, den Arbeitsplatz zu erhalten, könnten sie beim Kauf falsch investieren. Britische Erfahrungen bestätigen die besonderen Schwierigkeiten der Arbeitnehmer, den Betrieb im Konkurs zu übernehmen. Trotz staatlicher Subventionen folgte dem Kauf häufig ein Mißerfolg[76].

Nicht beheben lassen sich diese Schwierigkeiten mit dem Reformvorschlag[77], den Arbeitnehmern eine Übernahme durch einen von ihnen finanzierten und beantragten Zwangsvergleich zu ermöglichen. Die rechtlichen Probleme würden im Gegenteil vermehrt, da das Verhältnis verschiedener Vergleichsanträge und die juristische Organisation der Arbeitnehmer zu klären wären[78]. Ein Kauf ist für eine Betriebsübernahme einfacher als ein Zwangsvergleich.

Eine Betriebsübernahme durch die Arbeitnehmer ist damit eine seltene, aber mögliche und systemkonforme Art wirtschaftlicher Betätigung. Allerdings ist eine solche Übernahme wegen der wirtschaftlichen Schwierigkeiten als gesellschaftspolitischer Modellversuch wenig geeignet.

---

[73] s. den Titel von Fabian, Arbeiter: „Arbeiter übernehmen ihren Betrieb“ oder „Der Erfolg des Modells Süßmuth“.

[74] Gessner, Praxis, S. 277 - 280.

[75] Gessner / Plett, Sozialplan, S. 127.

[76] G. Weiss, ZIP 1982, 1038 (1042); Uhlenbruck, KTS 1981, 513 (531).

[77] Bender, AuR 1974, 237 (239f.).

[78] BT-Drucks. 7/4019, abgedruckt in: DRiZ 1976, 25; s. auch Uhlenbruck, KTS 1981, 513 (559).

E. Werbende Betriebsfortführungen

Werbende Betriebsfortführungen sind im Gegensatz zu den bisher behandelten Formen der Fortführung nicht auf eine spätere Betriebaufgabe durch Zerschlagung oder Verkauf gerichtet. Die Gläubiger sollen mit den laufenden Gewinnen befriedigt werden.

Eine werbende Betriebsfortführung setzt damit voraus, daß nach der Kostenkalkulation[1] dauerhaft Gewinne erwartet werden. Dies ist der Fall, falls die Betriebskosten selbst dann noch unter dem erwarteten Erlös liegen, wenn Produktionsfaktoren aus der ursprünglichen Masse nicht mehr vorhanden sind[2]. Da ein angemessener Zins für das bei einer sofortigen Liquidation erzielbare Kapital zu den Kosten gehört[3], muß eine werbende Betriebsfortführung eine Rendite erzielen, die über derjenigen sicherer Kapitalanlagen liegt.

Die für eine werbende Betriebsfortführung in Betracht kommenden Betriebe sind wegen der Gewinnprognosen auch für Kaufinteressenten attraktiv[4]. Für den Vergleich der jeweiligen Verwertungserlöse sind die erwarteten Gewinne der werbenden Betriebsfortführung zu kapitalisieren[5]. Da eine Veräußerung schneller und sicherer die Gläubiger befriedigt, ist für die werbende Betriebsfortführung ein Risikozuschlag einzusetzen, indem der Kapitalisierungszinsfuß erhöht wird. Dadurch sinkt der errechnete Kapitalbetrag[6], der mit dem Kaufpreis zu vergleichen ist. Folglich ist eine werbende Betriebsfortführung nur selten die optimale Verwertungsform. Sie ist nur vorzugswürdig, wenn der gebotene Kaufpreis besonders niedrig ist oder Kaufinteressenten fehlen. Letzteres kann selbst für gewinnträchtige Betriebe vorkommen, wenn das allgemeine Investitionsklima schlecht ist oder die Zukunftsaussichten der Branche als unsicher gelten[7]. Anders als ein Investor kann der Verwalter den Betrieb später immer noch auflösen, ohne durch die spätere Liquidation neue Schäden zu erleiden. Die Verzögerung führt nur dazu, daß die im Konkurs ohnehin bestehenden Nachteile des Verwertungszwanges später eintreten.

---

[1] s.o. § 4 C I 1 a.

[2] Plate, KTS 1981, 325 (333 Fn. 12).

[3] s.o. § 4 C I 1 b.

[4] s.o. § 4 D III 1.

[5] $$\text{Kapital} = \frac{\text{Nachhaltiger Jahresertrag} \times 100}{\text{Kapitalisierungszinsfuß}}$$

s. Dörner, WP-Handbuch, S. 1131 (1163).

[6] Dörner, WP-Handbuch, S. 1131 (1163) mit Rechenbeispielen.

[7] Als Beispiel für den Stahlmarkt s. FAZ v. 7. 12. 1983 S. 23 „Hamburger Senat unterstützt HSW"; für die Uhrenindustrie s. Helmer, „Ertragbringende Uhrenfabrik zu verkaufen", FAZ v. 9. 3. 1977 S. 15.

Insgesamt ist die werbende Betriebsfortführung gegenüber anderen Verwertungsalternativen nur ausnahmsweise vorteilhaft.

F. Zusammenfassung

Der Konkursverwalter muß über die Betriebsfortführung kurzfristig und oft unzureichend informiert entscheiden. Betriebsinterne Aufstellungen und Rechnungen fehlen häufig oder wurden während einer vorhergehenden Unternehmenskrise mangelhaft geführt. Bei allen betriebsinternen Daten muß der Verwalter befürchten, daß eine fehlerhafte Buchhaltung oder Fehleinschätzungen des Managements den Konkurs verursacht haben. Betriebsexterne Quellen gewährleisten zwar objektivere, dafür aber weniger detaillierte Informationen. Angesichts der Unzulänglichkeit der einzelnen Informationsmittel sollte der Verwalter mehrere unterschiedliche Quellen heranziehen, bevor er sich für eine der Verwertungsalternativen entscheidet.

Relativ günstige wirtschaftliche Aussichten für Betriebsfortführungen resultieren daraus, daß eine sofortige Betriebsauflösung einen geringen Erlös verspricht. Der Veräußerungszwang und die begrenzt verfügbare Zeit während der Einzelliquidation führen insbesondere bei Halbfertigprodukten, immateriellen Rechten und hochspezialisierten Teilen des Anlagevermögens zu erheblichen Wertverlusten. Wertvernichtend wirkt dabei der Verlust der organisatorischen Bindung des Betriebes.

Demgegenüber bestehen für eine kurzfristige Betriebsfortführung zur Aufarbeitung vorhandener Produktionsfaktoren konkursbedingt Kalkulationsvorteile. Als Kosten sind nur Aufwendungen zu berechnen, die durch die Fortführung veranlaßt werden. Die bis zur ersten Kündigungsmöglichkeit ohnehin anfallenden Lohnansprüche sind daher keine Kosten der Betriebsfortführung. Vorhandene Rohstoffe und Halbfertigprodukte sind nur mit den voraussichtlich niedrigen Zerschlagungswerten in die Rechnung einzusetzen. Daneben dienen kurzfristige Betriebsfortführungen dazu, alte Aufträge zu erfüllen und mit Hilfe der Buchhaltung die Außenstände zu realisieren. Wegen der konkursbedingten Besonderheiten besagt die Illiquidität des Unternehmens wenig über die Fortführungswürdigkeit des Betriebes.

Wenig Erfolg verspricht ein Totschrumpfen des Betriebes. Für eine kontinuierliche Betriebschrumpfung bleiben zwar Kalkulationsvorteile, da die langlebigen Betriebsanlagen nur mit ihren niedrigen Zerschlagungswerten abzuschreiben sind. Die unterschiedliche Lebensdauer der einzelnen Produktionsfaktoren führt jedoch zu ständigen Anpassungsproblemen und somit zur Gefahr neuer Betriebskrisen.

Eine Betriebsveräußerung, die zur Erhaltung des Geschäftswerts regelmäßig eine vorherige Betriebsfortführung erfordert, verwertet die Masse i. d. R. kostengünstig. Jeder Erwerber eines Konkursbetriebes hat den Vorteil, daß im Konkurs die §§ 25 HGB; 419 BGB nicht und § 613 a BGB nur mit Einschränkungen gelten. Zudem kann der Erwerber mit einem günstigen Kaufpreis rechnen. Ob der Betrieb einen Käufer findet, hängt von dessen Interessen ab, so daß allgemeine Aussagen nur bedingt möglich sind. Zum Verkauf eignen sich besonders rentable Konzerntöchter, gewinnträchtige Betriebsteile und reorganisierbare Betriebe, deren Konkursursache im Finanzierungsbereich lag.

Werbende, nicht auf eine spätere Betriebsliquidation gerichtete Fortführungen bieten sich nur bei rentablen Betrieben an. Derartige Betriebe eignen sich ebenso für eine Betriebsveräußerung. Werbende Fortführungen kommen daher in der Praxis nur dann in Betracht, wenn Kaufinteressenten fehlen oder einen sehr niedrigen Kaufpreis bieten.

§ 5 Der praktische Ablauf der Geschäfte

Hält der Verwalter eine Betriebsfortführung an sich für gewinnversprechend, muß er für die praktische Umsetzung seines Fortführungskonzepts klären, welche Rolle die anderen Konkursbeteiligten, die Kreditgeber, Sicherungsgläubiger und Arbeitnehmer, spielen. Daneben sind für die praktische Durchführung die steuerrechtlichen Folgen und die Beziehung zu den Kunden wichtig.

A. Die Finanzierung

I. Kreditbedarf und Sicherungsmöglichkeiten

Die Finanzierung ist eine drängende und zentrale Aufgabe des Verwalters, wenn er ein Fortführungskonzept in die Realität umsetzen will[1]. Regelmäßig besteht ein kurzfristiger Liquiditätsbedarf, ohne daß flüssige Mittel in der Masse vorhanden sind. Angesichts der Konkurssituation bestehen Lieferanten auf Barzahlung[2], und Versorgungsbetriebe verlangen einen Vorschuß[3]. Die als Masseschulden erfüllbaren Lohnansprüche werden bald fällig und müssen zur Aufrechterhaltung der Arbeitsmoral und zur Vermeidung von Arbeitsverweigerungsrechten beglichen werden[4]. Hinzu kommen Kosten für Informationsbeschaffung und Verwaltung.

Demgegenüber ist mit Verwertungserlösen erst später zu rechnen. Mit der Betriebsfortführung soll gerade ein günstiger Verwertungszeitpunkt abgewartet werden. Barmittel oder verfügbare Bankguthaben wird der Verwalter nur selten vorfinden, da die Zahlungsunfähigkeit überwiegend der Konkursgrund ist[5]. Sie kann von Dritten leichter als eine Überschuldung festgestellt werden und der Gemeinschuldner kann bei bloßer Überschuldung den Konkursantrag wegen vermeintlich guter Aussichten hinauszögern[6]. Gegen Giroguthaben wird die kontoführende Bank aufrechnen[7], die sofort verfüg-

---

1 Flessner, ZRP 1982, 244 (248); Uhlenbruck, KTS 1981, 513 (543); Schröter / Weber, ZIP 1982, 1023 (1027).

2 Als Beispiel s. ZIP-Report, Bericht des Konkursverwalters der Neff-Werke GmbH, Bretten, ZIP 1982, 1370 (1372).

3 Als Beispiel für einen verlangten Telefongebührenvorschuß s. den Sachverhalt von BGH, KTS 1983, 283 - 286.

4 Kübler, ZGR 1982, 498 (503).

5 Plate, Konkursbilanz, S. 99 Fn. 37.

6 Plate, Konkursbilanz, S. 99 Fn. 37.

baren Mittel also weiter verringern. Die schnell verwertbaren Massegegenstände sind regelmäßig mit Sicherungsrechten belastet[8]. Liquidität können daher kurzfristig nur Kredite verschaffen.

Angesichts der umfangreichen Sicherungspraxis[9] kann der Verwalter als Sicherheit häufig nur künftige Ansprüche und Fertigprodukte anbieten, soweit diese Vermögenswerte nicht von Verlängerungsformen des Eigentumsvorbehalts betroffen sind. Eine gewisse Sicherheit bietet Neugläubigern ihr Rangvorrecht gemäß §§ 60; 59 I Nr. 1 KO[10].

Dieses Vorrecht erhalten ebenso die Konkursbeteiligten, die gemäß §§ 107 I S. 2; 204 I S. 2 KO einen Massekostenvorschuß leisten. Denn der Vorschußgläubiger rückt analog § 774 BGB in den Rang des mit dem Vorschuß befriedigten Anspruchs ein[11].

II. Private Kreditgeber

Da Vorschüsse nur selten in ausreichender Höhe geleistet werden, ist der Verwalter auf Bankdarlehen angewiesen. In der Literatur wird diskutiert, ob gemäß § 242 BGB ein Kreditgewährungsanspruch gegenüber der Hausbank besteht. Die Bank soll in Krisenzeiten des – kreditwürdigen – Unternehmens zur Vergabe von kurzfristigen Krediten verpflichtet sein[12]. Diese Ansicht verstößt indes gegen die Wertung der §§ 321; 610 BGB; 13ff. KWG[13]. Da Darlehnsgeber bei einer wesentlichen Verschlechterung der finanziellen Lage des Darlehnsnehmers sogar einen gültigen Vertrag nicht zu erfüllen brauchen und da Banken im Interesse ihrer Kunden Kreditrisiken begrenzen sollen, gibt es in der kritischen Konkurssituation erst recht keinen Anspruch auf Vergabe eines Darlehns. Zudem wird sich in einem funktionierenden Markt ein Kreditgeber finden, wenn der Schuldner wirklich kreditwürdig ist[14]. Deshalb besteht auch im Rahmen von Vertragsbeziehungen ein Kontrahierungszwang allenfalls für einen Monopolanbieter. Die Hausbank bietet nicht als einzige Kredite an, so daß sie zur Kreditvergabe nicht verpflichtet ist.

Bei den Kreditverhandlungen kann sich als hinderlich erweisen, daß die Rechtsprechung zu den sog. Sanierungskrediten und zu § 32a GmbHG als sanierungsfeindlich

---

[7] Flessner, Sanierung, S. 212f.

[8] Kübler, ZGR 1982, 498 (501).

[9] s.o. § 1 A bei Fn. 22.

[10] Zum Rang der nach Feststellung der Massenarmut begründeten Neuschulden s. § 6 B I 2.

[11] OLG Hamburg, MDR 1967, 1019 (1020); Henckel, FS 100 Jahre KO, S. 169 (182).

[12] Canaris, ZHR 1979, 113 (132f.).

[13] OLG Zweibrücken, ZIP 1984, 1334 (1334); Hopt, ZHR 1979, 139 (148f. und 172); Obermüller, ZIP 1980, 1059 (1061).

[14] Obermüller, ZIP 1980, 1059 (1062).

gilt[15]. Für Darlehen an den Konkursverwalter sind diese Bedenken unbegründet. § 32a GmbHG greift nicht ein[16], da die Konkurseröffnung die Gesellschaftsrechte suspendiert, die kreditgebende Bank deshalb nicht Gesellschafter i.S.d. § 32a GmbHG ist. Außerdem führt auch ein ordentlicher Kaufmann der Gesellschaft im Konkurs kurzfristig kein Eigenkapital zu, so daß der Kredit dieses nicht i.S.d. § 32a GmbHG ersetzt. Die Rechtsprechung zur Konkursverschleppung gemäß § 826 BGB ist ebenfalls auf Massekredite nicht übertragbar. Der Verwalter muß den Kredit unter Beachtung des Gleichbehandlungsgebots verwenden, so daß die Kreditgewährung andere Gläubiger nicht benachteiligt.

Als großes Hindernis für den Abschluß des Darlehensvertrages bleibt, daß der Verwalter kaum Sicherheiten anbieten kann. Aufgrund ihrer Interessen als Sicherungs- und Konkursgläubigerin wird die Hausbank aber in der Hoffnung auf bessere Verwertungsaussichten u.U. größere Kreditrisiken eingehen.

III. Subventionen der öffentlichen Hand

Die Lektüre der Wirtschaftspresse und der juristischen Literatur erweckt bisweilen den Eindruck, daß die dargestellten Formen privater Kreditvergabe in praxi nicht mehr existieren und durch eine staatliche Finanzierung ersetzt wurden. Verlorene Staatszuschüsse, Kreditbürgschaften, Exportgarantien oder staatliche Vorzugsaufträge werden in fast jedem größeren Konkurs an Verwalter oder Betriebsübernehmer geleistet[17]. Dabei werden die Subventionen unabhängig von der politischen Couleur der jeweiligen Landesregierung oder Gemeindeverwaltung gewährt[18].

Das Bild aus der Presseberichterstattung täuscht jedoch. Ein publizistisches Interesse besteht vor allem an großen, spektakulären Konkursen. Für

---

15 Uhlenbruck, GmbH-Rundschau 1982, 141 (142); Schröter / Weber, ZIP 1982, 1023 (1028).

16 Obermüller, ZIP 1983, 17 (18); Uhlenbruck, GmbH-Rundschau 1982, 141 (152).

17 Flessner, ZIP 1981, 1283 (1285) und als Beispiele: FAZ v. 25. 11. 1983 S. 15 „Bei Hanomag geht die Arbeit weiter" (15 Millionen DM Bürgschaft des Landes Niedersachsen und der Stadt Hannover); Wirtschaftswoche v. 13. 11. 1981 S. 158 (159 und 162) „Kampf ums Überleben" (verschiedene Landesbürgschaften in Millionenhöhe im Fall der van-Delden-Insolvenz); ZIP-Report, AEG-Vergleichsverwalterbericht, ZIP 1983, 500 (505) (Bundesbürgschaft in Milliardenhöhe); ZIP-Report, Konkursverwalterbericht zur Lüder Bauring-Insolvenz, ZIP 1980, 56 (58) (80%ige Landesbürgschaft für 2-Millionenkredit); ZIP-Report, Bericht des Konkursverwalters der Neff-Werke GmbH, Bretten, ZIP 1982, 1370 (1371) (Landeshilfe für 10-Millionenkredit); ZIP-Report, Bericht des Konkursverwalters der Rollei-Werke, Braunschweig, ZIP 1982, 230 (238) (40-Millionenkredit der NordLB); Kayser, Sanierung, S. 15f. zur Praxis des Landes Bayern.

18 Die Kredite für den Konkursverwalter der Hanomag hat die Stadt Hannover mit einer SPD-Mehrheit im Stadtrat und das Land Niedersachsen mit einer CDU-Regierung verbürgt. s. FAZ v. 25. 11. 1983 S. 15 „Bei Hanomag geht die Arbeit weiter"; Handelsblatt v. 7. 11. 1983 S. 14 „In Hannover sind 2700 Arbeitsplätze in Gefahr"; FAZ v. 2. 2. 1984 S. 11 „Konkursverwalter setzt Produktion fort". Die in Fn. 17 genannten Beispielsfälle betreffen verschiedene Bundesländer.

kleinere Insolvenzen sei die These aufgestellt, daß staatliche Hilfen für diese viel seltener vergeben werden. Die Entscheidung zur Subvention muß nämlich relativ schnell fallen und sich am Einzelfall orientieren. Die dazu nötige Entscheidungsfreiheit werden nur hohe Stellen der Verwaltung oder politische Gremien haben. Diese werden sich aber nicht mit kleineren Konkursen befassen (wollen). Außerdem wirkt sich der einzelne, kleine Konkursfall struktur- und arbeitsmarktpolitisch weniger aus, so daß die besondere Rechtfertigung für eine individuelle Unterstützung fehlt[19]. Staatliche Strukturpolitik beinhaltet zwar eine allgemeine Mittelstandsförderung, die Einzelfälle kleiner oder mittelständischer Konkursbetriebe werden aber nicht gesondert gefördert. Da über den Umfang staatlicher Subventionen keine genauen Zahlen bekannt sind, kann diese These nicht verifiziert werden. In der Literatur wird jedoch wie hier vermutet, daß Subventionen für kleine Betriebe kaum vergeben werden[20].

Gerechtfertigt wird die verbreitete Subventionspraxis für große Unternehmen damit, daß die KO die Interessen von Arbeitnehmern und Volkswirtschaft an der Betriebserhaltung nicht genügend berücksichtige. Staatliche Hilfen kompensierten dieses Manko[21] und setzten lediglich die allgemeine Strukturpolitik im Konkurs fort[22].

Staatliche Hilfen im Konkurs sind im Vergleich zur allgemeinen Subventionspolitik jedoch besonders bedenklich. Die Privilegierung größerer Betriebe wirkt konzentrationsfördernd und widerspricht kartellrechtlichen Wertungen[23]. Die wettbewerbsverzerrende[24] Einzelförderung behebt keine Strukturkrisen, sondern kuriert nur an Krankheitssymptomen. Weitere Gefahren begründet der Umstand, daß über die Subvention in einer Notsituation entschieden wird. Konkursverwalter bzw. Unternehmenseigner sind gezwungen, die Hilfe mit den oft umfangreichen Auflagen[25] anzunehmen. Die private Entscheidungsfreiheit verringert sich. Die staatlichen Stellen müssen ihrerseits unter dem Druck der öffentlichen Meinung schnell über die wählerwirksame Rettung von Arbeitsplätzen entscheiden. Die Betriebs-

---

19 Nach dem „Beschluß der Wirtschaftsministerkonferenz der Bundesländer vom 30. 5. 1983“ erfordert eine Subvention besondere Gründe, s. ZIP-Dokumentation, Mindestanforderungen für staatliche Hilfen zur Sanierung von Einzelunternehmen in Ausnahmefällen, ZIP 1983, 876 (877).

20 Uhlenbruck, DBW 1977, 311 (311f.); Lenel, WuW 1983, 429 (441f.); Kayser, Sanierung, S. 77; Kübler, ZGR 1982, 498 (505).

21 Gessner / Plett, Verflechtung, Jahrbuch f. Rechtstheorie 8, S. 154 (170).

22 Flessner, ZIP 1981, 1283 (1285).

23 Lenel, WuW 1983, 429 (440f.); Uhlenbruck, FS 100 Jahre KO, S. 3 (28).

24 „Beschluß der Wirtschaftsministerkonferenz der Bundesländer vom 30. 5. 1983“, ZIP-Dokumentation, Mindestanforderungen für staatliche Hilfen zur Sanierung von Einzelunternehmen in Ausnahmefällen, ZIP 1983, 876 (876); Uhlenbruck, FS 100 Jahre KO, S. 3 (28).

25 Westermann, S. 9 und 11; Gessner / Plett, Verflechtung, Jahrbuch f. Rechtstheorie 8, S. 154 (170).

aussichten werden daher nicht immer objektiv geprüft[26]. Es drohen kostspielige Fehlentscheidungen[27]. Insgesamt hat die Subventionspraxis den Nachteil, daß die Konkursverwaltung hoheitlich gelenkt wird und zum Schaden der Konkurrenten in den Markt eingreift, während ein privater Kreditgeber wegen seiner eigenen finanziellen Risiken das Konkursverwaltungskonzept wirtschaftlich und damit wohl auch sorgfältig prüfen wird.

De lege lata haben diese rechtspolitischen Bedenken kaum Konsequenzen. Das Verbot, öffentliche Leistungen ohne Zweckbestimmung zu verschenken, wird selten eingreifen[28]. Denn die Subventionen dienen den öffentlichen Interessen der Strukturförderung und Arbeitsplatzerhaltung[29]. Die Art. 29f. EWGV verbieten nur Subventionen, die Verzerrungen auf dem gemeinsamen europäischen Markt bewirken. Zudem erteilt die EG-Kommission entgegen dem eigenen theoretischen Anspruch Ausnahmegenehmigungen in der Praxis relativ großzügig[30]. Damit bleibt häufig nur die Selbstbindung der Verwaltung, die über Art. 3 GG einheitliche Entscheidungen erzwingt[31]. Die Praxis bemüht sich insoweit, Kredite statt verlorene Zuschüsse zu gewähren[32]. Dabei soll nur ein Teil des Kredits verbürgt oder garantiert werden, so daß die Banken einen Teil des Risikos selbst tragen[33]. Unabhängige Wirtschaftsprüfer sollen die wirtschaftlichen Aussichten vor der Kreditvergabe bestätigen[34]. Von entsprechenden Richtlinien kann im Einzelfall jedoch abgewichen werden, da Art. 3 GG Raum für sachliche Differenzierungen läßt. Die Praxis kann daher die grundsätzliche Kritik an Einzelsubventionen im Konkurs nicht widerlegen.

Konkursverwalter müssen die Interessen der Gläubiger wahrnehmen und nicht rechtspolitischen Bedenken Rechnung tragen. Verwalter werden sich daher um staatliche Hilfen bemühen. In großen Verfahren bestehen gute Erfolgsaussichten.

---

26 Arnold, S. 5; Gottwald, KTS 1984, 1 (4); Westermann, S. 14.

27 Als Beispiel s.: ZIP-Dokumentation, Der Staat als Sanierer, Bericht des Parlamentarischen Untersuchungsausschusses zur Untersuchung der Gründe für das Scheitern der Sanierung Blohm, ZIP 1980, 930 (933 - 936); Westermann, S. 9 und 14; Neubert, DB 1979, 1949 (1949) zu den Hilfen für die Beton- und Monierbau AG.

28 K. Schmidt, Gutachten D, S. 117.

29 Zu den diesbezüglichen Vorstellungen der Wirtschaftsminister s. ZIP-Dokumentation, Mindestanforderungen für staatliche Hilfen zur Sanierung von Einzelunternehmen in Ausnahmefällen, ZIP 1983, 876 (877).

30 Jüttner-Kramny, DB 1983, 1749 (1750f.).

31 BVerwGE 34, 278 (280) m.w.N.; BVerwGE 52, 193 (199f.).

32 Westermann, S. 8 und 12.

33 Westermann, S. 12.

34 ZIP-Dokumentation, Mindestanforderungen für staatliche Hilfen zur Sanierung von Einzelunternehmen in Ausnahmefällen, ZIP 1983, 876 (877).

B. Die Produktion – zur Verhandlungsposition gegenüber den gesicherten Gläubigern

Außer Finanzmitteln müssen dem Verwalter Produktionsfaktoren zur Verfügung stehen. Das Aktivvermögen des Gemeinschuldners ist weitgehend mit Sicherungsrechten belastet[1]. Der Konkursverwalter muß also berücksichtigen, inwieweit Aus- und Absonderungsrechte Produktionsfaktoren der Masse entziehen und welche Gegenstände der Istmasse er verwerten darf.

I. Pfandrechtsgläubiger

Die klassischen Sicherungsrechte erschweren eine Betriebsfortführung nur wenig[2]. Bei der Verpfändung beweglicher Sachen hat die Besitzaufgabe des Gemeinschuldners gezeigt, daß diese Gegenstände für die Geschäftstätigkeit entbehrlich sind.

Die Belastung mit Grundpfandrechten steht einer kurzfristigen Betriebsfortführung ebensowenig entgegen. In der Zeitspanne vom Antrag bis zur Durchführung der Zwangsversteigerung kann der Betrieb weitergeführt werden.

Wurde das Zwangsversteigerungsverfahren schon vor der Konkurseröffnung eingeleitet, kann der Verwalter gemäß § 30 c ZVG die einstweilige Einstellung des Versteigerungsverfahrens beantragen. Diese wird nach § 30 c ZVG gewährt, wenn die sofortige Versteigerung eine angemessene Verwertung der Masse erschwert und die Verzögerung dem betreibenden Grundpfandrechtsgläubiger zumutbar ist. Ein kurzer Aufschub der Zwangsversteigerung wird wegen der erheblichen Kalkulationsvorteile in der ersten Phase der Betriebsfortführung und wegen der Zumutbarkeit einer kurzen Verzögerung regelmäßig möglich sein[3]. Bei längeren Geschäftsfortführungen nähert sich die Preiskalkulation derjenigen lebender Betriebe an, so daß eine Privilegierung des Konkursverwalters nicht mehr gerechtfertigt ist. Ein Aufschub nach § 30 c ZVG sollte dann nur gewährt werden, wenn für andere Betriebe in einer entsprechenden Situation das Verfahren gemäß § 30 a ZVG eingestellt würde. Der Verwalter darf damit Grundstücke eine geraume Zeit benutzen.

Dies gilt ebenso für das Zubehör, soweit dieses nicht mit einem Eigentumsvorbehalt oder einer Sicherungsübereignung belastet ist. Für das Zubehör ist eine Veräußerung oder Verarbeitung wirtschaftlich nicht erfor-

---

1 s. o. § 1 A Fn. 22.

2 Henckel, ZIP 1980, 2 (2).

3 Einen Vorrang der Interessen der Konkursgläubiger bejahen Dassler / Schiffhauer / Gerhardt, § 30 c ZVG, Anm. II 3; Jonas / *Pohle*, S. 230.

derlich. Denn die zur Veräußerung bestimmten Rohstoffe[4], Halbfertig- und Fertigprodukte[5] fallen nicht unter den Zubehörbegriff, da sie mit dem Grundstück nicht gemäß § 97 BGB dauerhaft verbunden sind. Das Zubehör selbst, vor allem die Produktionsanlagen, soll nicht veräußert, sondern genutzt werden. Eine Nutzung verhindert die Grundstücksbeschlagnahme nach § 23 ZVG nicht.

Bei einer Betriebsveräußerung werden die Belastungen durch Grundpfandrechte mitübertragen. Eine schwierige Verhandlungsposition besteht dabei nur gegenüber den Inhabern nachrangiger, objektiv wertloser Grundpfandrechte. Bei Verhandlungen über eine Betriebsveräußerung kann die verfahrensmäßige Position aus solchen „Schornsteinhypotheken" ausgenutzt werden, um das Pfandrecht zu versilbern[6]. Dem Betriebsübernehmer kann man nämlich mit einem Versteigerungsverfahren drohen. Nachrangige Grundpfandrechte erlöschen zwar gemäß § 91 ZVG, wenn das Grundstück in einer Zwangsversteigerung erworben wird. Dieses zeitaufwendige Verfahren ist jedoch mit Unwägbarkeiten belastet, so daß Verwalter und Betriebserwerber eine freihändige Grundstücksveräußerung vorziehen[7].

II. Besitzlose Mobiliarsicherheiten

Eigentumsvorbehalt und Sicherungsübereignung bereiten einer Betriebsfortführung größere Hindernisse. Als besitzlose Sicherheiten dienen Maschinen, Rohstoffe und Halbfertigprodukte. Diese Produktionsfaktoren will der Verwalter nutzen, verarbeiten, veräußern, verbrauchen oder sonst verwerten.

Der Verwalter darf die Sachen gemäß der Sicherungsabrede gebrauchen. Dem Vorbehaltsverkäufer sind die gezogenen Nutzungen nach einem Vertragsrücktritt gemäß §§ 347; 987 BGB zu vergüten. Soweit der Verwalter Nutzungen gezogen hat, ist der Anspruch gemäß § 59 I Nr. 1 KO als Masseschuld zu erfüllen[8]. Für das Sicherungseigentum ist der Verwalter gemäß §§ 990 I S. 2; 987 BGB zum Nutzungsersatz erst verpflichtet, wenn er die Herausgabe der Sache nach einer Ablehnung der Erfüllung des Darlehensvertrages unberechtigt verweigert. Der Sicherungsnehmer hat keine Bereicherungsansprüche für die vor Eintritt der Vindikationslage gezogenen Nutzungen. Denn als Absonderungsberechtigtem[9] stehen ihm die Nutzungen entsprechend § 1213 BGB nur zu, wenn der Sicherungsvertrag dies

---

[4] RGZ 86, 326 (329).
[5] Staudinger / *Dilcher*, § 97 BGB, Rz. 16 und 18.
[6] Arnold, S. 11; Groß, KTS 1982, 355 (362); ders., Sanierung, S. 240.
[7] Groß, Sanierung, S. 240.
[8] Henckel, Probleme, 1.5.1, S. 34.
[9] RGZ 124, 73 (75); BGH, NJW 1959, 939; Serick III, § 35 I 1 b.

ausdrücklich vorsieht[10]. Ohne entsprechende Vereinbarungen gebühren die Nutzungen dem Sicherungsgeber nicht. Sobald der Verwalter das Sicherungsgut herausgeben muß[11], darf er es nicht mehr nutzen. Von diesem Zeitpunkt an muß er mit den Sicherungsgläubigern oder Vorbehaltsverkäufern über ein Gebrauchsrecht verhandeln.

Das Umlaufvermögen soll bei einer Betriebsfortführung nicht nur genutzt, sondern auch verbraucht, verarbeitet oder veräußert werden. Ein entsprechendes eigenes Verwertungsrecht des Verwalters für aus- und abzusondernde Güter sieht die KO gemäß § 127 nicht vor. Der Verwalter muß gemäß § 127 KO für Vorbehalts- und Sicherungseigentum[12] die Vorschriften über Pfandverkauf oder Zwangsvollstreckung beachten. Verbrauch, Verarbeitung oder freihändiger Verkauf sind für Pfandrechte grundsätzlich ausgeschlossen.

§ 127 II KO gibt also nicht die für eine Betriebsfortführung notwendigen Rechte.

Eine Verwertung nach §§ 383; 385 BGB berechtigt ebenfalls nicht zu Verbrauch, Verarbeitung oder freihändigem Verkauf.

Ein entsprechendes Verwertungsrecht kann daher nur daraus folgen, daß der Verwalter in die Rechtsstellung des Gemeinschuldners einrückt. Dieser wurde als gewerblicher Käufer oder Sicherungsgeber regelmäßig ermächtigt, die Ware im ordnungsgemäßen Geschäftsgang zu veräußern oder zu verarbeiten[13]. Ob diese Ermächtigung im Konkurs fortbesteht, beurteilt sich je nach den verschiedenen Formen von Eigentumsvorbehalt und Sicherungsübereignung unterschiedlich.

Für den einfachen Eigentumsvorbehalt ist zunächst von Bedeutung, ob der Verkauf oder Verbrauch der Ware als Erfüllungsannahme gemäß § 17 KO ausgelegt werden kann. In diesem Fall wäre der Kaufpreisrest gemäß § 59 I Nr. 2 KO als Masseschuld zu erfüllen. Für die Auslegung sind alle Umstände des Einzelfalls zu berücksichtigen, so daß sich die Frage nicht generell beantworten läßt[14]. So kann der Verwalter trotz eigener Verwertungshandlungen die Erfüllung ablehnen wollen, weil er bewußt rechtswidrig handeln will oder weil er die Sache irrtümlich für unbelastet hält[15].

---

[10] BGH, ZIP 1980, 40 (41 f.) mit zustimmender Anm. Kübler, ZIP 1980, 43 (43); OLG Karlsruhe, KTS 1962, 116 (118).

[11] Dazu verpflichten Aus- und Absonderungsrechte: RGZ 157, 40 (45); BGH, NJW 1978, 632 (633) m.w.N.

[12] Zusätzlich muß der Verwalter dem Gläubiger vom Gericht eine Frist zur Verwertung setzen lassen, um selbst das Sicherungsgut verwerten zu dürfen. § 127 II KO ist einschlägig, da weder das Sicherungs- noch das Vorbehaltseigentum eine gerichtliche Verwertung erfordern. Serick III, § 35 I 2 a, S. 270 f.

[13] Serick I, § 8 II 2, S. 154.

[14] A.A. Serick V, § 62 II 2 b, S. 336.

[15] Henckel, Probleme, 1.5.2.1, S. 38.

Deshalb bildet eine Verwertungshandlung des Verwalters lediglich ein Indiz dafür, daß er die Erfüllung verlangen will. Da er eine andere Erklärung abgeben kann, ist für das Verwertungsrecht danach zu differenzieren, ob der Verwalter gemäß § 17 KO die Erfüllung wählt oder ablehnt.

Im letztgenannten Fall tritt beim einfachen Eigentumsvorbehalt der Sicherungsfall ein. Wenn die Sache dann verarbeitet oder veräußert wird, verliert der Verkäufer sein Sicherungsrecht, ohne daß die gleichzeitige Vermehrung der Masse ihm Aussichten auf eine Erfüllung der Schadensersatzansprüche gibt. Wegen § 26 S. 2 KO sind diese nämlich nur einfache Konkursforderungen. Den Verkäufer kann daher nur ein Ersatzaussonderungsanspruch aus § 46 KO oder ein Schadensersatzanspruch aus § 82 KO schützen. Beide Ansprüche setzen voraus, daß die Verwertung rechtswidrig war. Dem Sicherungsbedürfnis des Vorbehaltsverkäufers ist folglich nur gedient, wenn die Ermächtigung bei einer Erfüllungsablehnung im Konkurs erlischt. Eine Veräußerung trotz Erfüllungsablehnung ist rechtswidrig.

Die h.M.[16] kommt zum gleichen Ergebnis, wenn der Verwalter Erfüllung wählt. Der Veräußerer wolle eine Weiterveräußerung auch in diesem Fall nicht erlauben. Der Verkäufer erhielte zwar einen Masseschuldanspruch gemäß § 59 I Nr. 2 KO. Er verlöre aber seine Sicherheit und den Anspruch aus § 46 KO. Diese Argumentation übersieht, daß der Verkäufer beim einfachen Eigentumsvorbehalt mit dem Verlust seiner Sicherheit einverstanden war[17]. Er hoffte, daß der Kaufpreis oder die Wertsteigerung infolge der Verarbeitung zur Erfüllung seiner Ansprüche dient[18]. Da der Konkurs Sicherungsgläubiger nicht besser als vorher stellen soll[19], gilt die Ermächtigung dann, wenn die Masse zur Erfüllung der Ansprüche des Verkäufers voraussichtlich ausreicht[20]. Er steht dann im Konkurs nicht schlechter als bei jedem anderen Geschäftspartner. Das Kriterium der voraussichtlichen Anspruchsdeckung ist auch genügend präzis. Es paßt nur die Erlaubnis zu Veräußerungen im normalen Geschäftsgang der Konkurssituation an. Bei der Auslegung der so konkretisierten Klausel kann auf eine umfangreiche Rechtsprechung und Praxis zur Frage der Massekostendeckung gemäß § 204 KO zurückgegriffen werden. Dem Sicherungsbedürfnis des Vorbehaltsverkäufers dient, daß er bei einer schuldhaft falschen Prognose des Verwalters einen Schadensersatzanspruch aus § 82 KO hat.

Die Veräußerungsermächtigung erlischt auch nicht während der Unternehmenskrise vor dem Konkurs[21]. Die Risiken in dieser Periode führen

---

[16] BGH, NJW 1953, 217 (218f.); zustimmend Mentzel / Kuhn / *Uhlenbruck*, § 43 KO, Rz. 35; Serick V, § 62 II 2 b, S. 337 - 339.

[17] Henckel, Probleme, 1.5.2.1, S. 40.

[18] So selbst BGH, NJW 1953, 217 (218).

[19] Henckel, Probleme, 1.5.2.1, S. 40.

[20] Henckel, Probleme, 1.5.2.1, S. 40 - 43.

[21] Henckel, Probleme, 1.5.2.1, S. 43; a.A. Serick V, § 62 II 3 a und b.

allenfalls dazu, daß die Ermächtigung in dieser Zeit nicht eingreift[22]. Entfallen die Risiken später, ist eine Veräußerung wieder möglich. Es ist auch interessengerecht, die Ermächtigung im Konkurs fortgelten zu lassen. Denn der Verkäufer war mit dem Verlust der Sicherheit einverstanden und wird durch den Masseanspruch aus §§ 17; 59 I Nr. 1 KO hinreichend geschützt. Auf der anderen Seite erleichtert es die Konkursabwicklung, wenn die Ware ohne Zustimmung des Verkäufers verwertet werden darf. Entgegen der Ansicht der h.M. darf der Verwalter die Ware nämlich schon verwerten, wenn die Forderung für den Restanspruch des Verkäufers voraussichtlich gedeckt ist.

Wenn auch eine Zustimmung des Vorbehaltsverkäufers nicht notwendig ist, so kann er die Ermächtigung im Konkurs möglicherweise widerrufen. Gemäß § 183 I BGB ist eine Einwilligung frei widerruflich, soweit sich aus dem zugrundeliegenden Rechtsverhältnis nicht ein anderes ergibt. Da der Vorbehaltskäufer sich für seine geschäftlichen Dispositionen auf den Bestand der Ermächtigung verlassen muß, wird – ohne ausdrücklichen Widerrufsvorbehalt – mit dem Kaufvertrag schlüssig vereinbart, daß ein Widerruf nur zulässig ist, wenn der Käufer sich vertragswidrig verhält oder die Sicherungsinteressen des Verkäufers gefährdet sind[23]. Der Gemeinschuldner wird häufig die Kaufpreisraten nicht pünktlich bezahlt haben, so daß wegen dieser Vertragswidrigkeit ein Widerruf möglich ist. Ohne Vertragspflichtverletzung bleibt als Grund für einen Widerruf nur eine Gefährdung der Sicherungsinteressen des Verkäufers. Diese Interessen werden jedoch durch eine Veräußerung im Konkurs nicht zusätzlich gefährdet. Der Verkäufer war mit dem Verlust der dinglichen Sicherheit einverstanden und wird durch den – voraussichtlich gedeckten – Masseschuldanspruch aus §§ 17; 59 I Nr. 2 KO und die Verwalterhaftung aus § 82 KO hinreichend geschützt.

Anders ist die Rechtslage, wenn der Verkäufer sich einen Widerruf ausdrücklich vorbehalten hat. In diesem Fall bleibt für eine anderslautende konkludente Vereinbarung kein Raum. Die Klausel ist auch nicht i.S.d. § 9 AGBG unbillig, da das Verbot eines Widerrufs zur Unzeit entsprechend § 671 II BGB den Käufer ausreichend schützt. Damit kann dem Konkursverwalter bei einem vorbehaltenen Widerruf das Verwertungsrecht entzogen werden.

Beim verlängerten Eigentumsvorbehalt mit antizipierter Sicherungsabtretung gilt die Veräußerungsermächtigung fort, wenn der Verwalter Erfüllung wählt[24]. § 15 KO steht der Wirksamkeit der Abtretung des Kaufpreisanspruchs des Vorbehaltskäufers aus der Weiterveräußerung nicht entgegen[25]. Eine Veräußerung durch den Konkursverwalter schmälert daher die

---

[22] BGHZ 68, 199 (202f.) grenzt in dieser Phase unabhängig von den finanziellen Risiken allein nach dem äußeren Erscheinungsbild des Verkaufs ab.

[23] BGH, NJW 1969, 1171; MK - Thiele, § 183 Rz. 11.

[24] Henckel, Probleme, 1.5.2.3, S. 49.

[25] Wird die Forderung mit Mitteln erworben, die nicht zur Sollmasse gehören, ist die Forderung i.S.d. § 15 KO auch kein Teil der Masse. Jaeger / *Henckel*, § 15 KO, Rz. 45 - 47; mit anderer Begründung kommt Serick V, § 62 VIII 2 a, S. 394f. zum gleichen Ergebnis.

Aussichten des Vorbehaltsverkäufers grundsätzlich nicht. Allerdings erfolgt ein Verkauf zu erheblich herabgesetzten Zerschlagungswerten nicht im ordnungsgemäßen Geschäftsgang. Der Verwalter darf die Ware daher nur zu normalen Preisen verkaufen.

Lehnt der Verwalter die Erfüllung gemäß § 17 KO ab, bleibt die Vorauszession wirksam[26]. Die Sicherheit soll nämlich auch bei einer rechtswidrigen Veräußerung eingreifen. Dennoch hat der Verwalter kein Verwertungsrecht, da mit der Erfüllungsablehnung der Sicherungsfall eintritt. In diesem Fall geht die Verwertungskompetenz auf den Vorbehaltsverkäufer über, da der Verwalter kein allgemeines Verwertungsrecht hat[27].

Aus den gleichen Gründen entfällt ein Verarbeitungsrecht beim Eigentumsvorbehalt mit Herstellerklausel, wenn der Verwalter die Erfüllung ablehnt. Im Sicherungsfall ist allein der Vorbehaltsverkäufer zur Verwertung befugt.

Vielschichtiger ist die Interessenlage, wenn der Verwalter Erfüllung wählt. Ein Verarbeitungsrecht wird abgelehnt, weil die Herstellerklausel konkursbedingte Fertigungsrisiken nicht abdecke[28]. Dem Verwalter könnten die finanziellen Mittel ausgehen, Lieferungen könnten ausbleiben, und Arbeitnehmer könnten abspringen. Die Fertigstellung der Ware sei nicht gewährleistet. Folglich bestehe die Gefahr, daß die ursprünglich wertvollen Rohstoffe in kaum absetzbare Halbfertigprodukte verwandelt würden. Wenn der Verwalter auf die Rohstoffe angewiesen sei, könne er den Restkaufpreis bar begleichen und so Eigentum erwerben. Dagegen wird eingewandt[29], daß der Verwalter mangels ausreichender Finanzmittel regelmäßig nicht bar zahlen könne. Umgekehrt sei es dem Vorbehaltsverkäufer zuzumuten, die konkursbedingten Risiken zu tragen. Ein einzelner Sicherungsgläubiger dürfe nicht zu Lasten aller Konkursgläubiger, der anderen Sicherungsgläubiger und der Arbeitnehmer eine lukrative Betriebsfortführung verhindern. Dieser Argumentation kann de lege lata[30] nicht gefolgt werden. Anders als beim einfachen Eigentumsvorbehalt verläßt sich der Vorbehaltsverkäufer nicht darauf, daß Verarbeitung und Veräußerung den Schuldner befähigen, den Restkaufpreis zu begleichen. Die Herstellerklausel soll den Wert der Sicherheit dem Gläubiger erhalten. Er will nur allgemeine Risiken, z.B. Marktschwankungen oder eine schlechte Verarbeitung, nicht aber besondere Konkursrisiken tragen. Konkursbedingte Wertverluste muß er auch nicht wegen der anderen Beteiligten in Kauf nehmen. Der Vorbehalts-

---

[26] Henckel, Probleme, 1.5.2.3, S. 49f.

[27] Henckel, Probleme, 1.5.2.3, S. 53.

[28] Serick V, § 63 III 2 a und b, S. 430 - 433; ders., ZIP 1982, 507 (514).

[29] Henckel, Probleme, 1.5.3.1, S. 56 - 60.

[30] Nach Reformplänen soll der Verwalter ein eigenes Verwertungsrecht bekommen. s. Arnold, S. 11; Dorndorf, ZIP 1984, 523 (525f.); Uhlenbruck, BB 1984, 1949 (1955f.).

verkäufer darf nach § 43 KO seine Ware aussondern. § 14 KO verbietet ihm die Einzelzwangsvollstreckung nicht[31]. Sicherungsgläubiger können damit ihre Rechte unabhängig von den Interessen der anderen Beteiligten verfolgen, fremde Belange müssen sie nicht berücksichtigen. Andererseits kann dem Verwalter wegen konkursbedingter Risiken ein Verarbeitungsrecht nicht generell abgesprochen werden. Die Risiken bestehen nur, wenn Rohstoffe innerhalb eines längeren Prozesses, über verschiedene Produktionsstufen verarbeitet werden. Wertverluste sind nicht zu befürchten, wenn Rohstoffe schnell und einfach verarbeitet werden oder wenn wertlose Halbfertigprodukte weiter bearbeitet werden. Eine Differenzierung nach den drohenden Wertverlusten führt zwar zu Abgrenzungsproblemen. Sicherungsgläubiger können nach dieser Lösung sich aber nicht mehr die Zustimmung zur Verarbeitung wertloser Waren abkaufen lassen. Die Ermächtigung, Vorbehaltsware im ordnungsgemäßen Geschäftsgang zu verarbeiten, läßt auch genügend Spielraum für eine entsprechende Auslegung.

Wenn der Verwalter die Erfüllung gemäß § 17 KO ablehnt, besteht für Vorbehaltsware kein Verwertungsrecht. Wählt er hingegen Erfüllung, darf er beim einfachen Eigentumsvorbehalt die Sache veräußern, wenn der Masseanspruch des Vorbehaltsverkäufers voraussichtlich erfüllt werden kann. Bei einem Eigentumsvorbehalt mit antizipierter Sicherungsabtretung künftiger Kaufpreisansprüche darf der Verwalter zu üblichen Preisen verkaufen. Bei einer Herstellerklausel darf der Verwalter die Ware verarbeiten, wenn innerhalb der verschiedenen Produktionsstufen die jeweils gesicherte Ware bei einer hypothetischen Zwangsverwertung voraussichtlich nicht erheblich an Wert verliert.

Entsprechende Regeln gelten für die verschiedenen Formen der Sicherungsübereignung. Wirtschaftlich wird eine Erfüllungsannahme daran scheitern, daß mit der Übereignung umfangreichere Kredite gesichert werden. Während beim nicht erweiterten Eigentumsvorbehalt der Kaufpreisrest als Masseschuld zu erfüllen ist, muß der Verwalter bei der Sicherungsübereignung höhere Ansprüche befriedigen, um ein Verwertungsrecht zu erhalten.

Insbesondere bei einer Erfüllungsablehnung müssen die Sicherungsgläubiger der Verwertung zustimmen. Die Verhandlungsposition des Verwalters ist insoweit geschwächt, als er auf die Produktionsmittel angewiesen ist. Vor allem besteht kein Mehrheitszwang gegenüber den Sicherungsgläubigern[32]. Sie sind zum Beitritt in einen Pool nicht verpflichtet und an dessen Entscheidungen nicht gebunden. Da allenfalls in größeren Konkursverfahren häufig, sonst aber nur selten ein Pool gebildet wird[33], muß der Verwalter

---

[31] Böhle-Stamschräder / *Kilger,* § 14 KO, Anm. 9.

[32] Jauernig, ZIP 1980, 318 (318 - 327) m.w.N.; Henckel, ZIP 1980, 2 (2f.).

arbeitsaufwendig mit vielen Partnern verhandeln. Daneben muß er befürchten, daß sog. Akkordstörer selbst akzeptable Angebote ablehnen, um Sondervorteile zu erzielen[34]. Werden Sondervorteile gewährt, erschwert die Ungleichbehandlung die Einigung mit den anderen Sicherungsgläubigern.

Andererseits verspricht eine Betriebsfortführung auch den Sicherungsgläubigern höheren Gewinn. Eine Verarbeitung kann den Wert des Sicherungsgutes erhöhen. Ein geordneter Verkauf vermeidet Zwangsverwertungsverluste. Die Feststellung der Sicherungsrechte, deren Aus- und Absonderung kann so lange dauern, daß aktuelle Modeartikel bis zur Verwertung veralten. Dann sind auch die Sicherungsgläubiger auf eine schnelle Einigung und auf einen Warenverkauf im normalen Geschäftsgang angewiesen.

Es sollte eine angemessene Vergütung für die Verwertungsarbeit der Masse vereinbart werden, damit die Konkursgläubiger nicht den Erfolg der Sicherungsgläubiger bezahlen[35]. Im Konkurs der Rolleiwerke erhielt die Masse beispielsweise 2% der eingezogenen Forderungen und ein Drittel des Erlöses der verarbeiteten Produkte[36]. Derartige Vereinbarungen sind nötig, weil für einen Anspruch aus §§ 683; 670 BGB die Aufwendungen der Masse i.d.R. nicht substantiiert dargelegt werden können[37].

C. Die Arbeitnehmer

I. Entlassungen

Während Kapital und sachliche Produktionsmittel regelmäßig knapp sind, werden im Konkursbetrieb häufig zu viele Arbeitnehmer beschäftigt. Der Gemeinschuldner hat vielfach die Beschäftigtenzahl nicht rechtzeitig reduzieren können[1]. Während der Betriebsfortführung ist dann, typisch insoweit das Konkursverfahren für die Hanomag[2], eine Reduzierung der Kosten für die Arbeitnehmer erforderlich.

---

33 In den von Gessner, Praxis, S. 483 untersuchten Unterlagen der Kreditsicherer wurde nur in 4% der Fälle ein Pool errichtet.

34 Jauernig, ZIP 1980, 318 (318).

35 Kübler, ZGR 1982, 498 (506f.); Kretschmer, KTS 1977, 137 (145).

36 ZIP-Report, Bericht des Konkursverwalters der Rollei-Werke, Braunschweig, ZIP 1982, 230 (238).

37 LG Hamburg, ZIP 1981, 890f.; a.A. AG Gütersloh, ZIP 1981, 756 (757). Zu Reformvorschlägen s. Arnold, S. 11; Dorndorf, ZIP 1984, 523 (525f.); Uhlenbruck, BB 1984, 1949 (1955f.). Der Masse soll pauschal 25% des Verwertungserlöses gebühren.

1 Franke, KTS 1982, 37 (40 und 44); Niggemann, S. 26. Zahlen bei Gessner, Praxis, S. 522, Tabelle XII/7 und Gessner / Plett, Sozialplan, S. 38.

2 s.o. § 2.

Der Konkursverwalter rückt in die Arbeitgeberstellung des Gemeinschuldners ein[3] und ist wegen § 22 KO[4] – auch bei einer etappenweisen Betriebsstillegung[5] – an das KSchG, an gesetzliche Kündigungsfristen und an besondere Kündigungsschutzvorschriften[6] gebunden. Aus § 22 KO folgt damit, daß weder der Konkurs noch die wirtschaftliche Notlage des Betriebes zu außerordentlichen Kündigungen berechtigen[7].

Kündigungen werden weiter dadurch erschwert, daß tarifvertragliche Kündigungsfristen zu den gesetzlichen Fristen i.S.d. § 22 KO gehören[8]. Tarifverträge werden zwar nicht vom Gesetzgeber erlassen, sondern ausgehandelt, und die Anwendung der teilweise langen Fristen kann Betriebssanierungen verhindern[9]. Nach § 2 EGKO ist jedoch Gesetz i.S.d. KO jede Rechtsnorm, und § 1 TVG bezeichnet Tarifverträge als Rechtsnormen. Die wortlautgetreue Auslegung führt auch zu angemessenen Ergebnissen. Der Gesetzgeber hat die gesetzlichen Kündigungsfristen für Angestellte z.B. durch § 2 AngKündG verlängert und für Arbeiter die autonome Regelung durch Tarifverträge für ausreichend gehalten. Aus dieser Differenzierung folgt für den Konkurs keine unterschiedliche Interessenlage. Ferner läßt eine allgemeine tarifvertragliche Regelung ebensowenig wie eine gesetzliche befürchten, daß für die Konkurssituation mißbräuchlich Sondervorteile vereinbart werden[10]. Nicht konkursfest sind damit lediglich die einzelvertraglichen Kündigungsfristen. Kündigt der Verwalter mit einer kürzeren gesetzlichen Frist, entsteht für die Zeit, in der der Arbeitnehmer nach der vertraglichen Frist weiterzubeschäftigen wäre, gemäß § 22 II KO ein Schadensersatzanspruch[11]. Dieser ist wegen § 26 S. 2 KO eine einfache Konkursforderung[12].

Betriebsübergänge rechtfertigen nach § 613a IV BGB, der im Konkurs anzuwenden ist[13], keine Kündigung. Im Umkehrschluß folgt aus § 613a IV BGB, daß Arbeitnehmern aus anderen Gründen anläßlich einer Betriebsübernahme gekündigt werden darf[14]. Vor dem Betriebsübergang sind nach

---

[3] Uhlenbruck, GmbH, S. 292; BAG, NJW 1979, 774 (775).

[4] Die Insolvenzrechtskommission will § 22 KO beibehalten. Uhlenbruck, BB 1984, 1949 (1954).

[5] BAG, ZIP 1983, 205 (206 - 209); Grunsky, Arbeitsverhältnis, S. 14; a.A. LAG Hamm, ZIP 1980, 470 (470).

[6] Dazu s. Grunsky, Arbeitsverhältnis, S. 34 - 41.

[7] Grunsky, Arbeitsverhältnis, S. 29; Oehlerking, S. 88f.

[8] BAG, ZIP 1984, 1517 (1518 - 1521); LAG Köln, ZIP 1983, 215 (215f.) m.w.N.; Grunsky, ZIP 1982, 777 (777f.); Herschel, BB 1984, 987.

[9] Für die Qualifizierung als vertragliche Fristen sind Buchner, ZGR 1984, 180 (198f.); Jaeger / *Henckel*, § 22 KO, Rz. 24; Uhlenbruck, GmbH, S. 293.

[10] LAG Köln, ZIP 1983, 215 (217); BAG, ZIP 1984, 1517 (1520f.).

[11] Grunsky, Arbeitsverhältnis, S. 11.

[12] Mentzel / Kuhn / *Uhlenbruck*, § 22 KO, Rz. 23; Oehlerking, S. 94.

[13] BAG, ZIP 1983, 1377 (1378); s.o. § 4 D II Fn. 8f.

dem BAG[15] betriebsbedingte Kündigungen zulässig, wenn der Betrieb zu viele Arbeitnehmer beschäftigt. Sobald sich die Übernahmeverhandlungen zumindest bis zu einem Vorvertrag konkretisiert haben, darf eine Kündigung des Verwalters nach den Reorganisationsplänen des Erwerbers beurteilt werden, wenn die Kündigung auch für den bisherigen Inhaber möglich war. Eine bloße Drohung des Kaufinteressenten, andernfalls den Betrieb nicht zu übernehmen, wird vom BAG als Kündigungsgrund abgelehnt. Die somit noch recht engen Voraussetzungen für eine Kündigung durch den Verwalter[16] bieten für den Erwerber immerhin den Vorteil, daß der Verwalter bei einer von ihm ausgesprochenen Kündigung Schuldner der Sozialplanansprüche ist und der Erwerber für diese Ansprüche deshalb nicht haftet. Da in Konkursbetrieben regelmäßig betriebliche Gründe einen Personalabbau rechtfertigen[17], stehen die vom BAG konkretisierten materiellen Voraussetzungen des § 613a IV BGB Sanierungsinteressen nicht entgegen. Eine Kündigung durch den Verwalter nach den Plänen des Erwerbers entlastet diesen von Sozialplanansprüchen.

Dennoch ergeben sich Schwierigkeiten prozessualer Natur. Die infolge langer Kündigungsschutzprozesse entstehende Unsicherheit kann Interessenten vom Kauf abschrecken[18]. Eine statistische Untersuchung[19] ergab, daß zwischen 5 und 94% der gekündigten Arbeitnehmer in den jeweiligen Betrieben gegen die Kündigung geklagt hatten. Der erhebliche Unterschied zwischen den einzelnen Betrieben ist vor allem auf kollektive Reaktionen zurückzuführen. Die allgemeine Stimmung im Betrieb schlägt sich unmittelbar in der Zahl der Kündigungsschutzklagen nieder. Verwalter und Erwerber sollten daher ihre Entscheidungen transparent machen und mit Betriebsrat und Arbeitnehmern abstimmen.

II. Leistungskürzungen

Weiter ist zu überlegen, ob die Fixkosten für die beschäftigten Arbeitnehmer durch Lohnkürzungen verringert werden können. Dem steht regelmäßig entgegen, daß einzelvertragliche Abreden mit jedem einzelnen Arbeitnehmer geändert werden müssen und daß der Tarifpartner zu Sonderabschlüssen nicht bereit ist. Deshalb wird vorgeschlagen[20], das Arbeitsentgelt mittels einer Betriebsvereinbarung zu kürzen. Eine allgemeine Regelung sei

---

[14] BAG, ZIP 1983, 1377 (1380); Hanau, ZIP 1984, 141 (141f.); Henckel, ZGR 1984, 225 (233f.).

[15] BAG, ZIP 1983, 1377 (1380f.).

[16] Kritisch zu BAG, ZIP 1983, 1377: Hanau, ZIP 1984, 141 (144) m.w.N.

[17] Hanau, KTS 1982, 625 (628).

[18] Zu den Voraussetzungen s. Hillebrecht, ZIP 1985, 257 (258f. und 263).

[19] Gessner / Plett, Sozialplan, S. 46.

[20] Vollmer, DB 1982, 1670 (1670 - 1672).

nämlich erforderlich. Den Tarifvertragsparteien wiederum fehle die Legitimation für eine Differenzierung nach der Betriebssituation. § 77 II BetrVG schließt jedoch tarifvertragsverdrängende Betriebsvereinbarungen aus[21]. Für einzelvertraglich vereinbarte Arbeitsbedingungen sieht keine Norm einen Mehrheitszwang vor, so daß Leistungskürzungen nicht kollektiv vereinbart werden können. Das BAG[22] hat zwar eine Anpassung des Ruhegehalts durch Betriebsvereinbarungen für zulässig gehalten. Die Entscheidung wurde jedoch ausdrücklich mit Besonderheiten der betrieblichen Altersrente, deren Zukunftsorientierung und sozial- und steuerrechtlichen Eigenarten, begründet[23]. Eine Anpassung der Arbeitsbedingungen ist demnach auch im Konkurs nur über Sondertarifverträge, Änderungskündigungen oder einzelvertragliche Änderungen möglich[24].

Kurzarbeit wird in der Konkursabwicklung nur selten die Fixkosten senken. Denn gemäß § 63 I S. 1 AFG wird Kurzarbeitergeld nur gewährt, wenn die Kurzarbeit die Arbeitsplätze zu retten hilft. Im übrigen senkt Kurzarbeit lediglich den Arbeitslohn, nicht alle lohnabhängigen Fixkosten[25].

Eine Kürzung der Lohnkosten ist insgesamt nur schwer möglich.

D. Steuern und Abgaben

Höhe und Entstehungsgrund der zu entrichtenden Steuern bestimmt das Steuerrecht. Das Konkursrecht legt fest, mit welchem Rang die Steuern zu erfüllen sind[1]. Nach diesen Grundsätzen sind während der Betriebsfortführung die üblichen Steuern als Masseschulden zu zahlen, wenn der Verwalter den Steuertatbestand herbeigeführt hat. Zu versteuern sind gemäß §§ 7; 8 I; 11 KStG; 2; 4 EStG, Einkünfte, Gewinne und das Einkommen. Dabei zeigt insbesondere § 11 KStG, daß sowohl die Einnahmen und Gewinne als auch die Kosten, Betriebsausgaben und Abschreibungen nach den Maßstäben werbender Unternehmen zu berechnen sind. Steuern sind daher zu entrichten, wenn die Investitionen des Gemeinschuldners oder Verwalters Gewinne erwirtschaftet haben, nicht jedoch, wenn aufgrund konkursbedingter Kalkulationsvorteile die Betriebsverluste verringert werden. Der Konkurs ändert damit – anders als an der betriebswirtschaftlichen Kostenkalkulation – nichts an der Kontinuität der Steuerbilanzen. Eine Betriebsfortführung kann daher lukrativ sein, nämlich die Verluste gering halten, und

---

21 Löwisch, ZGR 1984, 272 (277).

22 BAG, AP Nr. 142 zu § 242 (Ruhegehalt).

23 BAG, AP Nr. 142 zu § 242 (Ruhegehalt) Bl. 146.

24 Dazu s. Löwisch, ZGR 1984, 272 (272 - 286).

25 W. Baur, S. 135.

1 BFH, ZIP 1983, 1120; Frotscher, S. 14; Plate, Konkursbilanz, S. 148; Koch, S. 129; Berges, KTS 1961, 161 (161).

gleichzeitig steuerrechtlich keine Gewinne erwirtschaften, also verglichen mit den Investitionen des Gemeinschuldners verlustreich sein.

Steuerrechtliche Probleme ergeben sich bei der Frage, ob der Gemeinschuldner oder der Konkursverwalter den Steuertatbestand verwirklicht hat. So ist bei der Verwertung des Sicherungsgutes zweifelhaft, ob die anfallende Umsatzsteuer[2] als Masseschuld zu erfüllen ist[3]. Ebenso umstritten ist der Rang der Steuer für die Realisierung stiller Reserven[4]. Diese, auch bei der Betriebszerschlagung anfallenden Probleme sind für die Betriebsfortführung nicht spezifisch. Daher sei auf das einschlägige Schrifttum verwiesen[5].

Sozialversicherungsabgaben sind unabhängig vom Betriebsgewinn und werden – bei einer Betriebsfortführung gemäß § 59 I Nr. 1 KO als Masseschulden – monatlich fällig. Die Leistungspflicht ist strafbewehrt. Die Arbeitnehmer dürfen nicht beschäftigt werden, wenn die Beiträge nicht abgeführt werden[6]. Diese Pflichten sind während der Betriebsfortführung also zu beachten.

E. Die Beziehung zu den Kunden

Rechtliche Besonderheiten gibt es im Verhältnis zu den Kunden nicht. Ihre Ansprüche sind gemäß § 59 I Nr. 1 KO als erstrangige Masseschulden zu erfüllen. Werbung und Marketing sind wirtschaftlich weitgehend wie für solvente Betriebe zu führen[1]. Wegen des eingetretenen oder drohenden Vertrauensverlustes bei den Kunden[2] sollte die Werbung stärker die Unterschiede zwischen Marke und Unternehmen betonen. Dabei kann die Presseberichterstattung evtl. zur kostenlosen Publicity ausgenutzt werden[3], und gegenüber privaten Kunden kann u. U. an Mitleidseffekte appelliert werden[4].

Besonderheiten ergeben sich daraus, daß eine dauernde Fortführung unmöglich ist oder von den Kunden nicht erwartet wird. Sie werden deshalb bezweifeln, daß Serviceleistungen über eine längere Zeit erhalten bleiben. Wartung und Ersatzteillieferung sind für langlebige, technische Produkte

---

[2] BFHE 126, 84 (85 f.); BFH, ZIP 1983, 1120; BFH, ZIP 1980, 791 (791 f.).

[3] Einerseits: BFHE 126, 84 (87); andererseits: E. Weiß, ZIP 1980, 792 (794); BFH, ZIP 1983, 1120.

[4] Einerseits: BFH, BStBl. 1964 Teil III, S. 70 (72); andererseits: Plate, Konkursbilanz, S. 152.

[5] Zu den „Steuern im Konkurs" s. Frotscher.

[6] BGH, BB 1964, 262 (263); Kautza, SGb 1982, 517 (529).

[1] Plate, KTS 1980, 101 (101 Fn. 5).

[2] Plate, KTS 1980, 101 (102); Risse, KTS 1982, 65 (89).

[3] Plate, KTS 1980, 101 (103).

[4] Groß, Sanierung, S. 170.

wichtig, und die Nachlieferungsmöglichkeit ist beispielsweise für Porzellanserien[5] von besonderer Bedeutung. Für den Verkauf entsprechender Produkte wurden verschiedentlich neue Gesellschaften gegründet, die den Kunden den weiteren Service garantierten[6]. Dieses Verfahren erfordert aber eine bestimmte Betriebsgröße. Allein die Reparaturen und Ersatzteillieferungen müssen der Servicegesellschaft genügend Einnahmen verschaffen.

Insgesamt soll der Absatz so normal wie möglich organisiert werden, um Preiszugeständnisse zu vermeiden.

F. Zusammenfassung

Praktisch müssen verschiedene Gruppen der Betriebsfortführung zustimmen oder diese fördern. Zunächst sind Kredite zu beschaffen, um Ansprüche der Arbeitnehmer und neuer Lieferanten alsbald erfüllen zu können. Als Sicherheit können häufig nur künftig produzierte Waren oder künftig entstehende Forderungen angeboten werden. Der Verwalter muß mit seinem Konzept daher entweder Banken überzeugen oder sich den Forderungen der öffentlichen Hand bei der Subventionsvergabe anpassen. Öffentliche Hilfen, die der Regionalstruktur oder Arbeitsplatzerhaltung dienen sollen, werden für größere Konkursverfahren regelmäßig als Bürgschaften etc. gewährt. Rechtspolitisch ist problematisch, daß Einzelfälle in einer Notsituation subventioniert werden. Eine konkurrenzschädigende und konzentrationsfördernde Ungleichbehandlung ist zu befürchten. Der Zeitdruck und der Wunsch, wählerwirksam Arbeitsplätze zu retten, bewirken evtl. eine zu optimistische Einschätzung der Sanierungsaussichten.

Daneben muß der Verwalter mit den Inhabern besitzloser Mobiliarsicherheiten verhandeln. Diese Sicherheiten betreffen vorwiegend die Vorräte des Umlaufvermögens, die zu Verkauf, Verbrauch und Verarbeitung bestimmt sind. Die vom Sicherungsnehmer bzw. Vorbehaltsverkäufer gegebene Ermächtigung zu Verarbeitung und Veräußerung besteht zum Teil fort, wenn der Verwalter gemäß § 17 KO die Vertragserfüllung wählt. Für die einfachen Formen von Eigentumsvorbehalt und Sicherungsübereignung muß die Masse den Restkaufpreis voraussichtlich decken. Bei einer Vorauszession darf die Ware zu normalen Preisen ohne Konkursabschläge verkauft werden. Bei Herstellerklauseln ist eine Verarbeitung zulässig, wenn während der verschiedenen Produktionsstufen keine weiteren Werteinbußen zu befürchten sind. In den anderen Fällen müssen die Sicherungsgläubiger einer Verwertung durch den Verwalter zustimmen. Der fehlende Mehrheits-

[5] Lingnau, in: Fabian, Arbeiter, S. 85 (91).

[6] ZIP-Report, Bericht des Konkursverwalters der Rollei-Werke, Braunschweig, ZIP 1982, 230 (240f.); FAZ v. 10. 1. 1984 S. 11 „Darlehen für Zettelmeyer"; Kübler, ZGR 1982, 498 (508f.); ders., ZGR 1984, 560 (569).

zwang gegenüber den Sicherungsgläubigern erschwert eine Einigung, da Akkordstörer evtl. Sondervorteile aushandeln wollen. Andererseits verspricht eine Verwertung im normalen Geschäftsgang auch den Sicherungsgläubigern einen höheren Erlös.

Für Kürzungen der Arbeitnehmeransprüche reichen ebenfalls Mehrheitsentscheidungen nicht aus. Für Kündigungen der Arbeitnehmer ist der Verwalter an gesetzliche, also auch an tarifvertragliche Fristen gebunden. Kündigungsgründe sind wie bei solventen Unternehmen erforderlich.

Steuern sind während der Betriebsfortführung im üblichen Umfang zu entrichten. Dabei sind nur Gewinne und nicht die Minderung von weiteren Verlusten zu versteuern.

Wenig Besonderheiten gelten für die Kundenbeziehungen. Einem eingetretenen bzw. drohenden Vertrauensverlust ist durch vermehrte Werbeanstrengungen zu begegnen.

§ 6 Sondersituationen

A. Betriebsfortführung nach einer Sequestration im Konkurseröffnungsverfahren

Bisher wurde der Ablauf der Betriebstätigkeit so dargestellt, als ob der Konkursverwalter den Betrieb unmittelbar vom Gemeinschuldner übernommen hätte. In der Praxis wird recht häufig zwischen Konkursantrag und -eröffnung gemäß § 106 I S. 2, 3 KO ein Sequester bestellt[1]. Während der zum Teil monatelangen Wartezeit soll der Sequester die Geschäfte führen. Da diese Arbeit sich auf die Betriebsfortführung durch den Konkursverwalter beschränkt, sollen die umfangreichen Probleme der Sequestration[2] nicht dargestellt werden. Es wird lediglich darauf hingewiesen, wie sich eine vorherige Geschäftsführung durch den Sequester auf die Betriebstätigkeit des – meistens personengleichen[3] – Verwalters auswirkt.

Für die wirtschaftlichen Aussichten nach einer Sequestration ist zu differenzieren. Hat der Sequester die Geschäfte wie ein solventer Unternehmer weitergeführt, hat er die Masse noch nicht verwertet und seine Preise wie in lebenden Unternehmen kalkuliert, stellen sich dem Konkursverwalter keine besonderen Probleme. Er kann in der Masse vorgefundene Produktionsfaktoren nach den oben dargestellten Kalkulationsgrundsätzen[4] kostengünstig verwerten. So sollte der Regelfall aussehen, weil der Sequester den Betrieb fortführen darf[5]. Der Sequester soll nach § 106 I S. 2 KO die Masse sichern. Das heißt für eine Vermögenseinheit, daß er deren dynamische Prozesse leitet, einen Betrieb also fortführt. Zum anderen sind dem Sequester eigene Verwertungsmaßnahmen grundsätzlich untersagt[6]. Er darf den Betrieb also

---

1 Je nach Praxis der Konkursgerichte wird die Sequestration zum Teil selten und teilweise regelmäßig angeordnet. s. Kilger, FS 100 Jahre KO, S. 189 (190); Koch, S. 7.

2 Dazu s.: Koch; Kilger, FS 100 Jahre KO, S. 189 - 217; Uhlenbruck, KTS 1982, 201 - 213; ders., KTS 1980, 81 - 92; Castendieck, Sequestration, S. 80 - 127; ders., KTS 1978, 9 - 16; Gerhardt, ZIP 1982, 1 - 8; Weber / Irschlinger / Wirth, KTS 1980, 92 - 97; Fricke, MDR 1978, 99 - 103; Urban, MDR 1982, 441 - 446; Paulus, ZZP 96 (1983), 356 - 364; Wessel, BB 1982, 1579 - 1581; BGH, KTS 1983, 283f.; LG Hamburg, ZIP 1982, 336f. (aufgehoben); OLG Düsseldorf, DB 1984, 1571f.

3 Kübler, ZGR 1982, 498 (501); Kilger, FS 100 Jahre KO, S. 189 (195).

4 s.o. § 4 C I 1.

5 BGH, KTS 1983, 283 (286); Castendieck, KTS 1978, 9 (14); Uhlenbruck, KTS 1982, 201 (202); Fricke, MDR 1978, 99 (100); Koch, S. 86; Kilger, FS 100 Jahre KO, S. 189 (196); a.A. BGHZ 35, 13 (17) in einem obiter dictum und Noack, JZ 1963, 295 (296), der eine Zustimmung des Gemeinschuldners fordert.

6 Wessel, BB 1982, 1579 (1580); Uhlenbruck, KTS 1982, 201 (206); Urban, MDR 1982, 441 (443); FG Köln, ZIP 1983, 730 (731).

nicht mit dem Ziel fortführen, im Hinblick auf eine spätere Liquidation ein optimales Ergebnis zu erzielen. Er muß vielmehr wie jeder Unternehmer versuchen, die ursprünglichen Investitionen mit der Betriebstätigkeit zu erwirtschaften. Dies ergibt sich daraus[7], daß die Sequestration als vorläufige, sichernde Maßnahme zu keinem endgültigen Ergebnis führen darf. Der Sequester darf Entscheidungen von Gläubigerausschuß und -versammlung nicht vorwegnehmen. Zudem widerspräche es den Interessen des Betriebseigners, wenn der Sequester die Betriebsprodukte zu Preisen verkaufte, die unter den Investitionskosten liegen. Solange der Konkursgrund noch nicht gerichtlich festgestellt ist, muß es dem Betriebseigner möglich bleiben, bei einer möglichen Ablehnung des Konkursantrages die Geschäfte selbst fortzuführen. Arbeitet der Sequester mit Blick auf eine spätere Betriebszerschlagung mit Verlusten, vereitelt er dadurch eine spätere Betriebsfortführung. Der Konkursverwalter sollte den Betrieb vom Sequester daher übernehmen, ohne daß mit der Verwertung in irgendeiner Form begonnen wurde.

Hat der Sequester ausnahmsweise mit der Verwertung angefangen und die Betriebsprodukte bereits zu Liquidationspreisen veräußert, werden dem Verwalter Produktionsmittel fehlen, die er während der Fortführung hätte kostengünstig benutzen können. Der Sequester darf ausnahmsweise mit der Verwertung beginnen, wenn der Betrieb ohnehin mit Verlusten arbeitet oder der Betrieb mangels liquider Mittel nicht fortgeführt werden kann[8]. Trotz des Verwertungsbeginns und einer schlechten Betriebssituation braucht eine Fortführung durch den Konkursverwalter nicht aussichtslos zu sein. Denn eine Betriebsveräußerung hängt von anderen Faktoren, den Bedürfnissen des Erwerbers, ab[9]. Auch eine einstweilige Betriebsfortführung kann noch wirtschaftlich günstig sein, da der Verwalter im Unterschied zum Sequester durch geeignete Erfüllungsablehnungen und Anfechtungen gemäß §§ 17; 29ff. KO wirtschaftliche Vorteile erzielen kann[10].

Aufgrund der weiteren Befugnisse des Verwalters ist für eine Betriebsfortführung eine schnelle Konkurseröffnung der Sequestration vorzuziehen[11]. Der früher bestehende Vorteil der Sequestration, durch eine vorzeitige Begründung von Umsatzsteuern und Sozialplan spätere Masseschulden vermindern zu können, besteht nach Änderungen von Gesetz und Rechtsprechung nicht mehr[12]. Vorteile bietet der Sequester nur insofern, als er

---

7 Zur eingeschränkten Verwertungsbefugnis s. Koch, S. 25 - 27.

8 Uhlenbruck, KTS 1982, 201 (206); Kilger, FS 100 Jahre KO, S. 189 (196).

9 s.o. § 4 D III 1.

10 Gerhardt, ZIP 1982, 1 (3); Urban, MDR 1982, 441 (444); Wessel, BB 1982, 1579 (1580).

11 Kilger, FS 100 Jahre KO, S. 189 (216).

evtl. das Konkursausfallgeld – nach Rücksprache mit dem Landesarbeitsamt[13] – dadurch vorfinanzieren lassen kann, daß die Hausbank die Löhne gegen Abtretung des Lohnanspruchs kreditiert. Als Sicherheit erhält sie wegen der Legalzession nach § 141k I AFG den Anspruch auf Konkursausfallgeld[14]. Unabdingbar ist eine Sequestration, wenn während der Prüfung des Konkursantrags eine Verkürzung der Masse droht.

Weiterhin ist problematisch, ob der Konkursverwalter Rechtshandlungen des Sequesters anfechten darf[15]. Wegen der Unterschiede zwischen Verwalter und Sequester – u. a. bei den Rechten aus §§ 17; 29ff. KO – können Akte des Sequesters nicht als solche des Verwalters gelten. Auch wenn Sequester und Verwalter personenidentisch sind, ist es nicht treuwidrig, wenn der Verwalter seine eigene, frühere Handlung anficht. Wegen seiner schwächeren Stellung wird der Sequester nämlich leichter Geschäftspartnern auf deren Druck anfechtbare Vorteile verschaffen[16]. Die Anfechtungsmöglichkeit behindert die Geschäftsführung des Sequesters nicht wesentlich. Eine Anfechtung scheidet aus, wenn die Rechtshandlung für die späteren Konkursgläubiger nicht nachteilig ist[17]. Die üblichen Betriebsgeschäfte, insbesondere Bargeschäfte mit Zug-um-Zug-Leistungen[18], kann der Sequester also abschließen.

Eine vorhergehende Sequestration ändert damit an der Betriebsfortführung des Verwalters wenig. Hat der Sequester ausnahmsweise den Betrieb eingestellt oder mit der Verwertung begonnen, sind nicht mehr alle kostengünstig nutzbaren Produktionsfaktoren in der Masse vorhanden. Eine einstweilige Fortführung kann dennoch sinnvoll sein, weil der Verwalter gemäß §§ 17; 29ff. KO mehr Rechte als ein Sequester hat, der die Masse nur vorläufig sichern soll.

---

[12] Uhlenbruck, KTS 1982, 201 (203), gemeint sind § 13 I Nr. 1a S. 3 UStG 1980 (zur „Nürnberger Umsatzsteuer" nach altem Recht s. Koch, S. 120f.) und BAG (GS), NJW 1979, 774 - 782; BAG, ZIP 1984, 983 - 988.

[13] ZIP-Aktuell, Erneute Dienstanweisung der Bundesanstalt für Arbeit zur Behandlung von Kaug-Anträgen Dritter, ZIP 1981, A 73 (Rz. 112).

[14] Zu den Problemen der Vorfinanzierung des Konkursausfallgeldes s. Kautza, SGb 1982, 517 - 538; Uhlenbruck, KTS 1980, 81 - 92; Koch, S. 95 - 102; ZIP-Aktuell, Weisung der Bundesanstalt für Arbeit zur Behandlung von Kaug-Anträgen Dritter, ZIP 1981, A 22 (Rz. 43); ZIP-Aktuell, Erneute Dienstanweisung der Bundesanstalt für Arbeit zur Behandlung von Kaug-Anträgen Dritter, ZIP 1981, A 73 (Rz. 112).

[15] Bejahend: BGH, KTS 1983, 283 (285f.); OLG Schleswig, ZIP 1985, 820 (821); verneinend: Uhlenbruck, KTS 1982, 201 (206).

[16] s. den Sachverhalt von BGH, KTS 1983, 283 - 286.

[17] BGHZ 28, 344 (347); Mentzel / Kuhn / *Uhlenbruck,* § 30 KO, Rz. 21.

[18] RGZ 100, 62 (64); BGH, NJW 1977, 718 (718); Mentzel / Kuhn / *Uhlenbruck,* § 30 KO, Rz. 23.

B. Betriebsfortführung im masselosen Konkurs

I. Rechtliche Hindernisse

Für ca. 80 % der beantragten Insolvenzverfahren, für die masselosen Konkurse, stellen sich einer Betriebsfortführung besondere Schwierigkeiten. Sie kann unzulässig oder undurchführbar sein.

1. Eröffnung und Einstellung des Konkursverfahrens

a) Die anfängliche Massearmut

Soweit die Massearmut schon vor der Konkurseröffnung feststeht, „kann" das Gericht diese gemäß § 107 I S. 1 KO ablehnen. Massearm bedeutet i. S. d. § 107 I S. 1 KO, daß die voraussichtliche Masse nicht die Masseschulden des § 59 I Nr. 1, 2 KO und die Massekosten des § 58 Nr. 1, 2 KO deckt. Denn die Massekosten sind nur dann gedeckt, wenn die nach § 60 KO vorrangigen Masseschulden des § 59 I Nr. 1, 2 KO erfüllt werden[1]. Wird ein Massekostenvorschuß nicht entrichtet, ist die Verfahrenseröffnung entgegen dem Wortlaut des § 107 I S. 1 KO obligatorisch abzulehnen[2]. Bei fehlender Deckung der Massekosten wird sich nämlich kein Verwalter finden, der die Masse ohne Honorar verwertet[3].

Ein Konkursverwalter erhält deshalb bei anfänglicher Massearmut nur dann Verfügungsmacht über die Masse, wenn Konkursbeteiligte die Massekosten gemäß § 107 I S. 2 KO vorschießen. Der Vorschuß muß nur in Höhe der Massekosten des § 58 Nr. 1, 2 KO geleistet werden, da er eine Sondermasse bildet, die nicht der Erfüllung vorrangiger Masseschulden dient[4]. Selbst wenn dem Verwalter eine ordnungsgemäße Verwertung unmöglich ist, weil bei fehlender Deckung der Masseschulden ihm niemand Kredit gewährt oder Verträge mit ihm abschließt, braucht der Vorschuß nicht für Masseschulden nach § 59 I Nr. 1, 2 KO gezahlt zu werden. Er soll nämlich nur gewährleisten, daß der Verwalter den Masseumfang erforscht, um die Massekostendeckung evtl. doch noch festzustellen[5]. Trotz dieser Einschränkung wird nur selten der – u. U. hohe – Vorschuß gezahlt[6], da u. a. die

---

[1] Henckel, FS 100 Jahre KO, S. 169 (172); Mentzel / Kuhn / *Uhlenbruck,* § 107 KO, Rz. 1 m. w. N.

[2] Jaeger / *Weber,* § 107 KO, Rz. 1; Böhle-Stamschräder / *Kilger,* § 107 KO, Anm. 1; Mentzel / Kuhn / *Uhlenbruck,* § 107 KO, Rz. 2; Weber / Irschlinger / Wirth, KTS 1979, 133 (134); Henckel, FS 100 Jahre KO, S. 169 (171 f.).

[3] Henckel, FS 100 Jahre KO, S. 169 (172).

[4] Henckel, FS 100 Jahre KO, S.169 (178); Jaeger / *Weber,* § 107 KO, Rz. 4; Unger, KTS 1961, 97 (102).

[5] Unger, KTS 1961, 97 (98).

[6] Henckel, FS 100 Jahre KO, S. 169 (180).

Gewerbe- und Umsatzsteuer für die Verwertung des Sicherungsgutes Massekosten sind[7].

b) *Die nachträgliche Massearmut*

Stellt sich die Massearmut erst nach Konkurseröffnung heraus, kann das Konkursgericht nach § 204 I S. 1 KO das Verfahren einstellen. Obwohl § 204 I S. 1 KO wie § 107 I S. 1 KO formuliert ist, betreffen beide Normen eine unterschiedliche Interessenlage. Bei einer Einstellung gemäß § 204 I S. 1 KO erhält der Gemeinschuldner gemäß § 206 KO sein Verfügungsrecht zurück. Der Verwalter kann dann weder die Masse verwerten noch den Betrieb fortführen. Deshalb gerät eine Verfahrenseinstellung, wie sie § 107 I S. 1 KO vorschreibt, bei § 204 I S. 1 KO in Widerspruch zu der Tatsache, daß der Verwalter die Verwertung bereits eingeleitet hat. Es stellt sich somit das Problem, wie die begonnene Arbeit abzuwickeln ist. § 204 KO ist zudem mit § 60 KO zu vereinbaren, der dem Verwalter auferlegt, die Masse auch im massearmen Konkurs zugunsten der Massegläubiger zu verteilen.

Nach einer Lösung ist das Gericht gemäß § 204 KO zur Verfahrenseinstellung verpflichtet[8]. Diese dürfe aber erst erfolgen, wenn der Verwalter die Masse verwertet und den Erlös verteilt habe. Nach dieser Ansicht entscheidet der Verwalter entgegen der Wertung des § 107 I S. 1 KO über die weitere Verfahrensdauer. Zudem wird § 204 I S. 2 KO überflüssig. Wenn die Masse ohnehin verwertet wird, besteht kein Anlaß, durch einen Massekostenvorschuß die Verwertung zu ermöglichen.

Nach anderen[9] muß das Gericht das Verfahren mit Feststellung der Massearmut sofort einstellen. Die begonnene Konkursabwicklung wird dadurch fortgeführt, daß Vermögenswerte zurückgehalten und hinterlegt werden. Es fehlt jedoch ein Hinterlegungsgrund[10]. Eine Analogie zu § 169 KO scheitert daran, daß § 169 KO ein Zurückbehaltungsrecht i. S. d. § 168 KO voraussetzt. § 168 KO gestattet die Zurückbehaltung des verwerteten Vermögens zugunsten unbekannter oder bestrittener Konkursforderungen. Im Fall des § 204 KO stehen demgegenüber die Masseschulden fest, während die Masse noch nicht versilbert ist. So gestattet § 169 KO nur, Beträge nach Abschluß der Verwertung zu hinterlegen. Massebestandteile, die weder Geld noch Kostbarkeiten (§ 372 BGB) sind, können nicht hinterlegt werden. Mit der Hinterlegung kann daher weder die Verwertung fortgesetzt noch der Erlös gemäß § 60 KO verteilt werden.

---

[7] Zur „Aufblähung“ der Massekosten s. Henckel, FS 100 Jahre KO, S. 169 (173).

[8] OLG Celle, KTS 1982, 135 (136); Henckel, FS 100 Jahre KO, S. 169 (183); Mentzel / Kuhn / *Uhlenbruck*, § 60 KO, Rz. 2, S. 519; Böhle-Stamschräder / *Kilger*, § 60 KO, Anm. 4; Weber / Irschlinger / Wirth, KTS 1979, 133 (138 f.).

[9] Müller, KTS 1964, 14 (14 - 16); Jaeger / *Lent*[8], § 60 KO, Rz. 7 a.

[10] Henckel, FS 100 Jahre KO, S. 169 (183 Fn. 33).

Es bleibt als Lösung, den Zeitpunkt der Verfahrenseinstellung wortlautgetreu in das Ermessen des Gerichts zu legen[11]. In geeigneten Fällen kann der Verwalter dann die Verwertung abschließen. Anders als beim anfänglich masselosen Konkurs wird ein Verwalter dazu auch bereit sein. Denn der bisherige Verwalter kann hoffen, durch die restliche Arbeit zumindest einen Teil seines Honorars zu erhalten. Ohne den Abschluß der Verwertung hätte er auch die bisherige Arbeit ganz umsonst geleistet. Eine Verfahrenseinstellung ist auch nicht deshalb geboten, weil die Konkursgläubiger vom weiteren Verfahren nichts zu erwarten haben. Die KO bezweckt auch die Befriedigung der Massegläubiger, da die Masse zu ihren Gunsten gemäß § 60 KO anteilig zu verteilen ist[12]. Unzutreffend ist ferner der Hinweis auf § 803 II ZPO, der den allgemeinen Grundsatz enthalten soll, daß die staatliche Vollstreckung nur bei Kostendeckung erfolgt und deshalb nicht im Ermessen des Gerichts stehen darf[13]. § 803 II ZPO verhindert als Schuldnerschutzvorschrift eine unwirtschaftliche Vollstreckung. Im massearmen Konkurs kann die Verwertung dagegen wirtschaftlich sinnvoll sein, d.h. einen Überschuß über die Verwertungskosten erbringen, da vor den Kosten noch die Masseschulden nach § 59 I Nr. 1, 2 KO zu erfüllen sind. Für eine obligatorische sofortige Verfahrenseinstellung spricht auch nicht, daß die Gerichtskosten uneinbringlich sind. Nach § 50 II GKG i.V.m. Nr. 1422f. Anlage 1 GKG entsteht der Kostenanspruch bereits mit der Konkurseröffnung und wird wegen der Verfahrenseinstellung gemindert. Bei sofortiger Einstellung ist der bereits entstandene Kostenanspruch gegen den Gemeinschuldner mindestens so uneinbringlich wie bei einer Fortsetzung der Verwertung. Die generelle Minderung der Kosten bei einer Verfahrenseinstellung erklärt sich damit, daß nur die Abwicklung begonnener Verwertungshandlungen möglich ist, vom Gericht also eine weniger umfangreiche Tätigkeit erwartet wird.

Wortlautgemäß kann das Gericht im Fall des § 204 I S. 1 KO somit den Zeitpunkt der Verfahrenseinstellung festlegen. Ermessenskriterium ist, daß das Verfahren nur fortgesetzt werden soll, um eine begonnene Verwertung abzuwickeln oder die Masse gemäß § 60 KO zu verteilen. Sonst ist das Verfahren wie bei § 107 I S. 1 KO einzustellen. Eine Betriebsfortführung ist nach diesen Grundsätzen zur Abwicklung übernommener Aufträge oder zur Verarbeitung von Halbfertigprodukten zulässig.

Mit einem Massekostenvorschuß können Konkursbeteiligte, die die wirtschaftlichen Aussichten der Verwertung günstiger als der Konkursrichter einschätzen oder aus anderen Gründen eine Betriebsfortführung befürwor-

---

[11] So wohl Heilmann, KTS 1976, 96 (102).

[12] Heilmann, KTS 1976, 96 (102); ders., BB 1983, 1640 (1640); Henckel, FS 100 Jahre KO, S. 169 (171); OLG Celle, KTS 1982, 135 (136).

[13] Jaeger / *Weber*, § 107 KO, Rz. 1.

ten, gemäß § 204 I S. 2 KO eine Verfahrensfortsetzung erzwingen. Der Vorschuß soll dabei neben den Massekosten alle voraussichtlichen Masseschulden nach § 59 I Nr. 1, 2 KO decken[14]: Nur so könne eine Schadensersatzpflicht des Verwalters verhindert werden. Begründe dieser nämlich für die Verwertung Masseschulden, hafte er nach § 82 KO, da er die Ansprüche im massearmen Konkurs nur mit einer Quote befriedigen könne. Anders als im anfänglichen massearmen Konkurs solle der Vorschuß nicht zur Erforschung der Masse dienen, da der Verwalter die fehlende Kostendeckung bereits festgestellt habe. Der Vorschuß müsse daher eine ordnungsgemäße Verwertung ohne ein Haftungsrisiko des Verwalters ermöglichen.

Henckel[15] hat nachgewiesen, daß ein höherer Vorschuß die Verwalterhaftung nicht ausschließt. Denn der Vorschuß bildet eine Sondermasse, weshalb der Vorschußgläubiger analog § 774 BGB in die Rangposition der mit dem Vorschuß befriedigten Massegläubiger einrückt. Der Vorschuß ändert daher nichts daran, daß die Massegläubiger nur eine Quote erhalten und sich der Verwalter u. U. schadensersatzpflichtig macht. Da ein höherer Vorschuß das angestrebte Ziel nicht erreicht, muß der Vorschuß entsprechend dem Wortlaut des § 204 I S. 2 KO in Höhe der Massekosten nach § 58 Nr. 1, 2 KO geleistet werden.

Im massearmen Konkurs wird ein gerichtliches Verfahren durchgeführt, wenn ein Vorschuß in Höhe der Massekosten geleistet wird oder wenn im eröffneten Verfahren dessen Einstellung bis zum Abschluß der Verwertung und Verteilung verzögert wird.

2. Die Durchführbarkeit einer Betriebsfortführung

a) Die anfängliche Massearmut

Im anfänglich massearmen Konkurs ist trotz eines Kostenvorschusses eine geordnete Verwertung und erst recht eine Betriebsfortführung nicht zu realisieren. Für die Verwertung müßte der Verwalter neue Verbindlichkeiten eingehen. Vertragspartner werden sich nicht finden, da ihre Ansprüche nur quotenmäßig erfüllt werden. Im ursprünglich masselosen Konkurs ist keine Abhilfe davon zu erwarten, solche Gläubiger vorrangig zu befriedigen, die nach Feststellung der Masselosigkeit Ansprüche erwerben (Neumassegläubiger). Denn im Fall des § 107 KO entstehen alle Masseschulden des § 59 I Nr. 1, 2 KO nach Konkurseröffnung, nachdem die Masselosigkeit festgestellt wurde. Eine Differenzierung innerhalb des § 59 I Nr. 1, 2 KO widerspricht der gesetzlichen Wertung des § 60 I Nr. 1 KO. Die Ansprüche sind danach gleichrangig. Deshalb dürfen einzelne nicht zu Lasten der

[14] Unger, KTS 1961, 97 (98 f.); Jaeger / *Weber*, § 204 KO, Rz. 1.
[15] Henckel, FS 100 Jahre KO, S. 169 (182 f.).

anderen privilegiert werden. Im anfänglich masselosen Konkurs kann der Verwalter somit keine Masseschulden begründen. Eine Betriebsfortführung ist praktisch unmöglich.

b) Die nachträgliche Massearmut

Gleiches gilt nach einem Urteil des BGH[16] für die spätere Masselosigkeit. Neumassegläubiger sollen ohne Vorrang gemäß § 60 KO quotenmäßig befriedigt werden. Wegen der abschließenden Regelung des § 60 KO sei für eine Rechtsfortbildung kein Raum[17]. Die Konsequenz, daß Neumassegläubiger keine Verträge mit der Masse schließen wollen, sei hinzunehmen.

Dieser Konsequenz kann die Praxis nicht entgehen. Der Vorschlag[18], eine Rangrücktrittserklärung aller Altmassegläubiger vorzulegen, scheitert regelmäßig am fehlenden Mehrheitszwang für Massegläubiger. Theoretisch ist es denkbar, die Gegenleistung für Neumassegläubiger so zu erhöhen, daß sie nach Abzug des Konkursverlustes den geforderten Preis erhielten. Bei einer voraussichtlichen Quote von 50 % müßte man z. B. mit Lieferanten den doppelten Kaufpreis vereinbaren. Die Altgläubiger hätten keinen Schaden, weil die Masse für die abgeflossene Quote, den üblichen Kaufpreis, ein Äquivalent erhielte. Diesem Verfahren stellen sich jedoch große praktische Schwierigkeiten bei der Schätzung der voraussichtlichen Quote und der daraus resultierenden Preiserhöhung entgegen. Ein zu hohes Angebot schädigt die Altgläubiger und ein zu niedriges den Neumassegläubiger.

Eine ordnungsgemäße Verwertung, die die Begründung neuer Masseschulden voraussetzt, ist im massearmen Konkurs nur möglich, wenn Neumassegläubiger entgegen der Ansicht des BGH vorrangig zu befriedigen sind. Das Verhältnis der Masse- zu den Konkursgläubigern könnte insoweit analog gelten.

Für den Rang der Neumasseschulden besteht eine planwidrige Regelungslücke[19]. § 60 KO regelt nämlich nur den Rang der bis zur Feststellung der Massearmut begründeten Altschulden. Nach dem Wortlaut betrifft § 60 KO die Verteilung „sobald sich herausstellt, daß die Konkursmasse zur vollständigen Befriedigung aller Massegläubiger nicht ausreicht". Das Wort „sobald" belegt, daß der Gesetzgeber an nach der Feststellung begründete Masseschulden nicht gedacht hat. Hätte er die dann auftauchenden Probleme gesehen, hätte er die Abwicklung des Verfahrens geregelt. Entspre-

---

[16] BGH, ZIP 1984, 612 - 615.

[17] BGH, ZIP 1984, 612 (614 f.).

[18] Eckhardt, ZIP 1984, 615 (618).

[19] Eckhardt, ZIP 1984, 615 (617); Henckel, FS 100 Jahre KO, 169 (184 f.); Böhle-Stamschräder / *Kilger*, § 60 KO, Anm. 4; Heilmann, KTS 1976, 96 (102); Weber / Irschlinger / Wirth, KTS 1979, 133 (140); Gerhardt, JZ 1984, 601 (602 f.); Pape, ZIP 1984, 796 (796 und 800) m. w. N. S. 798 Fn. 37.

chende Bestimmungen fehlen[20]. Ein Regelungsbedürfnis für den Rang der Neumasseschulden folgt daraus, daß das Verfahren in den Fällen der §§ 107 I S. 2; 204 I S. 1, 2 KO fortgesetzt werden kann und während dieser Zeit notwendig Neuschulden begründet werden. Demgegenüber hat der Hinweis des BGH[21] auf die Motive von 1877 wenig Gewicht, da sich durch die zunehmende Massearmut die tatsächlichen Grundlagen der Regelung seit 1877 erheblich verändert haben[22]. An die Feststellung der planwidrigen Regelungslücke sind zudem keine so hohen Anforderungen zu stellen, weil eine Privilegierung der Neugläubiger rechtspolitisch wenig umstritten ist[23]. Eine solche Privilegierung schadet keiner anderen Gruppe[24]. Die Altmassegläubiger werden für die Ausgaben der Masse dadurch entschädigt, daß die Neugläubiger eine äquivalente Gegenleistung erbringen und so eine sinnvolle Verwertung erst ermöglichen.

Die Stellung der Neumassegläubiger gegenüber den Altgläubigern ist mit der Interessenlage der Massegläubiger gegenüber den Konkursgläubigern dann vergleichbar, wenn die Feststellung der Massearmut ausreichend bekannt gemacht wird. Neumassegläubiger werden im massearmen Konkurs wie die Massegläubiger im Konkurs deshalb privilegiert, weil ihre Leistung jeweils die Masse bereichert und eine sinnvolle Verwertung ermöglicht[25]. Der Vorrang soll den alten Gläubigern helfen, trotz Massearmut oder Konkurs noch eine angemessene Quote zu erzielen. Werden Neugläubiger nicht privilegiert, haben sowohl die Altmassegläubiger als auch die Konkursgläubiger außerhalb eines staatlichen Gesamtvollstreckungsverfahrens kaum Aussichten auf eine Befriedigung ihrer Ansprüche. Unterschiede liegen darin, daß die Konkurseröffnung eindeutig die Grenze zwischen Konkurs- und Massegläubigern zieht. Im Fall des § 204 KO wird dagegen der Beginn der Massearmut nicht allgemeinverbindlich festgestellt. Um Neu- und Altschulden eindeutig abzugrenzen, muß der Verwalter daher bekanntgeben, ab wann die Massearmut festgestellt ist. Da der Verwalter die Altmassegläubiger kennt, ist zur Klarheit ein Rundschreiben an diese zu fordern[26]. Ab diesem Zeitpunkt werden Neumassegläubiger im Rang vor den Massegläubigern befriedigt.

Dennoch stellen sich einer Betriebsfortführung Hindernisse. Die von der Betriebsfortführung dann betroffenen Altmassegläubiger sind an der Gläu-

---

[20] Gerhardt, JZ 1984, 601 (601 f.); Pape, ZIP 1984, 796 (801).

[21] BGH, ZIP 1984, 612 (615).

[22] Pape, ZIP 1984, 796 (800 f.).

[23] Für dieses Kriterium bei einer Rechtsfortbildung: BVerfG, WM 1984, 53 (56); Gerhardt, JZ 1984, 601 (603).

[24] Eckhardt, ZIP 1984, 615 (618); Pape, ZIP 1984, 796 (802).

[25] Eckhardt, ZIP 1984, 615 (617 f.); Heilmann, KTS 1976, 96 (102); Weber / Irschlinger / Wirth, KTS 1979, 133 (140); Pape, ZIP 1984, 796 (799 f.).

[26] Weber / Irschlinger / Wirth, KTS 1979, 133 (136).

bigerselbstverwaltung nicht beteiligt, während die Konkursgläubiger mit der Massearmut jedes Interesse an der Konkursabwicklung verlieren. Die Altmassegläubiger unterliegen keinem Vollstreckungsverbot. Die Massearmut muß der Verwalter einredeweise im Prozeß oder nach § 767 ZPO geltend machen, wobei er die Massearmut zu beweisen hat[27]. Der Verwalter kann ferner gegen die Altmassegläubiger nicht gemäß §§ 17; 29ff. KO vorgehen. Der für den Fall des § 204 KO häufig gebrauchte Ausdruck „Konkurs im Konkurs“[28] trifft für die Abwicklung daher nicht zu. Dem Verwalter fehlen die für die effektive Verwertung notwendigen Rechte und Absicherungen, z.B. die Rechte aus §§ 17; 29ff. KO.

Entgegen der Ansicht des BGH ist eine Betriebsfortführung nach der Feststellung der Masselosigkeit möglich. Neumassegläubiger sind vor den Altgläubigern zu befriedigen. Im Gegensatz zur üblichen Konkursabwicklung hat der Verwalter jedoch weniger Rechte, was eine Betriebsfortführung erschwert.

II. Wirtschaftliche Möglichkeiten

Wegen der rechtlichen Schwierigkeiten wird sich im massearmen Konkurs die Frage nach einer Betriebsfortführung regelmäßig nicht stellen. Für die Bewertung der rechtlichen Regelung sollen jedoch die – hypothetischen – wirtschaftlichen Möglichkeiten einer Betriebsfortführung vorgestellt werden.

Bei anfänglicher Massearmut ist es unwirtschaftlich, den Betrieb fortzuführen. Wenn die Kosten der Betriebstätigkeit, im Konkurs die Masseschulden und -kosten aus §§ 59 I Nr. 1, 2; 58 Nr. 1, 2 KO, nicht erwirtschaftet werden, ist der Betrieb einzustellen.

Eine andere Frage ist es, inwieweit die Masse Kosten tragen soll, die der Verwalter nicht freiwillig übernommen hat. Eine gesetzliche Verminderung der Masseschulden des § 59 I Nr. 2 2. Fall KO und der Massekosten könnte eine Betriebsfortführung häufiger ermöglichen. Ist der Konkurs nicht mehr massearm, gelten die allgemeinen Grundsätze.

Die später eintretende Massearmut weist nicht zwingend auf die Fortführungswürdigkeit des Betriebes hin. Die Massearmut betrifft das Verhältnis der Schulden zur Masse und sagt damit über den Betrieb ebensowenig wie Überschuldung oder Zahlungsunfähigkeit[29]. Denn die Betriebskosten, die nach Feststellung der Massearmut entstehen, können noch erwirtschaftet werden. Die spätere Massearmut gibt allenfalls Anlaß, die Qualifikation des

---

[27] BGH, ZIP 1984, 612 (614); Weber / Irschlinger / Wirth, KTS 1979, 133 (144).
[28] BGH, WM 1975, 517 (518); BGH, KTS 1973, 251 (253).
[29] Gottwald, KTS 1984, 1 (25).

Konkursverwalters zu überprüfen. Die Massearmut indiziert jedoch nicht, welche Form der Konkursabwicklung richtig ist. Bestätigt wird diese Überlegung dadurch, daß kleinere Unternehmen besonders häufig massearm sind[30]. Sie haben besonders wenig Masse, während die Masseschulden nicht im gleichen Umfang geringer als bei großen Unternehmen sind. Die Größe des Betriebes besagt aber nichts über dessen Qualität. So gelang in massearmen Konkursen eher häufiger eine Betriebsveräußerung[31]. Die Erwerber hielten die Betriebe also für reorganisierbar.

Zur Betriebsfortführung im Konkurs mit ausreichender Masse bestehen nach wirtschaftlichen Gesichtspunkten daher nur graduelle Unterschiede. Wegen der geringeren Masse setzen Neugläubiger tendenziell weniger Vertrauen in die Geschäftstätigkeit. Daneben ist die Gefahr größer, daß Fehler des Verwalters nicht mehr korrigierbar sind.

C. Zusammenfassung

Die Massearmut vieler Konkursverfahren begründet für eine Betriebsfortführung besondere Schwierigkeiten. Im Regelfall wird ein masseloser Konkurs eingestellt oder nicht eröffnet. Der Verwalter verliert bzw. erhält gar nicht erst die Verfügungsmacht über die Masse, so daß eine Betriebsfortführung im Konkurs unmöglich wird. Das Konkursverfahren wird nur durchgeführt, wenn ein Massekostenvorschuß geleistet wird oder das Gericht nach seinem Ermessen die Verfahrenseinstellung verzögert. Im anfänglich masselosen Konkurs ist selbst dann eine Betriebsfortführung ausgeschlossen, weil der Verwalter keine neuen Verpflichtungen eingehen kann. Er könnte diese nur quotenmäßig erfüllen. Im Falle späterer Masselosigkeit sind Neumassegläubiger entgegen der Ansicht des BGH vorrangig zu befriedigen. Mit ihnen können also Verträge geschlossen werden. Eine Betriebsfortführung bleibt dennoch schwierig, weil Altmassegläubiger keinem Vollstreckungsverbot unterliegen und dem Verwalter ihnen gegenüber die Rechte aus §§ 17; 29ff. KO fehlen.

Die im massearmen Konkurs bestehenden wirtschaftlichen Möglichkeiten soll daher vielfach ein Sequester im Konkurseröffnungsverfahren ausnutzen. Er soll genügend Masse ansammeln. Ihm fehlen jedoch die Rechte eines Konkursverwalters, was einer optimalen Verwertung entgegensteht. Wegen seiner besseren Rechtsstellung kann der Konkursverwalter einen Betrieb selbst dann sinnvoll fortführen, wenn der Sequester ausnahmsweise mit der Verwertung bereits begonnen hatte.

---

30 Gessner, Praxis, S. 156; Hanisch, ZZP 90 (1977), 1 (35f.).

31 Gessner, Praxis, S. 355.

§ 7 Haftung und Vergütung des Konkursverwalters

A. Haftungsrisiko und Fortführungsentscheidungen

I. Der Einfluß des Haftungsrisikos

Nach den bisherigen Feststellungen muß der Konkursverwalter innerhalb kürzester Zeit aufgrund unzureichender Informationen die Aussichten einer Betriebsfortführung beurteilen. Seine Entscheidungen sind häufig nicht mehr korrigierbar, da während der Liquidation Zeit und Geld fehlen[1]. Mit der zunehmenden Größe der Wirtschaftssubjekte, der internationalen wirtschaftlichen Verflechtung und dem technischen Fortschritt sind zudem die wirtschaftlichen Beziehungen im Vergleich zum Entstehungsjahr der Konkursordnung komplexer geworden[2]. Man sollte daher annehmen, daß eine Betriebsfortführung zu Fehlentscheidungen und einem Haftungsregreß führen kann[3]. Nach einer Befragung von Konkursverwaltern sind Haftungsfälle insgesamt sehr selten[4]. Es ist jedoch zu bedenken, daß das Haftungsrisiko während der Betriebsfortführung größer als bei der üblichen Betriebszerschlagung ist[5], da die Fortführung wirtschaftlich größere Probleme stellt.

Die Verwalterhaftung ist darüber hinaus deshalb bedeutsam, weil sie die Motivation und Initiativbereitschaft der Gläubiger und des Verwalters entscheidend beeinflußt. Eine strenge Haftung wird das Vertrauen der Gläubiger darauf erhöhen, daß der Verwalter sorgfältig handelt und ihren Geld- oder Warenkredit erfüllt. Ein großes Haftungsrisiko wird zum anderen die Initiative des Verwalters hemmen[6]. In riskanten oder weniger überschaubaren Konkursen wird er die übliche Betriebszerschlagung in der Meinung bevorzugen, daß die normale Verwertung keinen Schuldvorwurf begründet. Selbst ein ausreichender Versicherungsschutz hilft wenig. Die Selbstbeteiligung im Versicherungsfall und der evtl. folgende Vertrauensverlust bei den Konkursrichtern, die über weitere Bestellungen zum Verwalter gemäß

---

1 Hellge, S. 120.

2 Hanisch, Rechtszuständigkeit, S. 133.

3 Zu den hohen Anforderungen an Konkursverwalter s. Baude, KTS 1959, 40 (42).

4 Gessner, Praxis, S. 216. Danach wurde in 0,17% der Verfahren Versicherungsschutz in Anspruch genommen.

5 Haug, ZIP 1984, 773 (778).

6 Hanisch, ZZP 90 (1977), 1 (26); Marschdorf, S. 246; Uhlenbruck, DBW 1977, 311 (318). Gessner, Praxis, S. 216 berichtet, daß die befragten Konkursverwalter das Haftungsrisiko als initiativhemmend ansehen.

§§ 78 I; 80 S. 2 KO mitentscheiden, beeinflussen die Verwalter. Als Folge der Haftungsrisiken wird eine oft beamtenmäßige, wenig unternehmerische und kaum entscheidungsfreudige Verwaltung der Konkursverfahren beklagt[7]. Die Angst vor der Haftung und nicht das Interesse der Gläubiger leite den Verwalter bei der Verwertung[8].

Will man wirtschaftlich sinnvolle Betriebsfortführungen fördern, sind die Haftungsnormen also so auszulegen, daß die Initiative der Verwalter möglichst wenig gehemmt wird und die Gläubiger gleichzeitig auf eine ordnungsgemäße Geschäftsführung vertrauen können.

Das Bedürfnis für eine Haftungsbegrenzung entfällt nicht deshalb, weil ein Risikoausgleich über die Vergütung zu favorisieren ist[9]. Im Hinblick auf das marktwirtschaftliche Leistungsprinzip ist es zwar wünschenswert, mittels der Vergütung das Haftungsrisiko zu kompensieren und die erfolgreichen Verwalter zusätzlich zu entlohnen. Eine Erhöhung der Vergütung stößt im Konkurs jedoch schnell an finanzielle Grenzen.

II. Die Art der Haftungsrisiken

Die Haftung des Konkursverwalters soll im folgenden bestimmt werden, weil das Haftungsrisiko Fortführungsentscheidungen beeinflußt. Deshalb ist lediglich die Haftung für die Fallgruppen zu untersuchen, in denen typischerweise ein Haftungsrisiko besteht. Denn die atypischen Fälle beeinflussen Konkursverwalter nur wenig.

In den veröffentlichten Urteilen zur Haftung bei der Betriebsfortführung wurde meistens als Schaden eingeklagt, daß Masseansprüche nicht befriedigt wurden[10]. Dieser Befund läßt sich zum einen damit erklären, daß die Ansprüche der Neugläubiger rechtlich interessant sind und deshalb die Entscheidungen veröffentlicht wurden. Andererseits könnten vor allem die Neugläubiger nach der rechtlichen Ausgestaltung der Haftung und den wirtschaftlichen Gefahren einer Betriebsfortführung schadensersatzberechtigt sein. Wenn die letzte These zutrifft, braucht im folgenden nur die Haftung gegenüber Neugläubigern untersucht zu werden.

Die Neugläubiger sind deshalb besonders gefährdet, weil sie an der Gläubigerselbstverwaltung nicht beteiligt sind. Da die Konkursgläubiger ange-

---

[7] Stüdemann, WpG 1978, 413 (419).

[8] Stüdemann, WpG 1978, 413 (419).

[9] Dafür K. Schmidt, KTS 1976, 191 (195).

[10] BGH, NJW 1958, 1351 f.; BGH, KTS 1961, 94 f.; BGH, KTS 1973, 251 - 254; BGH, WM 1975, 517 - 519; BGH, NJW 1980, 55 f.; OLG Koblenz, KTS 1956, 60 - 62; OLG Köln, LZ 1909, Sp. 406 f.; LG Itzehoe, MDR 1956, 177 f. (zu einem Zwangsverwalter); BGH, KTS 1982, 427 - 437; BGH, ZIP 1980, 851 - 854 (beide Urteile zum Regreß gegen den Haftpflichtversicherer).

sichts geringer Quotenerwartungen über eine Fortführung ohne eigene Risiken entscheiden können, wählen die Konkursgläubiger möglicherweise eine für die Neugläubiger besonders riskante Verwertungsalternative[11]. Ein Schadensersatzanspruch der Neugläubiger ist ferner relativ wahrscheinlich, weil ihr Schaden, die Nichterfüllung der Ansprüche, einfach zu beweisen ist.

Schaden der Konkursgläubiger und des Gemeinschuldners ist demgegenüber, daß eine andere Verwertungsalternative einen höheren Erlös erbracht hätte. Dies ist angesichts der Schwierigkeit, hypothetische Alternativen wirtschaftlich zu vergleichen, auch im Rahmen des § 287 ZPO schwierig nachzuweisen. Gelingt der Beweis, ist der Schaden der Konkursgläubiger gering, da sie im Konkurs ohnehin nur eine Quote erwarten. Sie haben zudem selbst Einfluß auf die Geschäftsführung. Ihrem Anspruch läßt sich daher ein Mitverschulden oder ein venire contra factum proprium[12] entgegenhalten. Denn die Konkursgläubiger dürfen eine Betriebsfortführung nicht im eigenen Interesse befürworten oder dulden und gleichzeitig alle Risiken auf den Verwalter abwälzen. Desweiteren gilt der Haftungsausschluß des § 86 S. 4 KO nur gegenüber Konkursgläubigern und dem Gemeinschuldner[13], die allein der Schlußrechnung gemäß § 86 S. 3 KO widersprechen können. Allein ihr Schweigen rechtfertigt daher den Haftungsausschluß des § 86 S. 4 KO.

Die Arbeitnehmer stehen in ihrer Rolle als Konkursgläubiger in keiner besonderen Position. Einem Schadensersatzanspruch stehen die allgemeinen Hindernisse für Konkursgläubiger entgegen. Unterschiede bestehen, wenn die Beschäftigten auf Veranlassung des Verwalters trotz bestehender Kündigungsmöglichkeiten weiterarbeiten[14] und ihr Lohn anschließend nicht gezahlt wird. Sie haben dann keine Erfüllungsansprüche gegen den Verwalter persönlich. Da die Arbeitskraft selbst kein erstattungsfähiger Schadensposten ist[15], haben sie nur dann einen Ersatzanspruch gegen den Verwalter, wenn sie ohne dessen Beeinflussung mit ihrer Arbeit anderweitig Geld verdient hätten[16]. Dies erfordert den schwierigen Nachweis, daß sie noch innerhalb der Beschäftigungszeit für die Masse eine neue Arbeit aufgenommen hätten. Schadensersatzansprüche sind weiterhin wegen § 117 IV AFG unwahrscheinlich. Denn die Arbeitnehmer können selbst während der Beschäftigung für die Masse Arbeitslosengeld erhalten, wenn ihr Arbeitgeber sie nicht bezahlt. Diese Ersparnis verringert den Schaden.

---

11 s.o. § 3 A I 3.

12 BGH, NJW 1980, 55 (56); Rheinen, KTS 1980, 191 (201).

13 Mentzel / *Uhlenbruck*, § 86 KO, Rz. 4 und 7.

14 Als Beispiel s. den Sachverhalt von BAG, KTS 1985, 100 - 103.

15 So die Rechtsprechung: BGHZ 54, 45 (50); BAG, KTS 1985, 100 (102f.). A.A.: MK - Grunsky, vor § 249 BGB, Rz. 24 - 27.

16 BAG, KTS 1985, 100 (102f.).

Die Aus- und Absonderungsberechtigten haben eine starke dingliche Position. Sie können ihre Rechte frühzeitig geltend machen und sind auf Schadensersatzansprüche kaum angewiesen.

Der Vergleich der verschiedenen Gruppen bestätigt, daß das Haftungsrisiko am größten gegenüber den Neugläubigern ist. Von diesem Risiko hängt die Initiativbereitschaft der Verwalter ab. Weiterhin schließen nur Neugläubiger im Vertrauen auf die Haftung Verträge mit der Masse ab. Aus diesen Gründen wird im folgenden allein untersucht, wann der Verwalter für die Nichterfüllung der Ansprüche aus § 59 I Nr. 1 KO haftet.

B. Die Haftung des Konkursverwalters gegenüber Vertragspartnern

I. Überblick

Die wichtigste Anspruchsgrundlage der Neugläubiger ist § 82 KO, nach dem der Verwalter – mit seinem Privatvermögen – den Beteiligten für die Erfüllung seiner Pflichten haftet. Eine rechtsgeschäftliche Haftungsübernahme, eine Garantie o. ä., ist Fiktion. Der Verwalter will regelmäßig nicht für die Erfüllung einstehen, da er am Gewinn der Betriebsfortführung nur unvollkommen über seine Vergütung partizipiert. Analog § 179 BGB haftet der Verwalter nicht, da seine Verträge die Masse wirksam verpflichten. Dies ist zwar nicht der Fall, wenn der Vertragsschluß offensichtlich außerhalb des Konkurszwecks liegt[1]. Eine Betriebsfortführung ist aber zulässig, so daß der Verwalter dafür die Masse verpflichten darf[2]. Eine Vertreterhaftung des Verwalters aus c. i. c.[3] erfordert eine Regelungslücke. Die subsidiären Regeln der c. i. c. können daher erst diskutiert werden, nachdem der Umfang des § 82 KO ermittelt wurde.

§ 82 KO formuliert den Begriff des Beteiligten und die Verwalterpflichten als offene Tatbestandsmerkmale. Sie werden im folgenden neben den in der KO nicht geregelten Fragen des Verschuldens, der Verjährung und der Einstandspflicht für Hilfspersonen untersucht.

II. Vertragspartner als Beteiligte im Sinne des § 82 KO

Aus der Beteiligtenstellung der Vertragspartner folgen noch nicht die konkreten Pflichten des Verwalters[4]. Dennoch ist der Beteiligtenbegriff

[1] Mentzel / Kuhn / *Uhlenbruck*, § 59 KO, Rz. 7; Jaeger / *Henckel*, § 6 KO, Rz. 150; BGH, NJW 1983, 2018 (2019); OLG Celle, ZIP 1984, 471 (472).

[2] F. Baur, FS f. R. Bruns, S. 241 (244 f.).

[3] Dazu s. Hohloch, NJW 1979, 2369 - 2374 m. w. N.

[4] So aber Krusch, JW 1934, 1724 (1725); wie hier: K. Schmidt, KTS 1976, 191 (198).

zunächst zu untersuchen, da bei einer Ablehnung der Beteiligtenstellung sich die Prüfung der einzelnen Pflichten erübrigt.

Die Rechtsprechung betrachtet Neugläubiger inzwischen[5] einheitlich als Beteiligte[6], während in der Literatur[7] abweichende Standpunkte vertreten werden.

Der Wortlaut des § 82 KO bezieht Vertragspartner als Beteiligte ein, da die Konkursabwicklung und Vermögensverteilung sie betreffen[8].

Diese Auslegung soll nach einer Ansicht systematisch dem § 154 ZVG widersprechen[9]. § 154 ZVG diente 1898 als Vorbild für die Reform des § 82 KO[10]. Deshalb soll die Beteiligtendefinition des § 9 ZVG für § 82 KO entsprechend gelten. § 9 ZVG erfaßt Neugläubiger nicht, da § 9 ZVG auf die formelle Beteiligung am Verfahren abstellt[11]. Diese Definition braucht aber für die Haftung des Zwangs- – und damit auch des Konkursverwalters – nicht zu gelten. Die Verfahrensbeteiligung, auf die § 9 ZVG abstellt, ist der Verlustgemeinschaft der Grundstücksgläubiger vorbehalten. Die Haftungsnorm des § 154 ZVG gleicht dagegen die Gefahr aus, durch eine fehlerhafte Verwertung Verluste zu erleiden. Dieses Risiko tragen auch die am Verfahren nicht beteiligten Neugläubiger. § 88 S. 2 ZVG bestätigt, daß das ZVG den Begriff „Beteiligter" nicht einheitlich gebraucht, so daß für die Haftung von § 9 ZVG abgewichen werden kann[12]. Darüber hinaus sind die Interessenlagen zwischen §§ 154; 9 ZVG und § 82 KO verschieden, weil die Zwangsverwaltung nur Grundstück und Zubehör, nicht aber den Betrieb erfaßt[13]. Die Haftung während einer Betriebsfortführung regelt § 154 ZVG gerade nicht. Der Vergleich mit dem ZVG belegt nicht, daß Neugläubiger keine Beteiligten sind[14].

Die fehlende Beteiligtenstellung der Neugläubiger leitet F. Baur[15] aus einem Gesamtvergleich mit der Haftung der „Interessenvertreter" ab. Ver-

---

[5] Zur Entwicklung der Rechtsprechung s. RGZ 34, 26 (29f.); RGZ 74, 258 (259 - 261); RGZ 149, 182 (185f.); RG, KuT 1939, 142 (143); OLG Breslau, OLGRspr. 21, 176.

[6] RGZ 149, 182 (185); BGH, NJW 1958, 1351 (1351); BGH, KTS 1961, 94 (94); BGH, KTS 1973, 251 (252); BGH, NJW 1980, 55 (56); BGH, NJW 1983, 1799 (1800); BGH, KTS 1984, 106 (108f.) zu einem Sachwalter i.S.d. § 92 VglO.

[7] F. Baur, FS f. Bruns, S. 241 (246 - 248); Haug, ZIP 1984, 774 (780f.); K. Schmidt, KTS 1976, 191 - 211.

[8] Krusch, NJW 1934, 1724 (1725).

[9] OLG Breslau, OLGRspr. 21, 176.

[10] RGZ 74, 258 (259).

[11] RGZ 74, 258 (259 - 261); OLG Breslau, OLGRspr. 21, 176.

[12] Matzke, JW 1934, 1297 (1297).

[13] Str., wie hier: BAG, KTS 1980, 389 (392); Zeller / *Stöber,* § 152 ZVG, Anm. 5g; Vollkommer, Anm. zu BAG AP Nr. 19 zu § 613a BGB, Bl. 215; a.A. Mohrbutter, KTS 1980, 393 (393f.); RGZ 135, 197 (200 - 203).

[14] LG Itzehoe, MDR 1956, 177 (177); K. Schmidt, KTS 1976, 191 (196f.); Mohrbutter, FS Verlag C. Heymanns, S. 159 (161 - 163).

[15] F. Baur, FS f. R. Bruns, S. 241 (246 - 248).

treter, Treuhänder, Vermögensverwalter und der Vorstand einer Kapitalgesellschaft seien vertraglich immer nur gegenüber Dritten schadensersatzpflichtig. Diese hätten gegen den Interessenvertreter nur aus §§ 179; 823ff. BGB Ansprüche. Dieses Prinzip gilt zwar grundsätzlich[16] für Bevollmächtigte, gemäß § 1960 BGB für Nachlaßpfleger[17], gemäß §§ 1833; 1915 BGB für Vormund und Pfleger, gemäß § 2019 BGB für Testamentsvollstrecker und gemäß §§ 43; 52 I; 73 III 1 GmbHG für Vorstand, Aufsichtsrat und Liquidatoren einer GmbH[18].

Eine Außenhaftung begründet jedoch § 1985 II S. 1 BGB. Danach steht den Nachlaßgläubigern, dazu gehören bei einer Betriebsfortführung die Neugläubiger[19], ein Schadensersatzanspruch gegen den Nachlaßverwalter zu. Dem vermeintlichen Prinzip der begrenzten Haftung der Interessenvertreter entspräche es, daß der Nachlaßverwalter nur dem Vermögensinhaber, dem Erben, haftet. § 1985 II S. 2 BGB schließt nicht aus, daß § 1985 II S. 1 BGB eine Außenhaftung regelt. Der Verweis auf § 1978 II BGB besagt nur, daß der Anspruch während der Nachlaßverwaltung eingeschränkt geltend gemacht werden kann[20]. Es besteht ein eigener Anspruch der Nachlaßgläubiger.

Ansätze für eine Außenhaftung finden sich darüber hinaus bei den Liquidatoren von Verein, AG und Genossenschaft in §§ 53 BGB; 272 AktG; 90 III GenG. Diese Normen werden als Sonderfälle bzw. Schutzgesetze des § 823 II BGB aufgefaßt[21]. Dritte werden also selbst bei einer juristischen Person geschützt, wenn deren Liquidatoren schuldhaft handeln. Andererseits sind nur einige besondere Schutzpflichten sanktioniert. § 82 KO sieht demgegenüber eine Haftung für jede Pflichtverletzung vor.

Eine besondere Form des Gläubigerschutzes enthalten schließlich §§ 93 V; 116 AktG; 34 V GenG. Dritte können den Anspruch der AG bzw. Genossenschaft gegen Vorstands- oder Aufsichtsratsmitglieder in Prozeßstandschaft geltend machen. Dies ist nur bei bestimmten, aufgezählten Pflichtverletzungen (§ 93 III AktG) oder bei Vorsatz und grober Fahrlässigkeit zulässig. Andererseits können Gesellschaftsgläubiger den Anspruch auch durchsetzen, wenn er gegenüber der Gesellschaft wegen eines Verzichts, Vergleichs oder Hauptversammlungsbeschlusses gemäß §§ 93 V S. 3 AktG; 34 V S. 2 GenG nicht besteht. Der Schutz der Gläubiger geht insoweit sogar über den Schutz der AG oder Genossenschaft hinaus.

---

[16] Ausnahmefall ist jeweils die Vertreterhaftung aus c.i.c.

[17] § 1985 II BGB gilt für den Nachlaßpfleger nicht analog. s. MK - Leipold, § 1960 BGB, Rz. 59; Koch, S. 156 jeweils m.w.N.

[18] K. Schmidt, ZIP 1981, 1 (8) m.w.N.

[19] MK - Siegmann, § 1985 BGB, Rz. 11.

[20] MK - Siegmann, § 1985 BGB, Rz. 11.

[21] K. Schmidt, ZIP 1981, 1 (7) m.w.N.

Die angeführten Bestimmungen (§§ 1985 II; 53 BGB; 93; 116; 272 AktG; 90 III; 34 V GenG) belegen, daß der Interessenvertreter keineswegs nur gegenüber dem Interessenträger haftet. Insbesondere die Haftung des Nachlaßverwalters, der nach Rechtsstellung und Aufgaben dem Konkursverwalter vergleichbar ist[22], zeigt, daß ein eigener Schadensersatzanspruch der Neugläubiger eines Sondervermögens nicht ausgeschlossen ist. Die §§ 53 BGB, 93 V S. 2 AktG; 34 V S. 2 GenG lassen sich dafür anführen, daß gegenüber Gläubigern andere Pflichten als gegenüber der Gesellschaft bestehen, die Gläubiger aber nicht ungeschützt sind.

Die weite Auslegung des Beteiligtenbegriffs soll nach der Gegenansicht die Neugläubiger unangemessen bevorzugen[23]. Sie könnten sich durch Sicherungsrechte oder eine Vertragsablehnung selbst schützen. Ihr Risiko sei sogar geringer als bei einem Vertragsschluß mit einer GmbH. Der Hinweis auf den Konkurs warne Vertragspartner hinreichend. Die Gerichtsaufsicht gewährleiste eine neutrale Geschäftsführung. Der fehlende Einfluß der Neugläubiger auf die Betriebsführung[24] sei auch nichts Besonderes. Kreditgeber könnten nie das weitere Geschäftsgebaren beeinflussen[25].

Diese Argumente beweisen nur, daß bestimmte Risiken eines Vertrages mit einer GmbH im Konkurs nicht bestehen. Dafür ergeben sich konkursspezifische Gefahren aus der fehlenden Sicherung eines Mindestkapitals und dem evtl. fehlenden Vertrauen der Geschäftspartner in die Bonität der Masse. Eine kontinuierliche Betriebsfortführung ist damit im Normalfall weniger als bei einer solventen GmbH gewährleistet. Diese Risiken schließen es aus, jede besondere Haftung des Verwalters gegenüber Neugläubigern abzulehnen. Eine Haftung ist im Gegenteil sogar angemessen, um das Vertrauen der Neugläubiger in eine ordentliche Geschäftsführung zu erhöhen.

Der Vergleich mit anderen Interessenvertretern und die angeblich fehlende Schutzbedürftigkeit der Neugläubiger führen allenfalls zu einer Minderung der Sorgfaltsanforderungen. Vertragspartner der Masse sind mithin nach Wortlaut, Systematik und Teleologie Beteiligte i. S. d. § 82 KO.

III. Umfang und Schutzzweck der Verwalterpflichten gegenüber Vertragspartnern

1. Der Meinungsstand

Nach einer Ansicht muß der Verwalter erst nach dem Vertragsschluß die Gläubigerinteressen beachten[26]. Andere wollen dem Verwalter nur konkurs-

---

22 MK - Siegmann, § 1985 BGB, Rz. 2 und Rz. 5 Fn. 19.
23 F. Baur, FS f. R. Bruns, S. 241 (246); Haug, ZIP 1984, 773 (780).
24 Für dieses Argument: BGH, NJW 1980, 55 (56).
25 F. Baur, FS f. R. Bruns, S. 241 (249); Haug, ZIP 1984, 773 (780).

spezifische Pflichten auferlegen[27], womit ein breites Auslegungsspektrum eröffnet wird.

Nach der ältesten Auslegung[28] hat der Verwalter bei Vertragsbegründung keine Sorgfaltspflichten. Er ist den Neugläubigern erst verantwortlich, wenn er später die Vertragserfüllung schuldhaft vereitelt. Der Verwalter haftet also nicht, wenn die Nichterfüllbarkeit schon bei Vertragsschluß feststand. Dann haben weitere Fehler bei der Betriebsfortführung den Schaden nicht verursacht. Als formaljuristisches Argument dient, daß Pflichten erst entstehen, nachdem die Beteiligtenstellung begründet wurde[29]. Der Sinn und Zweck der §§ 57; 60 KO enthält jedoch das Gebot, auf die Erfüllbarkeit der Neuschulden Rücksicht zu nehmen[30]. Wenn der Verwalter im Fall der Massearmut für eine anteilige Befriedigung zu sorgen hat, muß er schon bei Vertragsschluß verhindern, daß Neugläubiger leer ausgehen. § 60 KO setzt nicht nur die Massearmut voraus[31], sondern fordert nach der Interessenlage, nur erfüllbare Schulden zu begründen. Jedenfalls ab Verhandlungsbeginn ist der Geschäftspartner Beteiligter[32]. Die Verhandlungsführung des Verwalters kann pflichtwidrig sein. Er ist besser als sein Verhandlungspartner über den Bestand der Masse informiert, Hinweispflichten sind also zumutbar. Dies gilt um so mehr, als der BGH außerhalb des Konkurses neuerdings Bürgen, die Gesellschafter der Hauptschuldnerin sind, Hinweispflichten bei wirtschaftlichen Schwierigkeiten der Hauptschuldnerin auferlegt[33]. Vom ebenso einflußreichen Verwalter kann in der wirtschaftlich kritischen Konkurssituation Gleiches erwartet werden.

Die neuere Ansicht zu § 82 KO will konkursspezifische Pflichten festlegen. F. Baur[34] differenziert zwischen Eingriffsakten und unternehmerischen Handlungen. Der Verwalter hafte nur für Eingriffsakte, weil sie ihn von anderen Geschäftspartnern unterscheiden. Bei der Betriebsfortführung handele der Verwalter wie jeder Geschäftsmann. Er hafte daher nur, wenn er die bei jeder Verwaltung anfallenden Aufgaben, z.B. Vermögensverteilung oder Feststellung der Konkursforderungen, schlecht ausführe. Eine Betriebsfortführung erhöht nach dieser Lösung das Haftungsrisiko nicht.

---

26 OLG Köln, LZ 1909, Sp. 406f.; OLG Breslau, OLGRspr. 21, 176; Hegemann-Springer, KuT 1928, 71f.

27 F. Baur, FS f. R. Bruns, S. 241 (248); wohl auch BGH, NJW 1983, 1799 (1800).

28 OLG Köln, LZ 1909, Sp. 406 (406); OLG Breslau, OLGRspr. 21, 176; Hegemann-Springer, KuT 1928, 71f.

29 OLG Köln, LZ 1909, Sp. 406 (407).

30 Weber, FS f. Lent, S. 301 (316); BGH, KTS 1961, 94 (95); BGH, KTS 1973, 251 (253); OLG Koblenz, KTS 1956, 60 (61); Henckel, FS 100 Jahre KO, S. 169 (186).

31 So aber begriffsjuristisch: OLG Köln, LZ 1909, Sp. 406 (407).

32 Weber, FS f. Lent, S. 301 (315).

33 BGH, NJW 1984, 2284 (2286).

34 F. Baur, FS f. R. Bruns, S. 241 (248f.); ähnlich Uhlenbruck, KTS 1976, 212 (214) und Haug, ZIP 1984, 773 (780f.).

Der BGH erkennt an[35], daß nur konkursspezifische Pflichten bestehen. Der Verwalter brauche nicht allgemein die Interessen seiner Vertragspartner wahrzunehmen. Deshalb brauche selbst der juristisch vorgebildete Verwalter Vertragspartner nicht über rechtliche Formfragen zu beraten. Dennoch stellt das Urteil des BGH nicht den Wendepunkt zu einer praktisch wirkungsvollen Haftungsbegrenzung dar[36]. Die betroffenen rechtlichen Risiken können beide Parteien gleichermaßen abwenden. Beide können z.B. einen Anwalt konsultieren, der Vertragspartner der Masse braucht sich nicht auf die Rechtskenntnisse des Verwalters zu verlassen. Auf die wirtschaftlichen Risiken, deren Kontrolle nach Ansicht des BGH typischerweise in der Hand des Verwalters liegt, ist die Entscheidung des BGH nicht übertragbar. Im Vergleich zu F. Baur, der eine Betriebsfortführung für ungefährlich hält, ist der BGH[37] dabei wesentlich skeptischer eingestellt. Fehler der alten Unternehmensleitung könnten fortwirken, und das fehlende Vertrauen der Geschäftspartner könne die Betriebsfortführung scheitern lassen.

Dem Ausgangspunkt beider Ansichten ist zuzustimmen. Begrenzungen durch den jeweiligen Schutzzweck sind inzwischen als Allgemeingut für die Zurechnungslehre im Haftungsrecht anerkannt[38]. Der Schutzzweck des § 82 KO ist unter Berücksichtigung der Interessenlage zu bestimmen. Für die Neugläubiger ist dabei wichtig, daß sie gegen die Risiken der Konkursabwicklung geschützt werden. Andererseits wäre es unangemessen, sie zu Lasten des Verwalters besser als im normalen Geschäftsleben zu stellen.

Widerspruch fordert die jeweilige Bewertung der Interessenlage und der spezifischen Risiken eines Vertragsschlusses mit der Masse heraus. Auf die Gefahren fehlender Kapitalschutzvorschriften wurde bereits hingewiesen[39]. Zum Ausgleich sind besondere Sorgfaltspflichten erforderlich. Andererseits muß die Unternehmensinsolvenz nicht betriebsschädigend gewirkt haben[40]. Eine Betriebsfortführung ist also nicht per se gefährlich, so daß der Verwalter nicht für alle wirtschaftlichen Gefahren einstehen muß.

---

[35] BGH, NJW 1983, 1799 (1800); zustimmend Haug, ZIP 1984, 773 (780f.). BGHZ 67, 223 (227) sieht Neugläubiger nicht als Beteiligte i.S.d. § 25 VglO an, weil der Schutz der Neugläubiger keine *vergleichsspezifische* Aufgabe des Verwalters sei.

[36] So aber Haug, ZIP 1984, 773 (780f.).

[37] BGH, KTS 1973, 251 (253); BGH, WM 1975, 517 (517); BGH, NJW 1980, 55 (55); OLG Koblenz, KTS 1956, 60 (61).

[38] MK - Mertens, § 823 BGB, Rz. 40.

[39] s.o. § 7 B II.

[40] s.o. § 3 A II 2 a.

2. Lösungsvorschlag

a) Pflichten bei Vertragsschluß

Der Verwalter muß beim Vertragsschluß erkennen lassen, daß er als Konkursverwalter handelt. Andernfalls wird er entsprechend § 164 II BGB selbst verpflichtet[41].

Darüber hinaus ist er möglicherweise gehalten, auf die voraussichtliche Nichterfüllbarkeit der Gläubigeransprüche und auf andere Liquiditätsschwierigkeiten hinzuweisen. Für eine solche Pflicht sprechen zunächst die §§ 57; 60 KO[42]. Wenn der Verwalter die Ansprüche der Massegläubiger vorab befriedigen soll, muß er die vollständige Erfüllung ihrer Ansprüche anstreben.

Zudem steht den Neugläubigern als Haftungsmasse kein durch Kapitalschutzvorschriften festgeschriebenes Vermögen zur Verfügung. Eine bestimmte Höhe der freien Aktivmasse fordert die KO für die Zulässigkeit einer Betriebsfortführung nicht. Deshalb kann im Konkurs ohne eigenes Risikokapital gearbeitet werden. Entscheidungen im Konkurs können deshalb nur für Dritte riskant sein[43]. Ein zu geringes Eigenkapital kann dazu führen, daß aussichtsreiche Betriebsfortführungen wegen kurzfristiger Liquiditätsschwierigkeiten zu einem ungünstigen Zeitpunkt abgebrochen werden. Da die Liquidität – anders als z.B. für eine GmbH – nicht durch Kapitalschutzvorschriften juristisch abgesichert ist[44], müssen die Gläubiger befähigt werden, die Aussichten der Betriebsfortführung selbst abzuschätzen. Dazu müssen sie über Liquiditätsprobleme informiert sein.

Schließlich wird auch sonst im Geschäftsleben beim Vertragsschluß konkludent versichert, daß man zur Vertragserfüllung in der Lage ist[45]. Gleiches kann vom Konkursverwalter erwartet werden. Er muß also auf Liquiditätsprobleme hinweisen.

Er ist dagegen nicht verpflichtet, bei der Gefahr fehlender Massekostendeckung überhaupt keine Verträge abzuschließen[46]. Neugläubiger können das Risiko freiwillig übernehmen, weil sie sich aus anderen Gründen den Betrieb – etwa als Kunden oder Lieferanten – erhalten wollen. Entsprechende Risikogeschäfte müssen möglich sein.

---

41 Jaeger / *Henckel*, § 6 KO, Rz. 32.

42 Weber, FS f. Lent, S. 301 (316); BGH, KTS 1961, 94 (95); BGH, KTS 1973, 251 (253); OLG Koblenz, KTS 1956, 60 (61).

43 s.o. § 3 A I 3.

44 Zum Gläubigerschutz im GmbH-Recht s. Wiedemann, Gesellschaftsrecht, § 10 IV und V.

45 BGH, NJW 1984, 2284 (2286); BGHSt. 15, 24 (26).

46 BGH-Urteile nennen als Mindestaufgabe die Hinweispflicht und halten das Verbot, Verträge abzuschließen, für möglich. s. BGH, KTS 1973, 251 (253); BGH, KTS 1961, 94 (94).

b) Pflichten bei der Vertragsabwicklung

aa) Die Interessenlage

Während bei der Vertragsbegründung kein Konkursbeteiligter ein berechtigtes Interesse hat, daß ein bisher unbeteiligter Gläubiger Kredite in einem aussichtslosen Konkursverfahren gibt, sind in der Phase der Vertragsabwicklung vom Verwalter auch die Belange der anderen Konkursbeteiligten zu berücksichtigen. Die Geschäftsführung, die u. U. die Erfüllung der Ansprüche der Neugläubiger gefährdet, betrifft auch die Konkursgläubiger. Deshalb ist nicht allein das Bedürfnis der Massegläubiger zu beachten, möglichst sicher befriedigt zu werden. Auch das Interesse der Konkursgläubiger, evtl. unter Inkaufnahme bestimmter Risiken eine hohe Quote zu erzielen, ist schutzwürdig[47]. Diese Pflichtenkollision des Konkursverwalters[48] erfordert eine unternehmerische Abwägung der Chancen und Risiken der jeweiligen Geschäftspolitik.

Dem widersprechen nicht die Interessen der Neugläubiger. Mit einer Kreditvergabe haben sie für die Zukunft ihr Vertrauen in die Geschäftspolitik des Verwalters gesetzt. Auch sonst haben Kreditgeber keinen Anspruch, daß der Schuldner seine Geschäftspolitik allein oder auch nur vorwiegend an der Erfüllung ihrer Ansprüche ausrichtet. So haben Gläubiger keinen Anspruch gegen den Geschäftsführer einer GmbH, falls er die Illiquidität der GmbH verschuldet[49]. Die Gläubiger sind nur dadurch mittelbar geschützt, daß der Geschäftsführer gemäß § 43 GmbHG der GmbH verantwortlich ist. Der Schadensersatzanspruch der GmbH setzt indes voraus, daß der Geschäftsführer Pflichten gegenüber der Gesellschaft verletzt. Diese erwartet von ihrem Geschäftsführer aber keine sichere Unternehmensleitung im Interesse der Gläubiger, sondern eine Optimierung der Gewinne der GmbH. Nach dieser unternehmerischen Zielbestimmung richten sich die Pflichten des Geschäftsführers[50]. Ebenso wissen die Neugläubiger im Konkurs, daß die Verwaltung dem Zweck einer optimalen Befriedigung der Konkursgläubiger[51] dient und dieses Ziel die Pflichten des Verwalters mitbestimmt.

Diese Folge beeinträchtigt nicht die Vertragsbereitschaft der Neugläubiger. Die Konkursverwaltung ist so transparent, daß sie die Chancen und Risiken eines Geschäfts mit der Masse selbst abschätzen können: Bei Fort-

---

47 Zur Möglichkeit einer riskanten Betriebsfortführung s.o. § 3 A II 2 b bb (2) und (4).

48 Fr. Weber, FS f. Lent, S. 301 (321) zur Prozeßführung des Konkursverwalters.

49 s.o. § 7 B II.

50 Scholz / *Schneider*, § 43 GmbHG, Rz. 63 und 78 m.w.N.; Wiedemann, Gesellschaftsrecht, § 11 III 2 b.

51 Fr. Weber, FS f. Lent, S. 321; *Baur* / Stürner, Konkursrecht, Rz. 950.

führung der Geschäfte muß der Verwalter nach § 38 HGB die Handelsbilanz aufstellen[52]. Die §§ 123f. KO verlangen besondere Konkursbilanzen und Inventare[53], die den Geschäftspartnern sogar realistischere Wertansätze als die üblichen Handelsbilanzen bieten.

Diese Publizitätsvorschriften und die Hinweispflichten des Verwalters erlauben den Gläubigern auch zu beurteilen, ob die Kontinuität der Betriebsfortführung gewährleistet ist. Ein Vertrauensverlust der Lieferanten, Kunden oder Kreditgeber oder eine Abwanderung wichtiger Arbeitnehmer kann eine Betriebseinstellung zu einem Zeitpunkt erzwingen, in dem Investitionen sich noch nicht rentiert haben, etwa wenn Waren noch nicht fertiggestellt oder Aufträge noch nicht ausgeführt wurden. Diese Gefahren bestehen jedoch auch für eine finanzschwache GmbH, während ein Konkursbetrieb mit ausreichender Aktivmasse Verlustphasen überstehen und Vertrauen erwerben kann. Besondere, für die Gläubiger unkalkulierbare Gefahren bestehen daher bei der Vertragsabwicklung im Konkurs nicht.

Insgesamt besteht nach der Vertragsbegründung für den Konkursverwalter eine Pflichtenkollision. Er hat – wie z.B. auch der Geschäftsführer einer GmbH – nicht allein die Interessen der Neugläubiger zu beachten.

bb) Konsequenzen für die Bestimmung der Verwalterpflichten

Damit ist auch der Schutzzweck des § 82 KO in der Phase nach Vertragsschluß begrenzt. Die Pflichten ergeben sich erst nach einer Abwägung der Interessen der Konkurs- und der Massegläubiger. Die jeweiligen Pflichten hängen damit von den besonderen Umständen des Einzelfalls, z.B. der Situation des Konkursbetriebes, ab und lassen sich allgemein nicht genau bestimmen[54]. Als Leitlinie ist jedoch festzuhalten, daß der Verwalter eine feste Verzinsung der Masse nicht anzustreben braucht, sondern dem unternehmerischen Handeln immanente Risiken[55] übernehmen darf. Die Grenze zur Pflichtwidrigkeit wird nach einer Formulierung des BGH[56] zur Haftung des Verwaltungsrats einer Publikums-KG erst überschritten, wenn der Verwalter ungewöhnlich leichtfertig[57] Wagnisse eingeht. Diese gößere Freiheit, die dem Verwalter für unternehmerische Entscheidungen eingeräumt wird,

---

[52] Mentzel / Kuhn / *Uhlenbruck,* § 82 KO, Rz. 3 S. 601; Klasmeyer / Kübler, BB 1978, 369 (370) m.w.N.

[53] Zu deren Bedeutung und Funktion s. Plate, Konkursbilanz; Veit, Konkursrechnungslegung.

[54] Ebenso für die Haftung des GmbH-Geschäftsführers: Scholz / *Schneider,* § 43 GmbHG, Rz. 44.

[55] BGHZ 69, 207 (213); Scholz / *Schneider,* § 43 GmbHG, Rz. 78 - 80.

[56] BGHZ 69, 207 (213f.).

[57] De lege ferenda tritt Hanisch, ZZP 90 (1977), 1 (26) für eine Haftungsbeschränkung auf grobe Fahrlässigkeit ein; vgl. § 69 AO.

ist durch eine besondere Sorgfalt bei Vorbereitung und Auswahl der Geschäftspolitik auszugleichen. Die Informationsmöglichkeiten sind auszuschöpfen, und die Liquiditätsentwicklung ist zur Kontrolle des Betriebserfolges zu überwachen[58]. Werden die Entscheidungen sorgfältig vorbereitet und die spätere Entwicklung überwacht, sind zugunsten des Verwalters die Grenzen der Erkenntnismöglichkeiten im Konkurs und die Notwendigkeit, bei der Prognose wertorientierte unternehmerische Entscheidungen einzukalkulieren, zu berücksichtigen. Wie der Vorstand einer AG[59] oder der Geschäftsführer einer GmbH[60] haftet der Konkursverwalter nicht allein wegen des negativen Erfolges. Deshalb hat er für die Bewertung komplexer wirtschaftlicher Vorgänge einen Beurteilungsspielraum.

Darüber hinaus hat der Verwalter nach Vertragsschluß die Pflichten zu beachten, die ihn unabhängig von einer Betriebsfortführung treffen. Der Erlös ist unter Beachtung des Gleichbehandlungsgebots entsprechend dem Rang der Forderungen zu verteilen. Aus den fehlenden Kapitalschutzvorschriften ergibt sich die Pflicht, Zwischenverteilungen gemäß § 149 KO nur vorzunehmen, wenn die Neugläubiger sicher befriedigt werden können. Sie haben beim Vertragsschluß darauf vertraut, daß die vorhandene oder erwartete Aktivmasse das Risikokapital der Betriebsfortführung bildet und vorrangig zur Erfüllung der Masseschulden dient. Damit ist es Schutzzweck dieser Pflicht, die Betriebskontinuität zu gewährleisten. Deshalb ist der ganze Ausfallschaden und nicht allein der bei der Zwischenverteilung ausgekehrte Betrag den Neugläubigern zu ersetzten, falls der Kapitalabfluß zur Betriebsstillegung führt und die Neugläubiger deshalb Schaden erleiden.

Zusammenfassend ergibt sich aus der Pflichtenkollision des Verwalters, seinem Beurteilungsspielraum und den begrenzten Erkenntnismöglichkeiten im Konkurs, daß er für unternehmerische Leitentscheidungen haftet, wenn er ein ungewöhnliches Wagnis eingeht. Für diesen Kernbereich unternehmerischer Tätigkeit haftet er im Ergebnis also nur für grobe Fahrlässigkeit. Im vollen Umfang ist er den Neugläubigern jedoch für Hinweise auf Liquiditätsprobleme bei Vertragsschluß und für eine ausreichende Vorbereitung und Kontrolle der unternehmerischen Entscheidungen verantwortlich.

Bei diesem Ergebnis ist den Urteilen des BGH zur Verwalterhaftung bei einer Betriebsfortführung[61] überwiegend zuzustimmen. Meistens sah der BGH[62] als Pflichtverstoß an, daß der Verwalter trotz bestehender oder vor-

---

58 BGH, DB 1983, 335 (336); BGH, WM 1975, 517 (518); OLG Koblenz, KTS 1956, 60 (61).

59 Geßler / *Hefermehl,* § 93 AktG, Rz. 13.

60 Scholz / *Schneider,* § 43 GmbHG, Rz. 44 - 46.

61 BGH, NJW 1958, 1351f.; BGH, KTS 1961, 94f.; BGH, KTS 1973, 251 - 254; BGH, WM 1975, 517 - 519; BGH, NJW 1980, 55f.; BGH, NJW 1983, 1799 - 1801; BGH, WM 1977, 847 - 849. Eine Rechtsprechungsübersicht gibt Haug, ZIP 1984, 773 (778 - 781).

hersehbarer Liquiditätsschwierigkeiten einen Vertrag mit Neugläubigern abschloß. Bei lebensnaher Betrachtung hätten diese nach dem gebotenen Hinweis auf die finanziellen Schwierigkeiten vom Vertrag Abstand genommen. Auch nach der hier vertretenen Lösung wäre der Verwalter wegen des unterlassenen Hinweises schadensersatzpflichtig.

Zweifelhaft sind dagegen Begründungen des BGH, mit denen er – jeweils entscheidungsunerheblich – die Geschäftsführung des Verwalters als pflichtwidrig ansah. Ein Fehler sei es, wenn der Verwalter die Ausführung eines zentralen Factoringvertrages nicht genügend überwache[63] oder einen verlustbringenden Auftrag übernehme[64]. Dieses Verhalten kann zwar fehlerhaft sein. Der Nachweis eines Pflichtverstoßes erfordert jedoch die Begründung, daß unter Berücksichtigung der Informationsmöglichkeiten im Konkurs zum Zeitpunkt des Handelns die Schädigung vorhersehbar war.

Nach der hier vertretenen Lösung ist es schließlich nicht richtig, daß der BGH[65] in Haftungsprozessen die Zulässigkeit der Betriebsfortführung im Konkurs erörtert[66]. Die unternehmerische Entscheidung zur Betriebsfortführung ist für sich noch kein ungewöhnliches Wagnis, und die besondere Leichtfertigkeit der konkreten Entscheidung hat der BGH in den Urteilen nicht dargetan. Deshalb kann allein aus der Betriebsfortführung der Haftungstatbestand nicht abgeleitet werden.

c) Insbesondere zur Haftung gegenüber Gläubigern mit ständiger Geschäftsbeziehung zur Masse

Eine typische Fallgruppe stellt für die Haftung besondere Probleme: Häufig werden Neugläubiger vor ihrer ersten Lieferung ausreichend informiert[67]. Mit der zunehmenden Routine innerhalb der Geschäftsbeziehung unterlassen es Verwalter und Lieferanten aus dem Gefühl der Sicherheit heraus, auf Änderungen der Liquiditätslage später hinzuweisen bzw. sich weiterhin das Eigentum vorzubehalten. Für spätere Schwierigkeiten haben beide Parteien nicht vorgesorgt.

Der Verwalter hat dann zumindest deshalb seine Pflichten verletzt, weil er beim neuen, sukzessiv folgenden Vertragsabschluß auf neue Liquiditäts-

---

62 BGH, NJW 1958, 1351 (1351); BGH, KTS 1961, 94 (94f.); BGH, KTS 1973, 251 (253); BGH, KTS 1982, 427 (433).

63 BGH, WM 1975, 517 (519). Das Urteil betrifft denselben Konkursverwalter wie BGH, KTS 1973, 251 - 254.

64 BGH, NJW 1980, 55f.

65 BGH, KTS 1973, 251 (253); BGH, WM 1975, 517 (518); BGH, NJW 1980, 55 (55).

66 Kritisch insoweit zu BGH, NJW 1980, 55f.: F. Baur, FS f. R. Bruns, S. 241 (242).

67 Als Beispiele s. die Sachverhalte von BGH, KTS 1961, 94f.; BGH, NJW 1980, 55f. Rheinen, KTS 1980, 191 (195) berichtet von einem entsprechenden Fall während einer Sequestration.

schwierigkeiten nicht hingewiesen hat. Es bleibt ein Mitverschulden des Lieferanten gemäß § 254 BGB zu prüfen. Grundsätzlich geht dieser Einwand ins Leere, da der Verwalter wegen seiner Hinweispflicht die Risiken einer mangelhaften Aufklärung allein tragen soll[68]. Hat sich der Lieferant ursprünglich sein Eigentum vorbehalten, hat er jedoch erkennen lassen, daß er nach den Informationen des Verwalters allein eine Lieferung unter Eigentumsvorbehalt für wirtschaftlich angemessen hielt. Mit dem Verzicht auf das Sicherungsrecht übernimmt der Lieferant die daraus resultierenden Risiken. Soweit ein Eigentumsvorbehalt den Schaden verringert hätte, ist der Anspruch wegen § 254 BGB zu mindern.

Ausnahmsweise kann der Schadensersatzanspruch gemäß § 242 BGB ganz ausgeschlossen sein. Es ist mißbräuchlich, wenn der Lieferant umfangreiche, lukrative Geschäfte mit der Masse abwickelt und am Ende der Geschäftsbeziehung eine vergleichsweise niedrige, nicht beglichene Rechnung vom Verwalter aus § 82 KO verlangt. Ein widersprüchliches Verhalten liegt um so mehr vor, wenn der Lieferant als Konkursgläubiger auf die Betriebsfortführung Einfluß hatte[69].

Von diesen Besonderheiten abgesehen gelten die allgemeinen Grundsätze. Der Verwalter muß auf Liquiditätsschwierigkeiten hinweisen und darf Zwischenverteilungen nur vornehmen, wenn dadurch die Erfüllung der Masseschulden nicht gefährdet wird.

IV. Das Verschulden

Der Verwalter muß seine Pflichten schuldhaft verletzen[70]. Der postulierte Haftungsausschluß für leichte Fahrlässigkeit[71] läßt sich de lege lata nicht realisieren. Das Verschulden korrespondiert mit der objektiven Pflichtverletzung und verlangt zusätzlich nur, daß sie nach den persönlichen Umständen vermeidbar war[72]. Parallelen zum Institut der gefahrgeneigten Arbeit scheitern daran, daß es für Selbständige nicht gilt[73]. Der Verwalter arbeitet sozial unabhängig, so daß er jede Fahrlässigkeit zu vertreten hat.

In der Literatur wird diskutiert, ob der Verwalter vom Verschuldensvorwurf entlastet wird, wenn er einen Beschluß von Gläubigerversammlung oder -ausschuß ausführt[74]. Theoretisch ist das Verschulden zweifelhaft,

[68] BGH, KTS 1961, 94 (95).

[69] BGH, NJW 1980, 55 (56). Rheinen, KTS 1980, 161 (201) zum Anspruch gegen den Sequester.

[70] RGZ 89, 237 (238); Mentzel / Kuhn / *Uhlenbruck*, § 82 KO, Rz. 5.

[71] Hanisch, ZZP 90 (1977), 1 (26).

[72] Weber, FS f. Lent, S. 301 (305f.).

[73] BGH, NJW 1963, 1100 (1102f.); BGH, NJW 1970, 34 (34f.).

[74] Jaeger / *Weber*, § 82 KO, Rz. 4; BGH, KTS 1985, 520 (523).

wenn andere in der gleichen Situation gleich entschieden haben. In praxi hilft diese Überlegung aber kaum weiter. Dem Verwalter wird entweder vorgeworfen, die Versammlung unzureichend informiert zu haben[75], bei veränderten Umständen keinen neuen Beschluß herbeigeführt zu haben[76], die Gerichtsaufsicht nach § 99 KO nicht beantragt zu haben[77] oder als Gesamtschuldner neben den Ausschußmitgliedern zu haften[78]. Dabei wirkt sich aus, daß der Verwalter die Entscheidungen von Gläubigerversammlung und -ausschuß vorbereitet. Die Gläubiger sind auf seine Informationen angewiesen, so daß er den entscheidenden Einfluß hat. Ihn trifft folglich der Schuldvorwurf.

V. Die Einstandspflicht für Hilfspersonen

Neben der Verantwortlichkeit für eigene Pflichtverletzungen ist für die Haftung von Bedeutung, ob der Verwalter gemäß § 831 BGB oder § 278 BGB für Hilfspersonen einstehen muß. Insbesondere in Großverfahren, in denen der Verwalter viele Aufgaben delegiert, könnte eine Anwendung des § 831 BGB das Haftungsrisiko erheblich verringern.

Die h.M. wendet § 278 BGB an[79]. Demgegenüber hat K. Schmidt[80] eine differenzierende Lösung entwickelt. Der Verwalter stehe nur zu der Masse in einem gesetzlichen Schuldverhältnis. Im Verhältnis zu anderen Beteiligten, insbesondere den Vertragspartnern, sei § 82 KO ein Spezialfall des § 823 II BGB. In diesem Rahmen sei der Verwalter deshalb für Hilfspersonen allein nach § 831 BGB verantwortlich. Als Begründung dient, daß ein Schuldverhältnis gegenüber jedem, den es angeht, eine unbrauchbare Kategorie sei[81]. Der Beteiligtenbegriff in § 82 KO sei parallel zu §§ 823 II; 839 BGB ausgestaltet, indem er auf den Schutzzweck der Pflichten hinweise[82].

Die Entscheidung der Streitfrage hat sich daran zu orientieren, daß die Abgrenzung zwischen gesetzlichem Schuldverhältnis und bloßem Schutzgesetz eine Wertungsfrage ist. Die Beantwortung richtet sich danach, ob ein allgemeines Schädigungsverbot oder eine konkrete Sonderbeziehung normiert ist[83]. K. Schmidt ist zuzugeben, daß § 82 KO wegen der weiten Auslegung des Beteiligtenbegriffs einen ungewöhnlich großen Personenkreis

---

[75] LG Freiburg, ZIP 1981, 473 (474); Jaeger / *Weber*, § 82 KO, Rz. 14.

[76] Jaeger / *Weber*, § 82 KO, Rz. 14.

[77] OLG Koblenz, KTS 1956, 60 (62); Jaeger / *Weber*, § 82 KO, Rz. 14.

[78] BGH, KTS 1984, 106 (109) zu einem Sachwalter i. S. d. § 92 VglO.

[79] RGZ 142, 184 (188); BGH, KTS 1961, 94 (95); Jaeger / *Weber*, § 82 KO, Rz. 3f.

[80] K. Schmidt, KTS 1976, 191 (191 - 194 und 204); Haug, ZIP 1984, 773 (776); LG Lübeck, ZIP 1982, 862 (863).

[81] K. Schmidt, KTS 1976, 191 (192).

[82] K. Schmidt, KTS 1976, 191 (197).

[83] MK - Mertens, § 823 BGB, Rz. 179.

schützt. Dennoch begründet § 82 KO kein Rechtsverhältnis mit jedermann. Die Schutzpflichten konkretisieren sich wie bei der culpa in contrahendo erst mit dem Beginn der Verhandlungen auf bestimmte Personen. Denn der Umfang der Hinweispflichten hängt von den Interessen und dem Vorwissen der Verhandlungspartner ab. Die Pflichten sind also individuell zu bestimmen, sie werden durch die Sonderbeziehungen geprägt[84] und gehen über ein allgemeines Schädigungsverbot hinaus. § 82 KO formuliert nicht wie die Schutzgesetze des § 823 II BGB einzelne drittschützende Pflichten. § 82 KO begründet vielmehr eine Sonderbeziehung, aus der sich wiederum die Pflichten erst ergeben.

In einer Entscheidung zur Verjährung leitet der BGH[85] – ohne allerdings § 278 BGB auszuschließen – den „überwiegend deliktsrechtlichen Charakter" des § 82 KO aus einem anderen Kriterium ab. Für Deliktsansprüche sei typisch, daß die Schadensersatzpflicht wie im Falle des § 82 KO nicht „sekundär an die Stelle einer anderweitigen schuldrechtlichen Verbindlichkeit" trete. Das vom BGH gewählte Abgrenzungskriterium überzeugt für § 278 BGB nicht. Schadensersatzansprüche aus einer Sonderverbindung treten nicht typischerweise an die Stelle anderer Verbindlichkeiten. Die Ansprüche aus pVV oder c.i.c. bestehen beispielsweise neben primären Erfüllungsansprüchen, ohne sie zu ersetzen. Bei der Vertreterhaftung aus c.i.c.[86] fehlt sogar gegenüber dem vertraglich selbst verantwortlichen Vertreter ein eigener Erfüllungsanspruch. Die vertragliche Ersatzpflicht tritt also allenfalls neben eine vertragliche Pflicht des Vertretenen. Der Anspruch der Vertragspartner aus § 82 KO ist der vertraglichen Vertreterhaftung aus c.i.c. ähnlich. Die Neugläubiger haben Ansprüche aus einer Sonderverbindung gegen die Masse. Diese Ansprüche ergänzt § 82 KO. Dabei steht der Verwalter sogar in einem engeren Verhältnis zur Masse als der Vertreter zum Vertretenen. Der Verwalter ist Partei kraft Amtes der Masse. Das Fehlen eigener vertraglicher Ansprüche gegen den Verwalter persönlich spricht folglich nicht dagegen, daß § 82 KO eine Sonderbeziehung normiert und daß § 278 BGB anwendbar ist.

Zudem widerspricht es konkursrechtlichen Wertungen, § 831 BGB anzuwenden. § 79 KO hält grundsätzlich einen Verwalter allein für verantwortlich. Er kann zwar Aufgaben an Hilfspersonen delegieren[87]. Nach Gesetzessystematik und Motiven[88] muß er aber verantwortlich bleiben. Nur so läßt sich verhindern, daß mittels einer Delegation die Haftung auf wenig solvente, nicht gewählte oder nicht gerichtlich bestellte Hilfspersonen verscho-

---

[84] Für dieses Abgrenzungskriterium: MK - Mertens, § 823 BGB, Rz. 179.
[85] BGH, ZIP 1985, 359 (361).
[86] Dazu s. Hohloch, NJW 1979, 2369 - 2374 m.w.N.
[87] Uhlenbruck, KTS 1976, 35 (35) m.w.N.
[88] Hahn, S. 281; Uhlenbruck, KTS 1976, 35 (35).

ben wird. (Zudem: Welche Anspruchsgrundlage sollte gegen diese greifen? § 82 KO analog?) § 82 KO normiert damit auch gegenüber Neugläubigern eine Sonderbeziehung. Die Anwendung des § 278 BGB entspricht konkursrechtlichen Wertungen und ist angemessen[89].

VI. Die Verjährung

Die Geltung des § 278 BGB hat bisher die h. M.[90] zu dem Schluß veranlaßt, daß Ansprüche aus § 82 KO gemäß § 195 BGB in dreißig Jahren verjähren. Von dieser Position ist der BGH[91] abgerückt. Er will § 278 BGB und gleichzeitig § 852 BGB analog anwenden. Das Urteil entspricht der Rechtsprechungstendenz, den Anwendungsbereich des § 831 BGB einzuschränken und denjenigen des § 852 BGB auszuweiten. Die Rechtsprechung schätzt § 852 BGB, weil der von der Kenntnis abhängige Verjährungsbeginn Raum für angemessene Einzelfallergebnisse läßt[92]. Zudem entspricht die dreijährige Frist des § 852 BGB etwa den Fristen der §§ 51 BRAO; 68 StBerG, so daß die typischerweise als Konkursverwalter eingesetzten Anwälte und Steuerberater bei ihrer gesamten Tätigkeit annähernd gleichen Verjährungsregeln unterliegen[93].

Die unbestrittene Billigkeit der BGH-Lösung ersetzt jedoch keine dogmatische Begründung. Es wurde bereits dargelegt, daß § 82 KO eine Sonderbeziehung und keine Deliktsansprüche regelt[94]. Die Geltung des § 852 BGB läßt sich also nicht mit dem Fehlen einer Sonderbeziehung begründen[95].

Es ist jedoch zu fragen, ob die Qualifizierung als Sonderverbindung wirklich § 852 BGB ausschließt. Die Sonderbeziehung ist für § 278 BGB entscheidend, weil das besondere Vertrauensverhältnis es rechtfertigt, daß der Verwalter umfassend für seine Hilfspersonen verantwortlich ist. Demgegenüber spielt die Vertrauensbeziehung für die Verjährung keine Rolle. Denn selbst für vertragliche Ansprüche gilt, z.B. gemäß §§ 477; 558; 638 BGB, ungeachtet der Vertrauensbeziehung eine kürzere Verjährungsfrist als bei § 852 BGB. Geltungsgrund ist deshalb nicht das Fehlen einer Sonderbeziehung. Sinn des § 852 BGB ist vielmehr, daß vor der rechtswidrigen Schädigung der Schadenseintritt nicht absehbar war und mit der Kenntnis des Schadens vom Geschädigten erwartet wird, seine Rechte zu verfolgen[96]. Die

---

[89] RGZ 142, 184 (188); BGH, KTS 1961, 94 (95); Jaeger / *Weber*, § 82 KO, Rz. 3f.

[90] RGZ 78, 186 (190); RG, JW 1936, 2927; OLG Schleswig, ZIP 1984, 619 (620f.); Jaeger / *Weber*, § 82 KO, Rz. 12; Mentzel / Kuhn / *Uhlenbruck*, § 82 KO, Rz. 11.

[91] BGH, ZIP 1985, 359 (361 f.).

[92] Vgl. MK - Mertens, § 831 BGB, Rz. 3.

[93] BGH, ZIP 1985, 359 (362).

[94] s.o. § 7 B V.

[95] So aber wohl BGH, ZIP 1985, 359 (361f.).

[96] Peters, VersR 1979, 103 (107).

Dreijahresfrist wurde gewählt, weil danach regelmäßig Beweisschwierigkeiten für Pflichtverletzung, Verschulden und Schaden bestehen[97]. Diese Erwägungen treffen ebenso auf den Anspruch aus § 82 KO zu. Die Vertragspartner rechnen vor Eintritt des Schadens nicht mit Ansprüchen gegen den Verwalter persönlich. Tritt der Schaden ein, sind auch die Neugläubiger wegen der Beweisschwierigkeiten zu einer schnellen Rechtsverfolgung angehalten.

Ein Vergleich mit der Amtshaftung aus § 839 BGB[98] bestätigt diese Überlegungen. Für diesen Anspruch gilt § 852 BGB. Trotzdem betrifft die Amtshaftung nach den oben aufgestellten Kriterien in der Regel eine Sonderbeziehung. Denn der Geschädigte steht zu der öffentlichen Körperschaft regelmäßig in einem besonderen Verhältnis, während der Beamte Pflichten aus dieser bereits bestehenden Rechtsbeziehung verletzt. Die Haftung des Beamten tritt also neben Ansprüche gegen den Staat, so wie der Verwalter neben der Masse haftet.

Bedenken gegen die Analogie zu § 852 BGB ergeben sich aus § 195 BGB. Immerhin ist § 195 BGB eine Auffangvorschrift für die nicht geregelten Fälle. Da wegen der Vergleichbarkeit mit § 839 BGB und des Zwecks des § 852 BGB ein Zweifelsfall vorliegt, kommt es entscheidend auf die konkursrechtlichen Besonderheiten an. Sie sprechen für eine kurze Verjährungsfrist. Im Konkursverfahren sollen Forderungen schnell geltend gemacht werden. So können verspätet angemeldete Forderungen gemäß § 155 KO auf die Restmasse verwiesen werden. Wenn aber die Ansprüche gegen die Masse schnell anzumelden sind, soll dies auch für den Anspruch gegen den Verwalter gelten. Seine Schadensersatzpflicht tritt ja nur neben die Ansprüche gegen die Masse.

Nach allem kann sich der Verwalter bei § 82 KO für die Verjährung auf § 852 BGB analog berufen.

VII. Der Haftungsregreß des Verwalters

Zur Reduzierung des Haftungsrisikos soll dem Verwalter gemäß § 426 BGB ein Regreß gegen die Masse zustehen, die analog § 31 BGB ebenfalls hafte[99]. Für die hier interessierenden Schadensersatzansprüche der Massegläubiger hilft diese Lösung nicht. Ein Schaden entsteht, wenn die Masse zur Erfüllung erstrangiger Masseschulden nicht ausreicht. Dann ist ein Regreßanspruch gegen die Masse wirtschaftlich wertlos.

---

[97] Peters, VersR 1979, 103 (107).

[98] BGH, ZIP 1985, 359 (362).

[99] Hanisch, Rechtszuständigkeit, S. 135 - 141; zustimmend Mentzel / Kuhn / *Uhlenbruck*, § 82 KO, Rz. 4, S. 604; a. A. K. Schmidt, KTS 1976, 191 (207).

VIII. Ansprüche aus c.i.c.

Eine Vertreterhaftung des Verwalters aus c.i.c.[100] erfordert eine Regelungslücke. Die Vertragspartner sind Beteiligte, so daß sie aus § 82 KO grundsätzlich anspruchsberechtigt sind. Die hier begründete Begrenzung der Pflichten ergab sich aus der Stellung des Verwalters und einem Vergleich mit der Haftung anderer Interessenvertreter. Diese Gesichtspunkte müssen auch bei der Vertreterhaftung aus c.i.c. beachtet werden, da sich auch dabei die Hinweispflichten aus dem konkreten Rechtsverhältnis ergeben. Folglich gibt die Vertreterhaftung aus c.i.c. keine weiteren Ansprüche als § 82 KO[101]. Die Grundsätze der c.i.c. sind mangels Regelungslücke nicht anzuwenden.

C. Praktische Möglichkeiten der Reduzierung des Haftungsrisikos

I. Versicherungsschutz

Der Konkursverwalter haftet weiterhin, wenn er Liquiditätsschwierigkeiten nicht erkennt und deshalb gebotene Hinweise unterläßt. Die Beschränkung des Haftungsrisikos durch praktische Maßnahmen bleibt auch deshalb bedeutsam.

Versicherungen lösen die grundsätzlichen Probleme der Haftung nicht. Zum einen hat der Verwalter üblicherweise eine Selbstbeteiligung zu tragen[1]. Zum anderen verlagert eine Versicherung das Risiko nur auf die Gesamtheit der Konkursverwalter. Eine Versicherung hilft jedoch, existenzgefährdende Verluste zu vermeiden.

Zweifelhaft ist, ob sich die besonderen Risiken einer Betriebsfortführung versichern lassen. Die Versicherungsbedingungen enthalten regelmäßig einen Versicherungsausschluß für Tätigkeiten als Vorstand, Aufsichtsrat etc., also für unternehmerische Risiken[2]. Die Tragweite derartiger Klauseln war Gegenstand zweier BGH-Urteile. Nach dem ersten[3] soll zwischen der versicherten Tätigkeit als Konkursverwalter und der nichtversicherten als Unternehmer danach differenziert werden, ob echte unternehmerische Zwecke verfolgt werden oder ob die Tätigkeit noch im Rahmen des Konkurszwecks lag. Dabei wird nicht das konkrete schadensstiftende Ereignis,

---

[100] Dazu s. Hohloch, NJW 1979, 2369 - 2374 m.w.N.

[101] So im Ergebnis OLG Nürnberg, ZIP 1984, 861 (862f.).

[1] Als Beispiel s. die in BGH, KTS 1982, 427 (428) genannten Bedingungen.

[2] Klauseln sind wiedergegeben im Tatbestand von BGH, ZIP 1980, 851 - 854 und BGH, KTS 1982, 427 - 437.

[3] BGH, ZIP 1980, 851 - 854; zustimmend: Haug, ZIP 1984, 773 (781f.).

sondern der allgemeine Zweck der Betriebsfortführung untersucht[4]. Eine unternehmerische Tätigkeit liege vor, wenn nicht nur die Gläubiger befriedigt, sondern Gewinne erwirtschaftet werden sollen oder wenn Sanierungsversuche unternommen werden. Ein weiteres Indiz sei, daß der Verwalter die Geschäfte leite und sich nicht auf eine überwachende Tätigkeit beschränke[5]. Im Zweifel greife der Versicherungsschutz ein. Neben der gebotenen engen Auslegung einer Ausschlußklausel spreche dafür, daß wegen der Gerichtsaufsicht das Haftungsrisiko geringer sei als bei Vorstand oder Aufsichtsrat einer GmbH[6].

Dem Ergebnis der Entscheidung, nicht aber ihrer Begründung ist zuzustimmen. Das letzte Argument überzeugt schon deshalb nicht, weil nur der Konkursverwalter Dritten, den Neugläubigern, unmittelbar haftet[7]. Für diese praktisch wichtigen Fälle ist also das Versicherungsrisiko beim Verwalter, der den Betrieb in einer wirtschaftlich kritischen Situation fortführt, höher als z.B. beim GmbH-Geschäftsführer. Die Differenzierungskriterien des BGH sind außerdem zu unbestimmt und erlauben keine sicheren Abgrenzungen. Sanierungen, d.h. Verbesserungen der Betriebsstruktur, sind soweit möglich auch bei kurzfristigen Betriebsfortführungen durchzuführen. § 130 II KO fördert ausdrücklich derartige Ziele. Eine Sanierung ist damit vom Konkurszweck erfaßt und gleichzeitig ein Element unternehmerischer Tätigkeit. Gleiches gilt für das Ziel der Gewinnmaximierung. Jeder Konkursverwalter soll eine optimale Quote erwirtschaften. Verstünde der BGH unter Gewinnen nur Erlöse, die die zur Gläubigerbefriedigung nötigen Beträge übersteigen, läge ein untaugliches Abgrenzungskriterium vor. Die Gewinnerwirtschaftung hinge von der zufälligen Höhe der Konkursforderungen ab. Deren Höhe sagt nichts darüber aus, ob sich während der Konkursverwaltung unternehmerische Risiken verwirklichen. Differenziert man wie der BGH danach, ob der Verwalter selbst oder Hilfspersonen gehandelt haben, verkennt man die Haftungsgrundlage des § 82 KO. Denn eine Pflichtendelegation ändert an der Verantwortlichkeit des Verwalters nichts[8]. Seine Aufsichtstätigkeit trägt ebenso unternehmerischen Charakter wie eine eigene Handlung. Trotz der wenig überzeugenden Differenzierung ist die Entscheidung des BGH im Ergebnis zutreffend. Wegen § 5 AGBG hätte der Versicherer die Ausschlußklausel präziser formulieren müssen. Aus den in der Klausel beispielhaft genannten Tätigkeiten als Vorstands- oder Aufsichtsratsmitglied ergab sich nicht, wann der Konkursverwalter versichert war. Denn seine gesamte Tätigkeit trägt unternehmerische Züge, so daß er bei einem Vergleich überhaupt nicht versichert gewesen wäre.

---

[4] BGH, ZIP 1980, 851 (853).

[5] BGH, ZIP 1980, 851 (854).

[6] BGH, ZIP 1980, 851 (853f.).

[7] s.o. § 7 B II.

[8] s.o. § 7 B V.

Diese Auslegung ließ sich jedoch nicht damit vereinbaren, daß die Versicherung ausdrücklich für die Konkursverwaltung gewährt wurde. Deshalb hätten die Tatbestände, für die ausnahmsweise der Versicherungsschutz entfallen sollte, genau umschrieben werden müssen.

In dem anderen Fall wurde individuell Versicherungsschutz auch für die fehlerhafte Begründung einer Masseschuld vereinbart. Der BGH ließ dahingestellt, ob anderslautende AGB Vertragsbestandteil wurden. Der Versicherungsausschluß für Fehler bei kaufmännischen Ermessensentscheidungen gelte nämlich nicht, wenn der Verwalter für den unterlassenen Hinweis auf die fehlende Massekostendeckung hafte[9]. Hier betrachtet der BGH also das konkrete schadensstiftende Ereignis, um zwischen unternehmerischen Tätigkeiten und bloßer Konkursverwaltung zu differenzieren. Unternehmerisch sei die allgemeine Geschäftskalkulation, während der einzelne Vertragsschluß mit den Hinweispflichten zur Konkursverwaltung gehöre.

Dieses Ergebnis stimmt mit der oben begründeten Differenzierung der Pflichten des Verwalters überein. Seine Hinweispflichten sollen konkurstypische Risiken ausgleichen, sie entsprechen daher nicht unternehmerischen Aufgaben. Für die nicht versicherten unternehmerischen Entscheidungen haftet der Verwalter nur, wenn er leichtfertig ein Wagnis eingeht[10]. Diese Auslegung der Versicherungsklausel führt zu unangemessenen Ergebnissen, wenn mit BGH-Urteilen zur Verwalterhaftung[11] der Verwalter entgegen der hier vertretenen Lösung selbst für eine falsche Geschäftspolitik haften würde. Versicherungsrechtlich wären solche Fehler als unternehmerische zu qualifizieren, so daß der Versicherungsschutz entfiele.

Eine angemessene Lösung erfordert daher, daß schon die Verwalterhaftung für unternehmerische Fehler eingeschränkt wird. Solange die Rechtsprechung diese Konsequenz nicht zieht, wird der BGH weiterhin Versicherungsausschlußklauseln ohne feste Kriterien mit Blick auf das konkursverwalterfreundliche (bzw. versicherungsfeindliche) Ergebnis eng auslegen. Auf Dauer entsteht so die Gefahr, daß die Versicherer ihre Bedingungen der Rechtsprechung anpassen. Sie könnten z.B. den Versicherungsschutz für die Haftung gegenüber Neugläubigern ausschließen. Eine entsprechende Tendenz ist bereits erkennbar. Im Urteil des BGH vom 13. 1. 1982[12] wurden Klauseln genannt, die den Versicherungsschutz für eine falsche Beurteilung der Betriebssituation ausschlossen. Daraus folgerte der Versicherer, daß Risiken der Betriebsfortführung allgemein nicht gedeckt seien.

---

9 BGH, KTS 1982, 427 (434); zustimmend: Haug, ZIP 1984, 773 (782).

10 Aus Sicht des Versicherers hält Haug, ZIP 1984, 773 (782) ebenfalls eine Haftungsbegrenzung für den Verwalter für erforderlich.

11 BGH, WM 1975, 517 (519); BGH, NJW 1980, 55 (55f.); BGH, WM 1977, 847 (848); und das Berufungsgericht von BGH, KTS 1982, 427 (432).

12 BGH, KTS 1982, 427 (428f.).

Vor Abschluß einer Versicherung wird der Verwalter fragen, ob er die Prämien von der Masse ersetzt bekommt. § 5 I S. 4 VergütVO schließt dies grundsätzlich aus. Eine Betriebsfortführung stellt wegen des höheren Haftungsrisikos jedoch einen Sonderfall dar. Deshalb erhöhen die gezahlten Prämien gemäß § 4 I VergütVO das Verwalterhonorar[13]. Dieses Ergebnis ist interessengerecht, da der Verwalter die Risiken im Interesse der Masse übernimmt und diese vom Erfolg profitieren würde[14].

II. Aufnahme von Risikokapital durch stillen Gesellschafter

Ein Vorschlag zur Haftungsbegrenzung sieht vor, daß der Verwalter sich um die Aufnahme eines stillen Gesellschafters bemühen soll[15]. Dessen Kapitaleinsatz soll die Verluste decken. Eine solche Gestaltungsform wird jedoch regelmäßig dem Konkurszweck widersprechen[16]. Da der stille Gesellschafter entsprechend § 236 HGB seine Verluste selbst trägt und insoweit an der Verteilung nach § 60 KO nicht beteiligt ist, wird er sein Kapital nur einsetzen, wenn er Sondervorteile erhofft. Er erwartet entweder eine höhere Gewinnbeteiligung oder Vorteile als Lieferant bzw. Sicherungsgläubiger der Masse[17]. Die stille Gesellschaft wird er einem Darlehen vorziehen, weil ihm die Kontrollrechte aus § 233 HGB einen psychologischen Einfluß auf die Geschäftsführung einräumen. Dieser Einfluß verstieße gegen das Gleichbehandlungsgebot[18]. Die Konkursgläubiger dürfen nach §§ 86 S. 2; 124 S. 2 KO nämlich nur Anfangs- und Schlußrechnungen einsehen, während § 233 HGB eine Überwachung der laufenden Geschäftsführung ermöglicht.

Daneben widerspricht die Beteiligung stiller Gesellschafter Wertungen der VergütVO. Deren § 3 spricht dem Verwalter einen bestimmten Anteil des Verwertungserlöses zu. Nach § 4 VergütVO darf der Satz erhöht werden, wenn die Verwertung Mehrarbeit oder besondere Kenntnisse erfordert. Ein stiller Gesellschafter ist über diesen Rahmen am Gewinn beteiligt. Obgleich die VergütVO nur für den Verwalter gilt, enthält sie die Wertung, daß der Verwertungsgewinn der Masse und nicht den Betreibern der Geschäftsführung gebührt. Eine stille Gesellschaft ist daher nur möglich, wenn die Kontrollrechte und die Gewinnbeteiligung abbedungen werden. Dann kann der

---

[13] Hanisch, Rechtszuständigkeit, S. 142; Stein, KTS 1956, 1 (2); H. Schmidt, KTS 1982, 591 (596f.); Skrotzki, KTS 1967, 142 (148).

[14] Hanisch, Rechtszuständigkeit, S. 140.

[15] Wessel, KTS 1980, 301 (305 - 307).

[16] Wessel, KTS 1980, 301 (305) räumt die Konkurszweckwidrigkeit für den Fall ein, daß der Konkursverwalter bei Aufnahme des stillen Gesellschafters zur Betriebsfortführung schon entschlossen ist.

[17] Wessel, KTS 1980, 301 (306).

[18] Dazu s. *Baur* / Stürner, Konkursrecht, Rz. 1040.

Geldgeber gleich ein Darlehen geben. Durch den Liquiditätszufluß verringert sich das Haftungsrisiko ebenfalls, da die flüssigen Mittel eine Betriebsfortführung erleichtern.

Die Aufnahme stiller Gesellschafter hat daher keine praktische Bedeutung.

III. Gründung von Kapitalgesellschaften

Größere praktische Bedeutung kommt der Betriebsführung durch eine Auffanggesellschaft bzw. -firma zu[19]. Diese wird hier[20] als eine Gesellschaft definiert, die für eine Übergangszeit den Betrieb pachtet, dessen Funktionen im Lohnauftrag durchführt oder den Konkursbetrieb als Gesellschaftskapital aufnimmt. Die Auffanggesellschaft führt statt des Verwalters die Geschäfte und trägt damit die Risiken der Fortführung. Da unmittelbar nach Konkurseröffnung Übernahmeinteressenten selten vorhanden sind[21], kommen als Gesellschafter der Auffanggesellschaft betriebsnahe Personen oder der Verwalter in Betracht. So kann die Ehefrau des Gemeinschuldners den Betrieb mit einer eigenen Firma führen[22], oder die Gesellschafter der insolventen GmbH können eine neue Kapitalgesellschaft gründen.

Eine Betriebsfortführung durch eine GmbH scheitert nicht an § 78 KO. Aus § 78 KO folgt zwar, daß der Verwalter eine natürliche Person sein muß[23]. Die Betriebsfortführung mittels Auffanggesellschaft ändert gegenüber den Altgläubigern aber nichts an der Stellung des Verwalters. Er verwaltet weiter persönlich die Masse und entscheidet, ob und wie er den Betrieb an die Auffanggesellschaft überträgt. Mit ihr schließen die Neugläubiger freiwillig die Verträge ab. Vertragspartner ist dann eine gewöhnliche GmbH, so daß die Neugläubiger zum Ausgleich besonderer Konkursrisiken keine persönliche Verwalterhaftung brauchen.

Wegen der Gründungskosten ist eine Gesellschaftsgründung mit Massemitteln auch nicht unzulässig. Die Auffanggesellschaft bietet auch der Masse Vorteile, so daß der Verwalter die Gesellschaftsgründung nicht konkurszweckwidrig nur zu seinen Gunsten ausnutzen wird. Die Gesellschaftsgründung kann u.a. das Risiko der Masse auf das eingebrachte Gesell-

---

[19] Groß, KTS 1982, 355 (365 - 367); als Beispiel s.: ZIP-Report, Konkursverwalterbericht zur Lüder Bauring-Insolvenz, ZIP 1980, 56 (58); FAZ v. 11. 1. 1984 S. 13 „Meyer Motoren aus Konkurs gerettet"; FAZ v. 10. 12. 1983 S. 17 „Anschlußkonkurs für die Hamburger Stahlwerke"; weitere Beispiele nennt Walendy, S. 143f.

[20] Für den gleichen Sprachgebrauch Groß, KTS 1983, 355 (357); abweichend Post, DB 1984, 280 (280 - 282).

[21] s.o. § 4 D I.

[22] FAZ v. 11. 1. 1984 S. 13 „Meyer Motoren aus Konkurs gerettet".

[23] Jaeger / *Weber*, § 78 KO, Rz. 7; Mentzel / Kuhn / *Uhlenbruck*, § 78 KO, Rz. 2.

schaftskapital beschränken. Daneben kann eine GmbH kreditwürdiger als die Masse sein. Dadurch wird eine Betriebsfortführung erleichtert.

Eine GmbH-Gründung mit den persönlichen Mitteln des Konkursverwalters ist dagegen in der Regel unzulässig. Es droht, daß der Verwalter entgegen Wertungen der VergütVO zusätzlich zum Honorar weiteren Profit aus der Betriebsfortführung zieht. Denn sonst besteht für den Verwalter kein Anreiz, sein Kapital in die Konkursverwaltung zu investieren.

Die Zweckmäßigkeit und Praktikabilität einer GmbH-Gründung mit Mitteln der Masse hängt von verschiedenen Faktoren ab. Zunächst muß die Aktivmasse so hoch sein, daß das Mindestkapital des § 5 I GmbHG aufgebracht werden kann. Angesichts der Massearmut der Konkursverfahren wird diese Bedingung nicht immer erfüllt. Desweiteren müssen die Vorteile die Gründungskosten[24] aufwiegen. Zu den Notar- und Gerichtsgebühren, den Kosten für Bekanntmachungen und Prüfberichte treten bei einer einstweiligen Betriebsfortführung die Kosten der GmbH-Liquidation[25]. Verspricht die Betriebsfortführung nur geringe Gewinne, ist die Gründung einer GmbH daher zu aufwendig. Die Übertragung des mit Sicherungsrechten belasteten Betriebsvermögens kann undurchführbar sein, da die Sicherungsgläubiger einer Übertragung außerhalb des normalen Geschäftsgangs zustimmen müssen. Weitere Schwierigkeiten resultieren daraus, daß die Gesellschaftsgründung einige Zeit beansprucht. In der kritischen Anlaufphase der Betriebsfortführung bleiben die Haftungsrisiken des Verwalters bestehen.

Nach Gründung der Auffanggesellschaft haftet der Verwalter nur noch als GmbH-Geschäftsführer. Wegen der besonderen Kosten bietet sich eine GmbH-Gründung vorwiegend für größere Konkursverfahren an.

D. Die Vergütung

I. Das Honorar

Optimistische Konkursverwalter werden weniger von der Möglichkeit einer fehlgeschlagenen Betriebsfortführung mit folgender Haftung abgeschreckt. Sie werden sich vielmehr von den Vergütungsaussichten bei einer erfolgreichen Verwertung leiten lassen. Wird ein Betrieb fortgeführt, ist das Honorar gemäß § 4 II VergütVO vom Konkursgericht zu erhöhen. Eickmann[1] hat dazu die Faustregel entwickelt, daß der Verwalter für die Fortführung eines kleineren Betriebes je nach Dauer zusätzlich den 4 bis 5-fachen Regelsatz des § 3 I VergütVO erhält. Bei größeren Betrieben

---

[24] Einzelheiten bei *Eder* / Berg / Tillmann / Gaul, I Rz. 774 - 777.

[25] Einzelheiten bei *Eder* / Berg / Tillmann / Gaul, I Rz. 797 - 799.

[1] Eickmann, Praxis, S. 75 - 78.

bekommt der Verwalter je nach Arbeitsumfang und Dauer der Betriebstätigkeit den 6 bis 8-fachen Regelsatz. Die Land- und Amtsgerichte kommen zu entsprechenden Ergebnissen[2]. Der Regelsatz des § 3 I VergütVO hängt vom Verwertungserlös ab. Eine Betriebsfortführung führt daher auch dann zu einem höheren Honorar, wenn ein besseres Verwertungsergebnis erzielt wird.

Da die Vergütung allgemein um etwa den dreifachen Satz des § 3 I VergütVO rechtsfortbildend erhöht werden darf[3], kann der Verwalter also den 7 bis 11-fachen Satz des § 3 I VergütVO erhalten. Angesichts der Massearmut und geringer Verwertungerlöse, des teilweise beträchtlichen Arbeitsaufwandes und der erforderlichen Qualifikation des Verwalters ist die Entlohnung relativ gering[4]. Lukrativ ist die Fortführung dagegen in großen Konkursverfahren. Der höhere Erlös läßt eine gute Vergütung erwarten. Der Geschäftsumfang rechtfertigt eine Erhöhung des Honorars gemäß § 4 I VergütVO. Dieser Schneeballeffekt wird dadurch verstärkt, daß in großen Verfahren besonders qualifizierte Verwalter bestellt werden, deren Anstrengungen ein gutes Ergebnis erwarten lassen.

Für Rechtsanwälte bietet die Konkursverwaltung besondere Vorteile. Neben dem Verwalterhonorar erhalten sie gemäß § 1 II S. 2 BRAGO für ihre anwaltliche Tätigkeit zusätzlich die Prozeßgebühren[5]. Daneben können Presseberichte über die Fortführung in standesrechtlich zulässiger Weise das Renomée des Verwalters begründen oder verstärken.

II. Kosten für die vom Konkursverwalter eingesetzten Hilfskräfte

Der während der Betriebsfortführung anfallende Arbeitsaufwand und mangelnde Fachkenntnisse können den Verwalter zwingen, neben Arbeitnehmern des Betriebes Fach- und Hilfskräfte einzusetzen. Der Verwalter darf Aufgaben an Mitarbeiter übertragen[6]. Er wird Hilfskräfte, die eine Betriebsfortführung u. U. erst ermöglichen, aber nur einsetzen, wenn die dadurch entstandenen Kosten ersetzt werden.

Dabei sind drei Gestaltungsformen zu unterscheiden. Werden Hilfskräfte für die Masse eingestellt, sind ihre Ansprüche gemäß §§ 60 I Nr. 1; 59 I Nr. 1

---

[2] Als Beispiele s.: LG Hildesheim, ZIP 1983, 346 (347); AG Ahrensburg, ZIP 1983, 1103 (1103f.); AG Mannheim, ZIP 1984, 207 (207f.).

[3] Die tatsächlichen Veränderungen seit der letzten Reform, die wachsende Massearmut, die Inflation und neue Verwalteraufgaben für Konkursausfallgeld und Betriebsrente legitimieren eine Rechtsfortbildung. Art. 12 GG fordert insoweit angemessene Vergütungssätze. s. Eickmann, Praxis, S. 74f.; H. Schmidt, KTS 1982, 591 (591); LG Hildesheim, ZIP 1983, 346 (347). A. A.: LG Düsseldorf, KTS 1981, 267 (268).

[4] Gessner, Praxis, S. 167 - 169 und 216 - 218.

[5] H. Schmidt, KTS 1982, 591 (593).

[6] Uhlenbruck, KTS 1976, 35 (35); Eickmann, Praxis, S. 78f.; Jaeger / *Weber*, § 78 KO, Rz. 10a.

KO als Masseschulden zu erfüllen. Für diese Kosten haftet der Verwalter gemäß § 82 KO nur, wenn er die fehlende Deckung der Ansprüche schuldhaft verursacht hat. Ist der Verwalter persönlich der Vertragspartner der Hilfskräfte, werden ihm seine Auslagen nach §§ 6 I; 5 II VergütVO; 58 Nr. 2 KO als Massekosten erstattet. Er trägt in diesem Fall unabhängig von den Voraussetzungen des § 82 KO das Risiko einer fehlenden Massekostendekkung. Daneben muß er befürchten, daß das Konkursgericht den Einsatz der Hilfskräfte für unangemessen hält und deshalb dem Verwalter gemäß § 5 II S. 2 VergütVO seine Auslagen nicht ersetzt[7]. Schließlich kann der Verwalter eigenes Büropersonal für Aufgaben der Konkursabwicklung einsetzen. Die Kosten werden nach § 5 I S. 2, 3 VergütVO nicht gesondert erstattet. Die Mehrarbeit der Hilfskräfte rechtfertigt allenfalls eine Erhöhung des Honorars gemäß § 4 I VergütVO. Dieses hängt wiederum vom Verwertungserlös ab, so daß der Verwalter beim Einsatz seines Personals das Risiko eines schlechten Konkursergebnisses trägt.

Die Kosten für den Einsatz der Hilfskräfte werden also je nach der Gestaltungsform des Einsatzes mit unterschiedlichen Risiken für den Verwalter ersetzt. Die umstrittene Abgrenzung zwischen den verschiedenen Einsatzformen entscheidet damit über die Kostenerstattung. Eine Ansicht differenziert formell und gibt dem Verwalter praktisch ein Wahlrecht. Allein nach der Verpflichtungserklärung des Verwalters wird ermittelt, wie er die Hilfskräfte einsetzen wollte[8]. Andere grenzen die verschiedenen Formen materiell nach der Art der von den Hilfskräften betriebenen Tätigkeiten ab[9]. Der Verwalter dürfe nach dem Konkurszweck die Masse nicht verpflichten, wenn die Hilfskräfte die eigentlichen Konkursverwaltungsaufgaben übernähmen. Für diese Tätigkeiten könnten die Kosten nur nach der VergütVO ersetzt werden, da die VergütVO abschließend die Entlohnung für die Verwaltertätigkeit regle. Die Hilfskräfte dürften nur Massegläubiger sein, wenn ihre Tätigkeit keinen Bezug zur Konkursverwaltung habe. Dies sei z.B. für die Reparaturarbeiten eines Handwerkers der Fall[10].

Diese Lösung erschwert den Einsatz der Hilfskräfte und bedingt zufällige Ergebnisse. Da der Umfang der Verwalterpflichten durch die jeweilige Betriebssituation beeinflußt wird, ist eine sichere materielle Abgrenzung nicht möglich. Zudem muß der Verwalter die Arbeitnehmer des Betriebes auch für typische Verwaltungsaufgaben, z.B. für die Inventur, einsetzen können. Andernfalls wäre deren Beschäftigung bis zur ersten Kündigungsmöglichkeit für die Masse häufig wirtschaftlich unsinnig. Bei einer mate-

---

[7] Uhlenbruck, KTS 1976, 35 (38).

[8] Uhlenbruck, KTS 1976, 35 (36 - 39); Eickmann, ZIP 1984, 204 (205).

[9] LG München I, KTS 1965, 243 (246 - 248); zustimmend LG Freiburg, ZIP 1984, 198 (200f.).

[10] LG München I KTS 1965, 243 (247f.).

riellen Abgrenzung entscheidet somit die Zahl der verfügbaren Arbeitnehmer darüber, ob die Erfüllung von Verwaltungsaufgaben als Masseschuld bezahlt werden kann. Die VergütVO regelt auch nicht abschließend die Finanzierung der Konkursverwaltung. Die Anwendung der §§ 4 - 6 VergütVO setzt nämlich die Feststellung voraus, welche Arbeiten der Verwalter durchgeführt hat. Die von der Masse als Masseschuld übernommenen Kosten sind der Konkursverwaltung nicht zuzurechnen. Den Ersatz dieser Kosten regelt die VergütVO daher nicht. Ein Wahlrecht des Verwalters über den Einsatz der Hilfskräfte schädigt schließlich die Masse nicht unbillig. Soweit die Hilfskräfte als Massegläubiger bezahlt werden, kann der dadurch verringerte Arbeitsaufwand des Verwalters gemäß § 4 I, III VergütVO zu einer Kürzung des Verwalterhonorars führen. Zudem ist es angemessen, daß die Masse und nicht der Verwalter die Risiken des Einsatzes der Hilfskräfte trägt. Sie bringen der Masse Vorteile, so daß die Masse dafür die Kosten als Masseschulden zahlen soll. Demgegenüber hat der fremdnützig tätige Verwalter von den Hilfskräften keine persönlichen Vorteile zu erwarten. Er kann mithin für jede Tätigkeit Hilfskräfte zu Lasten der Masse einstellen.

Der Verwalter geht die geringsten Risiken ein, wenn er die Hilfskräfte als erstrangige Massegläubiger einstellt[11]. Zur Vermeidung von Mißverständnissen sollte der Verwalter jeweils klarstellen, daß er die Masse verpflichten will. Dies gilt vor allem, wenn er seine Büroangestellten stunden- oder tageweise als Massegläubiger beschäftigt. Dieses Verfahren ist zulässig[12], für Dritte bei der Auslegung der Willenserklärung jedoch nicht ohne weiteres erkennbar[13].

E. Zusammenfassung

Vergütung und Haftung des Konkursverwalters beeinflussen, ob genügend qualifizierte Kräfte an der Verwaltung interessiert sind und sich von den Risiken einer Betriebsfortführung nicht abschrecken lassen. Gegenüber der mitunter initiativhemmenden Rechtsprechung zur Verwalterhaftung wurde hier eine restriktive Auslegung des § 82 KO befürwortet. Die Lösung ergab sich aus folgenden Prämissen: Schadensersatzansprüche werden vor allem von Neugläubigern geltend gemacht. Sie sind im Vergleich zum Vertragsschluß mit solventen Kapitalgesellschaften bei Verträgen mit der Masse besonderen Konkursrisiken ausgesetzt, so daß die Haftung ein Pendant zum sonst fehlenden Schutz bildet. Als Konsequenz wurde abgeleitet, daß Neugläubiger Beteiligte i. S. d. § 82 KO sind. Ihre besonderen Risiken

[11] Uhlenbruck, KTS 1976, 35 (41).
[12] Eickmann, ZIP 1984, 204 (205); Uhlenbruck, KTS 1976, 35 (41).
[13] Eickmann, ZIP 1984, 204 (205).

erfordern den Schutz des § 82 KO. Der Verwalter hat ihnen gegenüber bei Vertragsschluß die Pflicht, auf Liquiditätsschwierigkeiten hinzuweisen. Im weiteren Verlauf der Vertragsabwicklung darf der Verwalter bei seiner Geschäftspolitik im Interesse der Konkursgläubiger unternehmerische Risiken eingehen. Den Neugläubigern haftet er erst, wenn er leichtfertig ein ungewöhnliches Wagnis übernimmt. Als Ausgleich hat er unternehmerische Entscheidungen sorgfältig vorzubereiten und die Liquiditätslage zu überwachen. Dabei sind neben einem Beurteilungsspielraum des Verwalters die eingeschränkten Informationsmöglichkeiten im Konkurs zu beachten.

Diese Differenzierung der Verwalterpflichten erlaubt eine angemessene Auslegung der üblichen Versicherungsausschlußklausel für unternehmerische Handlungen des Konkursverwalters. Die Hinweispflichten gleichen besondere Risiken aus und sind deshalb nicht als unternehmerische Pflichten zu qualifizieren. Für die unternehmerische Angebotskalkulation und tatsächliche Betriebstätigkeit haftet der Verwalter Neugläubigern unter engeren Voraussetzungen, so daß der diesbezügliche Versicherungsausschluß entsprechend seltener eingreift.

Wenig erfolgversprechend sind andere Möglichkeiten, die Haftungsrisiken in der Praxis zu begrenzen. Stille Gesellschafter sind für die Betriebsfortführung selten zu finden, da eine entsprechende Beteiligung nur dann mit dem Konkurszweck vereinbar ist, wenn der stille Gesellschafter weder Einfluß auf die Geschäftsführung hat, noch eine Gewinnbeteiligung beansprucht. Die Gründung einer Kapitalgesellschaft zur Betriebsfortführung ist zulässig. Diese Gestaltung ist jedoch häufig unzweckmäßig, da Gründungskosten entstehen und die Übertragung der mit Sicherungsrechten belasteten Gegenstände schwierig ist.

Das Honorar für die Betriebsfortführung kann sich um den 4 bis 7-fachen Regelsatz erhöhen. Hilfskräfte darf der Verwalter unabhängig von der Art ihrer Tätigkeit als Massegläubiger einstellen. Für die Kosten haftet er nur nach § 82 KO, wenn er die Massekostendeckung schuldhaft verkannt hat. Die Vergütung beeinflußt die Motivation des Verwalters ferner dadurch, daß das Honorar gemäß § 3 I VergütVO vom Erlös abhängt. Die drohende Massearmut des Verfahrens wird den Verwalter davon abhalten, sich für die – wenig lukrative – Konkursabwicklung stärker zu engagieren. Als Folge ist ein noch schlechteres Ergebnis zu erwarten.

§ 8 Schluß

A. Zusammenfassung – Besonderheiten der Betriebsfortführung im Konkurs

Eine Betriebsfortführung im Konkurs trägt Merkmale liquidierender Konkursverwaltung und werbender Unternehmertätigkeit. Der Vergleich mit beiden Formen wirtschaftlichen Handelns kann die Charakteristika der Betriebsfortführung aufzeigen.

Das Liquidationsziel unterscheidet die Betriebsfortführung im Konkurs von werbenden Unternehmen. Kurze Betriebsfortführungen, Betriebsveräußerungen und selbst auf Dauer angelegte werbende Betriebsfortführungen dienen der Liquidation des Unternehmensträgers. Der Konkursverwalter führt die technisch-organisatorische Seite des Betriebes fort, während das Unternehmen mit seinen finanziellen Beziehungen aufgelöst wird. Daraus wurde für die Preiskalkulation gefolgert, daß der Verwalter mit der Betriebstätigkeit nicht mehr die ursprünglichen Investitionen des Unternehmens erwirtschaften muß. Er hat vielmehr unter den verschiedenen Verwertungsalternativen diejenige auszuwählen, die für die Gläubiger die beste Befriedigung verspricht. Die Kosten für die in der Masse vorgefundenen Produktionsfaktoren sind nur so hoch wie der Erlös bei der nächstbesten Verwertungsalternative. Die so berechneten Kosten der Betriebsfortführung sind zumindest in der Anfangsphase gering, weil besonders für Halbfertigprodukte und das Anlagevermögen bei einer sofortigen Betriebszerschlagung ein geringer Erlös zu erwarten ist. Die Ansprüche der Arbeitnehmer muß der Verwalter bis zur ersten Kündigungsmöglichkeit gemäß §§ 22; 59 I Nr. 2 2. Fall KO ohnehin als erstrangige Masseschulden befriedigen. Die Lohnkosten für die Arbeitnehmer während dieser Zeit werden also nicht durch die Betriebsfortführung veranlaßt. Insoweit entstehen keine relevanten Kosten.

Die besonderen Rechte des Konkursverwalters, z.B. aus § 17 KO, unterscheiden ihn vom herkömmlichen Unternehmer. Gegenüber der besseren Rechtsposition ergibt sich der Nachteil, daß Lieferanten und Kunden wegen des Konkurses ihr Vertrauen in den Betrieb verlieren können. Die Situation des Konkursverwalters bei einer Betriebsfortführung läßt sich so beschreiben, daß er einen Neubeginn (§ 17 KO) versuchen und gleichzeitig das bisherige Betriebsvermögen weiterbenutzen soll. Im Spannungsfeld zwischen

Kontinuität und Neubeginn können immaterielle Geschäftswerte verloren gehen.

Weiterhin sind Entscheidungskompetenzen im Konkurs anderen Trägern zugeordnet. Mit dem Bild werbender Unternehmertätigkeit lassen sich die Zuständigkeiten von Gläubigerversammlung und -ausschuß noch vereinbaren. Der Konkurs hat das Risiko der Geschäftstätigkeit von den Unternehmenseignern auf die Konkursgläubiger verlagert. Diese treffen folgerichtig die wesentlichen Entscheidungen. Neben der Gerichtsaufsicht läßt sich die Stellung des Verwalters nicht in das Bild einer bekannten Unternehmensorganisation einordnen. Der Verwalter ist gemäß § 3 I VergütVO teilweise am Erlös beteiligt, während gemäß § 4 VergütVO seine Arbeitsbelastung sein Honorar beeinflußt. Der Verwalter ist weder entlohnter Manager noch gewinnbeteiligter Unternehmenseigner. Dieser eigentümlichen Verschränkung entspricht seine Haftung. Der Verwalter schuldet nicht persönlich die Vertragserfüllung. Er haftet jedoch gemäß § 82 KO, wenn er Beteiligten schuldhaft schadet. Aus dem Schutzzweck dieser Pflicht gegenüber Neugläubigern wurde entwickelt, daß der Verwalter diese bei Vertragsschluß über Liquiditätsschwierigkeiten aufklären muß, für eine wirtschaftlich optimale Geschäftsführung aber unternehmerische Risiken im Interesse der Konkursgläubiger übernehmen darf.

Von der üblichen, einer den Betrieb zerschlagenden Konkursverwaltung unterscheidet sich eine Betriebsfortführung dadurch, daß die Betriebsorganisation aufrechterhalten wird. Immaterielle Werte, Arbeitnehmer, Lieferanten und Kunden sollen für die wertschöpfende Tätigkeit des Verwalters eine gewisse Zeit erhalten werden. Als Konsequenz wird vom Verwalter eine höhere Qualifikation verlangt. Er muß aufgrund oft unzureichender Informationen über komplexe wirtschaftliche Vorgänge entscheiden. Dabei sind Verhandlungen mit Kreditgebern, Lieferanten, Sicherungsgläubigern und Kunden zu führen. Gegenüber diesen Gruppen hat der Verwalter keine besonderen Rechte, und ein Mehrheitszwang besteht nicht. An sein Verhandlungsgeschick werden daher hohe Anforderungen gestellt.

B. Gesamtbewertung – zur Möglichkeit wirtschaftlich sinnvollen Handelns nach der KO

In der Einleitung wurde eine Diskrepanz zwischen der statistisch geringen Anzahl von Betriebsfortführungen und dem theoretischen Anspruch, durch Betriebsfortführungen trotz geringer Masse immaterielle Werte zu realisieren, festgestellt[1]. Die Erwartung nach mehr Betriebsfortführungen wurde durch die betriebswirtschaftliche Erkenntnis verstärkt, daß die Kon-

---

1 s.o. § 1 A.

kursgründe Überschuldung und Zahlungsunfähigkeit untauglich sind, generell die Betriebszerschlagung auszulösen[2]. Zumindest kurzfristige Betriebsfortführungen sollten wegen der Kostenvorteile häufiger möglich sein.

Diese Diskrepanz führte eingangs zu der Frage, ob der tatsächlich bestehende Zerschlagungsautomatismus[3] auf Schwächen der KO zurückzuführen ist. Als Antwort sind zunächst die wirtschaftlichen Schwierigkeiten zu nennen, die mit rechtlichen Mitteln nicht oder nur schwer behebbar sind. Das Problem, genügend Informationen über den Betrieb zu erhalten, ist juristisch grundsätzlich nicht zu bewältigen. Es verbietet sich, den Gemeinschuldner verstärkt zur Konkursverwaltung heranzuziehen[4], weil dessen Einfluß auf den Betrieb zu einem Vertrauensverlust der Konkursbeteiligten führen kann. Die Chance der Konkursverwaltung liegt darin, daß eine neue Betriebsleitung ein Fortführungskonzept glaubwürdiger vertreten kann. Der Zeitdruck läßt sich allenfalls dadurch etwas verringern, daß die Besonderheiten der Konkurssituation für die Fristbestimmung des § 17 II KO berücksichtigt werden. De lege ferenda ist bedenkenswert, dem Verwalter für die Arbeitnehmerkündigung gemäß § 22 KO eine Überlegungsfrist einzuräumen und eine Kündigungserklärung innerhalb dieser Frist rückwirkend auf den Zeitpunkt der Konkurseröffnung zu fingieren. Es ergäbe sich für die Fälle ein Zeitgewinn, in denen die Konkurseröffnung und der Beginn einer Kündigungsfrist eng beieinander liegen. Die Interessen der Arbeitnehmer würden nicht wesentlich beeinträchtigt. Nach der Konkurseröffnung rechnen sie ohnehin mit einem Arbeitsplatzverlust, so daß ein frühzeitiger Zugang der Kündigungserklärung – bei gleicher Kündigungsfrist – ihnen wenig hilft, sich auf den Arbeitsplatzverlust vorzubereiten. Der Zeitdruck, schnell über die Fortführung zu entscheiden, bliebe jedoch selbst nach einer entsprechenden Gesetzesänderung aus wirtschaftlichen Gründen bestehen. Lieferanten und Kunden brauchen schnell Klarheit, um auf die Betriebskontinuität vertrauen zu können. Das Vertrauen der Konkursbeteiligten ist überhaupt mit rechtlichen Mitteln nicht zu gewährleisten. Die drohende Abwanderung von Kunden, Lieferanten, Arbeitnehmern und Kreditgebern kann nur ein überzeugendes Fortführungskonzept vermeiden.

Mit konkursrechtlichen Mitteln läßt sich ferner nicht verhindern, daß die Betriebsorganisation vor Eintritt eines Konkursgrundes geschädigt wird. Führungsmängel oder die Abwanderung von Arbeitnehmern können in der kritischen Phase vor der Illiquidität[5] die Betriebsstrukturen beeinträchti-

---

2 s.o. § 3 A II 2 a.

3 K. Schmidt, Gutachten D, S. 108.

4 Zur Diskussion über die Beteiligung des Gemeinschuldners am Reorganisationsverfahren s.: K. Schmidt, Gutachten D, S. 50; Flessner, Sanierung, S. 223; Arnold, S. 10; 1. Bericht Insolvenzrechtskommission, These 1.3.1.1, S. 124 - 127.

gen, Unordnung in den Büchern hinterlassen oder zum Vertrauensverlust bei den Kunden führen. Im Zuge letzter autonomer Rettungsbemühungen werden zur Liquiditätsbeschaffung häufig wichtige Betriebsteile, Anlagen oder Lizenzen veräußert, die dem Konkursverwalter später fehlen.

Neben den wirtschaftlichen Hindernissen stehen rechtliche Schwierigkeiten einer Betriebsfortführung entgegen. Darunter fallen zunächst die Beschränkungen, die durch eine andere Auslegung der KO abgebaut werden können. Die unklaren Voraussetzungen einer Betriebsfortführung hemmen die Bereitschaft der Verwalter[6], Betriebe fortzuführen. Nach dem BGH[7] müssen Betriebsfortführungen wegen des begrenzten Konkurszwecks immer auf eine spätere Betriebsliquidation gerichtet sein, und Betriebsfortführungen sollen die Ausnahme bleiben. Totzdem sollen langjährige Betriebsfortführungen möglich sein. Diese Kriterien wurden abgelehnt, da die Verwertungsalternative auszuwählen ist, die das beste finanzielle Konkursergebnis verspricht.

Motivationshemmend wirkt weiter das Haftungsrisiko des Verwalters[8]. Der BGH[9] postuliert es als „vornehmste Pflicht" des Verwalters, die Erfüllung der Ansprüche der Neugläubiger zu gewährleisten. Die drohende Haftung kann den Verwalter veranlassen, wie üblich den Betrieb risikoarm zu zerschlagen. Die Haftung ist dadurch zu begrenzen, daß der Verwalter zwar auf Liquiditätsschwierigkeiten hinweisen muß, aber nicht für eine optimale Verwertung haftet. Das bleibende Risiko könnte de lege ferenda dadurch eingeschränkt werden, daß grob fahrlässiges Verhalten verlangt wird[10].

Negative Folgen kann schließlich die Konkursverwalterauswahl haben. Nach statistischen Erhebungen bestellen die Konkursgerichte vor allem Rechtsanwälte zu Konkursverwaltern[11]. Dieses justizorientierte Auswahlverfahren, das durch Vorteile der Anwälte bei der Vergütung verstärkt wird[12], kann zu einer Vernachlässigung wirtschaftlicher Notwendigkeiten führen[13]. Die Konkursrichter sollten daher bereits bei der Auswahl die Eignung der Kandidaten zur Betriebsfortführung berücksichtigen.

Zu den nur gesetzgeberisch behebbaren Schwächen der KO gehören die Probleme des massearmen Konkurses. Im anfänglich masselosen Konkurs

---

5 Zu Ablauf und Auswirkung der Unternehmenskrise vor dem Konkurs s. Albach, ZfB Erg. Heft 2/79, S. 9 (17f.); Mertens, ZGR 1984, 542 (545).

6 Hanau, Gutachten E, S. 61.

7 BGH, KTS 1973, 251 (253); BGH, NJW 1980, 55 (55); s.o. § 3 A II 2 c.

8 Gessner, Praxis, S. 216; Hanisch, ZZP 90 (1977), 1 (26); s.o. § 7 A.

9 BGH, KTS 1961, 94 (95); BGH, WM 1975, 517 (518).

10 Hanisch, ZZP 90 (1977), 1 (26).

11 Nach Gessner, Praxis, S. 208 haben 75% der Konkursverwalter eine juristische Ausbildung.

12 s.o. § 7 D I.

13 Uhlenbruck, BFuP 1983, 96 (99f.); Gessner, Praxis, S. 223f.

ist eine Betriebsfortführung selbst dann möglich, wenn das Verfahren nach einem Massekostenvorschuß eröffnet wurde. Die Neugläubiger könnten nur quotenmäßig befriedigt werden. Gleiches nimmt der BGH für den Fall späterer Masselosigkeit an[14]. Hier wurde begründet, daß Neugläubiger nach Feststellung der Massearmut vorrangig zu befriedigen sind. Bis zur fakultativen Verfahrenseinstellung durch das Gericht kann der Verwalter also neue Verträge schließen und deshalb die Masse geordnet verwerten. Eine Betriebsfortführung bleibt dennoch schwierig, weil gegenüber Altmassegläubigern die besonderen Rechte eines Konkursverwalters nicht bestehen. War eine Betriebsfortführung trotzdem erfolgreich, ist dem Verwalter in Umkehrung des Untertitels dieser Arbeit „die wirtschaftliche Bewältigung konkursrechtlicher Probleme“ gelungen.

Ursache der Massearmut ist u. a. die umfangreiche Sicherungspraxis, die häufig den überwiegenden Teil des veräußerungsfähigen Betriebsvermögens umfaßt[15]. Hinzu kommt die starke Rechtsstellung der Sicherungsgläubiger. Der Konkursverwalter hat ein eigenes Verwertungsrecht allenfalls dann, wenn er gemäß § 17 KO die Vertragserfüllung wählt. Die Sicherungsgläubiger unterliegen keinem Mehrheitszwang. Einzelne Akkordstörer können daher eine sinnvolle Verwertung durch den Verwalter verhindern. Als Folge wird die Masse weiter verkürzt. Der Verwalter muß ferner das Sicherungsgut aus- und absondern, ohne daß die Sicherungsgläubiger die Kosten für die in ihrem Interesse vorgenommene Tätigkeit tragen. Reformvorschläge[16] sehen folgerichtig vor, dem Verwalter ein eigenes Verwertungsrecht einzuräumen und der Masse für die Verwertungskosten einen pauschalierten Anteil vom Erlös zu gewähren.

Weitere Ursache der Massearmut ist, daß § 59 I Nr. 2 2. Fall KO heute Sozialschutzfunktionen ausüben soll[17]. Die langen Kündigungsfristen des § 22 KO sollen Arbeitnehmer vor den Folgen des von ihnen regelmäßig nicht vorhergesehenen Konkurses[18] schützen. Dieses Ziel wird jedoch nicht erreicht, wenn das Verfahren nicht eröffnet wird. Im Verteilungskampf außerhalb des Konkursverfahrens haben Arbeitnehmer nur geringe Chancen, ihre Ansprüche einzutreiben[19]. Da ein effektiver Sozialschutz ein geordnetes Konkursverfahren voraussetzt, sollten Ansprüche nicht allein wegen sozialer Gesichtspunkte als erstrangige Masseschulden erfüllt werden.

---

[14] BGH, ZIP 1984, 612 (614f.).

[15] s.o. § 1 A m.N.

[16] Dorndorf, ZIP 1984, 523 (insbes. 525f.); Arnold, S. 11; Uhlenbruck, BB 1984, 1949 (1955f.); 1. Bericht Insolvenzrechtskommission, Thesen 2.4.4 und 3.3, S. 251ff. und 311ff.

[17] Henckel, FS 100 Jahre KO, S. 169 (174f.).

[18] Gessner, Praxis, S. 278 - 280.

[19] Henckel, FS 100 Jahre KO, S. 169 (175).

Das Phänomen der massearmen Konkurse führt zu der Forderung, ein besonderes Verfahren für Kleinkonkurse einzuführen[20]. Kleinere Unternehmen sind häufiger massearm, da die Masseschulden und -kosten nicht proportional mit der geringeren Masse sinken[21]. Reicht die Masse aus, ist in kleineren Konkursverfahren weniger mit staatlichen Hilfen zu rechnen und die niedrigere Vergütung kann qualifizierte Verwalter von der Amtsübernahme abhalten. In Kleinkonkursen müßte ein vereinfachtes Verfahren die Kosten senken.

Für die spätere Massearmut sollte der Gesetzgeber klarstellen, daß das Konkursverfahren fortgesetzt werden kann und die nach Feststellung der Massearmut entstandenen Masseschulden vorrangig zu befriedigen sind. Die Massearmut müßte in einem förmlichen Beschluß festgestellt werden, so daß die Altmassegläubiger ab diesem Zeitpunkt einem Vollstreckungsverbot unterliegen können.

Unabhängig von der Massearmut erschwert die Vielzahl der Verhandlungspartner eine Betriebsfortführung. Auf die starke Stellung der Sicherungsgläubiger wurde bereits hingewiesen. Ebenso besteht kein Mehrheitszwang gegenüber Arbeitnehmern und Massegläubigern. Verträge zur Anpassung der Leistungsbeziehungen müssen daher individuell mit den einzelnen Gläubigern geschlossen werden. Dies vermehrt die Arbeitsbelastung und begründet die Gefahr, daß Akkordstörer Sondervorteile aushandeln wollen.

Vielfach wird die zu späte Konkurseröffnung als Mangel der KO genannt[22]. Bisher wurden jedoch justiziable und verfassungsgemäße Kriterien für eine frühzeitige Auslösung des Konkurses nicht gefunden[23]. Es wird nach der Konkursreform also bei den bekannten Konkursgründen bleiben. Lediglich die Zahlungsunfähigkeit soll „zeitraumbezogen" bestimmt werden, es wird folglich ausreichen, wenn die Zahlungsunfähigkeit sicher voraussehbar ist[24].

Eine „verfehlte Schuldnerpolung", d. h. eine fehlerhafte Orientierung allein an den finanziellen Interessen der Konkursgläubiger, kann der KO dagegen nicht vorgeworfen werden[25]. Verbesserungen sind nicht davon zu

---

20 Ebenso aus rechtsvergleichender Sicht Hanisch, ZZP 90 (1977), 1 (35f.); Fr. Weber, KTS 1959, 80 (83f.).

21 Gessner, Praxis, S. 156; Hanisch, ZZP 90 (1977), 1 (35f.); s.o. § 6 B II.

22 Franke, ZfB 1984, 692 (692f.); Hanisch, ZZP 90 (1977), 1 (28); Hommelhoff, ZfB 1984, 698 (710); Kröger, BFuP 1983, 145 (151).

23 Zur bisherigen Diskussion s.: Franke, ZfB 1984, 692 (692 - 697); Hommelhoff, ZfB 1984, 698 (701 - 703 und 709.) m.w.N.

24 Kilger, ZRP 1984, 46 (48); Hommelhoff, ZfB 1984, 698 (702f.); Uhlenbruck, BB 1984, 1949 (1951); 1. Bericht Insolvenzrechtskommission, These 1.2.5, S. 109 - 111.

25 So aber: Kießler, in: Gessner, Praxis, S. 557 (562 - 565); Knieper, BB 1977, 622 (623 und 627); Berges, BB 1978, Beilage 5, S. 6.

erwarten, daß die KO zu einem ökonomisch-ordnungspolitischen Verfahren der Insolvenzregulierung umfunktioniert wird, in dem staatliche Stellen, Arbeitnehmer, Gläubiger und andere Gruppen über die Verwaltung nach gesamtwirtschaftlichen Kriterien entscheiden. Denn eine Konkursverwaltung im finanziellen Interesse der Konkursgläubiger ist angemessen und verspricht volks- und betriebswirtschaftlich die besten Erfolge. Die größte Schwäche der KO liegt gerade in der fehlenden Bewältigung des massearmen Konkurses. Läßt man die finanzielle Orientierung des Verfahrens außer acht, ist das Problem der schlechten finanziellen Konkursergebnisse nicht zu lösen. Zudem ist eine Betriebsfortführung auch finanziell günstig. Fördert man die Betriebsfortführung aus betriebswirtschaftlichen Erwägungen, dient man mittelbar den Arbeitnehmerinteressen und volkswirtschaftlichen Bedürfnissen. Weiterhin werden Kreditgeber und Lieferanten eher auf die Erfüllung ihrer Ansprüche vertrauen, wenn der Konkursverwalter ein finanziell optimales Konkursergebnis anstreben muß.

C. Ausblick – zur Betriebsfortführung im Konkurs nach Einführung eines Reorganisationsverfahrens

Eine Insolvenzrechtsreform soll die Mängel des geltenden Rechts beheben[1]. Die vom Bundesjustizminister eingesetzte Insolvenzrechtskommission will als Teile eines einheitlichen Insolvenzverfahrens ein Reorganisations- und ein Liquidationsverfahren einführen. Welches dieser beiden Verfahren endgültig durchgeführt wird, entscheidet das Konkursgericht nach einem gemeinsamen Vorverfahren[2].

Ziel des Reorganisationsverfahrens ist es, insolvente Unternehmen zu erhalten. Dazu sollen in Anlehnung an amerikanische und japanische Vorbilder verschiedene Gruppen von Konkursbeteiligten über beliebige, vom Verwalter vorgeschlagene Reorganisationspläne abstimmen und dabei u. U. auf Rechte der Gruppenmitglieder verzichten. Anders als beim Vergleich alter Prägung werden auch die Gläubiger besitzloser Mobiliarsicherheiten und evtl. die Arbeitnehmer am Verfahren beteiligt. Durch deren Verzichte, die eine qualifizierte Mehrheit erfordern, erhofft man, dem Unternehmen für eine Geschäftsfortführung mehr Masse als beim herkömmlichen Vergleich zu belassen[3].

Im Liquidationsverfahren soll demgegenüber das Unternehmen – wie im jetzigen Konkursrecht – aufgelöst werden. Dazu müsse der Insolvenzver-

---

[1] 1. Bericht Insolvenzrechtskommission; für w.N. s. § 1 A Fn. 24. Mitglieder der Reformkommission schätzen, daß die Reform nicht vor 1990 in Kraft tritt; Uhlenbruck, BB 1984, 1949 (1949); Kilger, ZRP 1984, 46 (46).

[2] Uhlenbruck, BB 1984, 1949 (1950); 1. Bericht Insolvenzrechtskommission, These 1.3.4.4, S. 149 - 151.

[3] 1. Bericht Insolvenzrechtskommission, S. 152 - 161.

walter die Masse zügig verwerten. Betriebsfortführungen, die über die Abwicklung hinausgehen, wären nur noch mit Zustimmung des Gerichts zulässig. Eine gerichtliche Genehmigung setzte voraus, daß begründete Aussicht auf eine baldige Betriebsveräußerung besteht[4].

Die Vorschläge würden Betriebsfortführungen im Liquidationsverfahren erschweren, weil diese vor allem als Mittel zur Unternehmenssanierung angesehen werden[5]. Damit wird nicht ausreichend gewürdigt, daß Betriebsfortführungen auch Mittel sind, um den Betrieb vorteilhaft zu liquidieren[6]. Ferner bleibt trotz einer entsprechenden Reform das Bedürfnis nach Betriebsfortführungen bestehen, die eine Betriebsveräußerung vorbereiten.

Denn das Reorganisationsverfahren eignet sich nicht für alle rettungswürdigen Betriebe. So verspricht es für Betriebe mit einer geringen Kapitalausstattung nur wenig Erfolg. Es ist illusorisch anzunehmen, daß die Gläubiger ohne gleichzeitige Opfer des Gemeinschuldners auf ihre Rechte teilweise verzichten. Das Unternehmen bekommt nach der Reorganisation daher nur dann genügend Eigenkapital, wenn neue Gesellschafter dieses dem Unternehmen zuführen. Es ist aber einfacher und oftmals auch billiger, den Betrieb zu kaufen. Im Konkurs kann der Käufer seine gute Verhandlungsposition häufig voll ausnutzen, während die Verhandlungen mit mehreren Gläubigergruppen im Reorganisationsverfahren evtl. finanzielle Zugeständnisse notwendig machen. Die Erwerber brauchen zudem im Konkurs die Unternehmensleitung und den -gewinn nicht mit den Altgesellschaftern zu teilen. Bei Personengesellschaften kann schließlich die persönliche Vertrauensbeziehung fehlen[7].

Daneben eignet sich das Reorganisationsverfahren wenig für insolvente Konzerntöchter. Eine einheitliche Konzernreorganisation erforderte die Zustimmung weiterer Gläubiger und verkomplizierte das Verfahren. Rationalisierungen und das Abstoßen einiger Töchter würden erschwert[8]. Die Gläubiger müßten befürchten, daß ihre Schuldnergesellschaft gleichheitswidrig nicht optimal verwertet würde. Eine einheitliche Konzernsanierung ist daher rechtspolitisch nicht zu empfehlen[9]. Aber auch eine eigenständige

---

[4] 1. Bericht Insolvenzrechtskommission, These 3.1.2, S. 305f.

[5] Vgl. 1. Bericht Insolvenzrechtskommission, Thesen 1.3.1.2, 2.1.2 und 3.1.2.

[6] Gröner, Ordo 1984, 247 (264).

[7] Uhlenbruck, AnwBl. 1982, 338 (345).

[8] Warum hätten die Gläubiger von Neff und Zanker beispielsweise dem Konzept der AEG zustimmen sollen, die relativ gesunden Betriebe von Neff und Zanker aufzulösen? Ein großer Teil der Gläubiger dürfte als Zulieferer an der Betriebserhaltung interessiert gewesen sein.

[9] 1. Bericht Insolvenzrechtskommission, These 2.4.9.13, S. 290 - 293; Mertens, ZGR 1984, 542 (554 - 558); Lutter, ZfB 1984, 781 (781 - 786); Kübler, ZGR 1984, 560 (587). Kübler und Lutter halten es allerdings für wünschenswert, fakultativ die Konzerneinheit etwa durch einen gemeinsamen Verwalter aufrechtzuerhalten. Albach, ZfB 1984, 773 (776f.) hält betriebswirtschaftlich eine einheitliche Konzernregelung für die beste Lösung.

Reorganisation des Tochterunternehmens verspricht wenig Erfolg. Selbst nach Forderungsverzichten kann die Tochter für eine Fortsetzung der Geschäfte noch zu finanzschwach sein, da sie bereits vor dem Konkurs von der Finanzierung der Mutter abhängig war. Zudem können der Tochter für ein weiteres Überleben wichtige Betriebsteile fehlen[10]. Theoretisch kann der Reorganisationsplan zwar die Eingliederung der Gemeinschuldnerin in ein anderes Unternehmen vorsehen. Der Übernehmer kann jedoch den Betrieb regelmäßig billiger im Konkurs kaufen, als die Kosten für die Aufrechterhaltung des Unternehmens der Konzerntochter tragen. Der Betrieb und nicht das Unternehmen ist i. d. R. für potentielle Erwerber interessant.

Schwierigkeiten bereitet eine Reorganisation ferner, wenn Fehler des Unternehmensträgers oder des Managements den Konkurs verursacht haben. Der Reorganisationsplan soll zwar den Ausschluß von Gesellschaftern oder den Wechsel des Managements vorsehen können[11]. Die Reorganisation strebt jedoch einen vertraglichen Ausgleich an, mit dem derart unversöhnliche Regelungen psychologisch kaum zu vereinbaren sind[12].

Eine Reorganisation wird schließlich für Kleinkonkurse kaum praktikabel sein. Ausländischen Vorbildern des Reorganisationsverfahrens wurde vorgeworfen, daß sie zu kostspielig seien[13]. Tatsächlich ist zu befürchten, daß die Zahl der notwendigen Verhandlungen und die Ausarbeitung komplizierter Pläne für Kleinverfahren zu teuer wird[14].

Die Reformvorschläge vernachlässigen diese Fälle rettungswürdiger Betriebe, deren Unternehmensträger auch im Reorganisationsverfahren nicht zu retten sind. Für diese Betriebe reicht es nicht aus, die Fortführung zuzulassen, wenn begründete Aussicht auf einen baldigen Betriebsverkauf besteht. Kaufinteressenten sind unmittelbar nach der Konkurseröffnung selten vorhanden, und der Betrieb ist bis zum Verkauf fortzuführen[15]. Zu Beginn des Insolvenzverfahrens besteht damit regelmäßig keine begründete Aussicht auf eine baldige Betriebsveräußerung. Nach den Reformplänen wäre der Betrieb stillzulegen, und die Verkaufschancen würden erheblich vermindert.

Der geplante Zwang zur zügigen Abwicklung im Liquidationsverfahren erschwert weiterhin Betriebsfortführungen, die der Liquidation dienen. Davon wären nicht nur die wenig erfolgversprechenden werbenden Fort-

---

[10] s.o. § 4 D III 1.

[11] 1. Bericht Insolvenzrechtskommission, Thesen 2.4.9.1 - 2.4.9.9, S. 275 - 288; Uhlenbruck, AnwBl. 1982, 338 (344 - 346); Kilger, ZRP 1984, 46 (51); Arnold, S. 12.

[12] Stürner, ZIP 1982, 761 (769).

[13] Hohloch, ZIP 1982, 1029 (1035); Kramer, S. 46.

[14] Uhlenbruck, AnwBl. 1982, 338 (347); Stürner, ZIP 1982, 761 (762); Mertens, ZGR 1984, 542 (548).

[15] s.o. § 4 D I.

führungen und Betriebsschrumpfungen[16], sondern auch – kostengünstige – Fortführungen zur Aufarbeitung vorhandener Produktionsfaktoren[17] betroffen. Das Verbot soll zwar nicht für abwickelnde Fortführungen gelten. Deren Ausnahmecharakter und das folgende Haftungsrisiko würden jedoch die Bereitschaft der Insolvenzverwalter zur Betriebsfortführung weiter verringern. Im übrigen scheint die Insolvenzrechtskommission den Begriff der abwickelnden Fortführung sehr eng auszulegen. Im Liquidationsverfahren sollen bereits Fortführungen über einige Monate nachteilig sein[18]. Wegen der teilweise langen Kündigungsfristen für Arbeitnehmer bestehen in dieser Zeit aber noch Kostenvorteile.

Die Beschränkungen werden nicht dadurch kompensiert, daß der Betrieb während des Vorverfahrens grundsätzlich fortzuführen ist[19]. Die Dauer dieses Verfahrens hängt nicht von den betriebswirtschaftlichen Notwendigkeiten ab, sondern davon, wie schnell die Aussichten einer Reorganisation abgeschätzt werden können. Deshalb kann das Vorverfahren bei einem offensichtlich nicht mehr rettbaren Unternehmensträger sehr schnell in das Liquidationsverfahren übergehen, obwohl für eine Betriebsfortführung noch Kostenvorteile bestehen. Desweiteren eignet sich das Vorverfahren nicht zu Fortführungen mit einem Liquidationsziel. Während des Verfahrens steht gerade noch nicht fest, ob eine Reorganisation das Unternehmen erhalten kann. Deshalb dürfen Liquidationsmaßnahmen, u.a. Arbeitnehmerentlassungen oder Verkäufe zu niedrigen Konkurspreisen, nicht vorgenommen werden. Andernfalls würden die Aussichten für eine Reorganisation beeinträchtigt[20].

Der Grund für die Beschränkung der Betriebsfortführung liegt nicht darin, daß das Reorganisationsverfahren eine effektivere Alternative darstellt. Dieses Verfahren eignet sich nicht für alle rettungswürdigen Betriebe und betrifft liquidierende Fortführungen überhaupt nicht. Die Einschränkungen werden vielmehr damit gerechtfertigt, daß die Sicherungsgläubiger vor Verzögerungen der Konkursabwicklung zu schützen seien[21]. Wenn sie schon ihr Verwertungsrecht verlören, sollten sie sich wenigstens auf eine schnelle Befriedigung ihrer Ansprüche verlasssen können.

Die Interessen der Sicherungsgläubiger werden jedoch überbewertet, wenn allein ihretwegen sinnvolle Betriebsfortführungen zu Lasten der anderen Beteiligten eingeschränkt werden. Soweit die Sicherungsrechte das Umlaufvermögen betreffen, führt die Betriebsfortführung zu einer schnel-

---

[16] s.o. § 4 C II, 4 E.

[17] s.o. § 4 C I.

[18] 1. Bericht Insolvenzrechtskommission, S. 306.

[19] 1. Bericht Insolvenzrechtskommission, These 1.2.3 (6c), S. 102f.

[20] 1. Bericht Insolvenzrechtskommission, S. 103.

[21] 1. Bericht Insolvenzrechtskommission, These 3.1.2, S. 305f.

len Abwicklung, da die Vorräte im normalen Geschäftsgang verwertet werden. An einem langsamen Verkauf des Sicherungsgutes haben der Insolvenzverwalter und die Konkursgläubiger selbst auch kein Interesse. Wenn die Masse 25 % des Verwertungserlöses erhält, werden sie ebenso eine schnelle Verwertung bevorzugen, um liquide Mittel zu erhalten. Die Gefahr unangemessener Verzögerungen ist also nicht besonders groß. Modeartikel und verderbliche Waren wird der Konkursverwalter sogar eher schnell und erfolgreich verwerten. Die Aussonderung würde wegen der zuvor notwendigen Ermittlung des Berechtigten, der z. B. bei vielen Lieferanten zweifelhaft sein kann, oftmals zu viel Zeit kosten. Deshalb werden es auch die Sicherungsgläubiger begrüßen, wenn der Verwalter das Sicherungsgut zunächst verwertet und die verschiedenen Sicherungsrechte anschließend allein für die Erlösverteilung feststellt. Im alternativen Reorganisationsverfahren wird das Sicherungsgut auch nur im normalen Geschäftsgang veräußert. Eine Privilegierung der Sicherungsgläubiger im Liquidationsverfahren begründet die Gefahr, daß sie wegen der Aussicht auf eine evtl. schnellere Befriedigung Reorganisationspläne nicht unterstützen. Deshalb sollten die Sicherungsgläubiger in beiden Verfahren gleiche Rechte haben[22].

Zum Schutz gegen die damit nur ausnahmsweise drohende Verzögerung einer angemessenen Verwertung braucht nicht jede Betriebsfortführung ausgeschlossen zu werden. Es reicht vielmehr, den Sicherungsgläubigern in Umkehrung des § 127 II KO das Verwertungsrecht dann zu geben, wenn der Verwalter die Verwertung unangemessen verzögert. Rechtstechnisch könnte man Sicherungsgläubiger zu einer Fristsetzung ermächtigen, wenn der Verwalter die Verwertung verzögert. Der Tatbestand der unangemessenen Verzögerung, der zur Fristsetzung berechtigte, könnte entweder generalklauselartig umschrieben oder nach einer festen Zeitspanne vermutet werden. Die letzte Möglichkeit ist vorzuziehen, weil sie Prozesse vermeidet und weil die Sicherungsgläubiger vor Ablauf der Zeitspanne nicht mit Fristsetzungen drohen können.

Die Sicherungsgläubiger sollten frühestens 6 Monate nach Eröffnung des Liquidationsverfahrens zur Fristsetzung berechtigt sein. Eine 6-Monatsfrist ist notwendig, weil wegen der langen Kündigungsfristen für Arbeitsverhältnisse innerhalb dieses Zeitraumes noch erhebliche Kostenvorteile bestehen können. Andererseits sollten die Sicherungsgläubiger nicht länger als ein Jahr warten, da der Verwalter innerhalb eines Geschäftsjahres genügend Zeit hatte, einen günstigen Verwertungszeitpunkt auszunutzen. Für Ausnahmefälle reicht die Möglichkeit, die Interessen der Masse bei der Dauer der vom Sicherungsgläubiger gesetzten Frist zu berücksichtigen. Eine entsprechende Regelung, die im Anschluß an die Norm über das Verwertungs-

---

[22] Henckel, ZIP 1981, 1296 (1301); Uhlenbruck, KTS 1981, 513 (569).

recht des Verwalters zu formulieren wäre, könnte folgenden Wortlaut haben:

> Eigentumsvorbehaltsverkäufer sind zur Aussonderung berechtigt, wenn der Verwalter sechs Monate nach Eröffnung des Liquidationsverfahrens und nach Ablauf einer vom Verkäufer gesetzten angemessenen Frist die Vorbehaltsware nicht verwertet hat. Die Frist ist angemessen, wenn sie auch unter Berücksichtigung der bereits verstrichenen Zeit eine zügige und erfolgversprechende Verwertung möglich läßt.
>
> Gleiches gilt für die abgesonderte Befriedigung der Sicherungseigentümer.

Im Interesse der Verfahrensbeschleunigung sollte für Klagen auf Ab- oder Aussonderung das – sachnähere – Konkursgericht zuständig sein.

Die beabsichtigte Einführung eines Reorganisationsverfahrens läßt das Bedürfnis nach Betriebsfortführungen im Liquidationsverfahren bestehen. Soweit Geschäftsfortführungen im bisherigen Umfang zulässig bleiben, wird das vorgesehene eigene Verwertungsrecht des Verwalters für besitzlose Mobiliarsicherheiten Betriebsfortführungen erleichtern.

Literaturverzeichnis

Albach, Horst: Betriebswirtschaftliche Überlegungen zur rechtlichen Neugestaltung bei Insolvenzen von Konzernen, ZfB 1984, 773 - 780.

— Kampf ums Überleben: Der Ernstfall als Normalfall für Unternehmen in einer freiheitlichen Wirtschaftsordnung, in: Albach; Hohn; Mertens (Hrsg.), Frühwarnsysteme = ZfB-ErgHeft 2/79, S. 9 - 22.

Arnold, Hans: Modell eines insolvenzrechtlichen Sanierungsverfahrens, Beilage zum Bundesanzeiger Nr. 34 vom 19. 2. 1982.

Ballerstedt, Kurt: 75 Jahre GmbH-Gesetz, GmbH-Rundschau 1967, 66 - 71.

Balz, Manfred: Zur Reform des französischen Insolvenzrechts, ZIP 1983, 1153 - 1175.

Baude, Rudolf: Zur Auswahl der Konkurs- und Vergleichsverwalter, KTS 1959, 40 - 42.

Baumann, Jürgen: Konkurs und Vergleich, 2. Aufl., Bielefeld 1981.

Baumbach, Adolf / *Hefermehl*, Wolfgang (Bearb.): Wettbewerbsrecht, 14. Aufl., München 1983.

Baur, Fritz: Die Eigenhaftung des Konkursverwalters bei Fortführung des gemeinschuldnerischen Betriebs, in: Gedächtnisschrift für Rudolf Bruns, München 1980, S. 241 - 251 (zit.: FS f. Bruns).

— Neues Insolvenzrecht für Unternehmen?, JZ 1982, 577 - 579.

— Der Testamentsvollstrecker als Unternehmer, in: Festschrift für Hans Dölle, Tübingen 1963, S. 249 - 271 (zit.: FS f. Dölle).

Baur, Fritz / *Stürner*, Rolf: Zwangsvollstreckungs-, Konkurs- und Vergleichsrecht, 11. Aufl., Heidelberg 1983.

Baur, Walter: Sanierungen Wege aus Unternehmenskrisen, Wiesbaden 1978.

Bender, Hans-Egon: Das Recht auf Betriebsübernahme, AuR 1974, 237 - 240.

Berges, August Maria: Dynamische Sanierung, BB 1978, Beilage 5 zu Heft 15/1978.

— Der Konkurs als Kreditschutzmittel des Fremdkapitals, BB 1983, 22 - 26.

— Konkurssteuerrecht, KTS 1961, 161 - 167.

— Die Sanierung des Konkurses, BB 1976, 387 - 389.

Bitter, Georg: Konkurs und Gewerberecht, BayVBl 1972, 202 - 206.

Bockelmann, Gunther: Die Firma im Konkursverfahren, KTS 1982, 27 - 62.

Böhle-Stamschräder, Alois: Anm. zu LG Berlin, Urt. v. 17. 9. 1951 – 62 O 220/51 = NJW 1952, 1060 f., in: NJW 1952, 1060.

Böhle-Stamschräder, Alois / *Kilger*, Joachim: Konkursordnung, 14. Aufl., München 1983.

Buchner, Herbert: Die Anpassung des Kündigungsrechts an die Insolvenzsituation de lege lata und de lege ferenda, ZGR 1984, 180 - 214.

Canaris, Claus-Wilhelm: Kreditkündigung und Kreditverweigerung gegenüber sanierungsbedürftigen Bankkunden, ZHR 1979, 113 - 138.

Castendieck, Johann H.: Probleme der durch einstweilige Verfügung und im Konkursverfahren angeordneten Sequestration, Jur. Diss. Heidelberg 1968 (zit.: Sequestration).

— Die Verhinderung „künstlicher" Masseschulden und Massekosten durch Maßnahmen im Konkurseröffnungsverfahren, KTS 1978, 9 - 16.

Dassler, Gerhard / *Schiffhauer,* Horst / *Gerhardt,* Walter: Gesetz über die Zwangsversteigerung und die Zwangsverwaltung, 11. Aufl., Stuttgart, Berlin, Köln, Mainz 1978.

Denck, Johannes: § 59 Abs. 1 Nr. 3 KO – Die Bewältigung eines Systembruchs, Jura 1984, 183 - 193.

Doehring, Carl: Die Insolvenzsituation im Blickfeld der Statistik Daten – Analysen – Entwicklungstendenzen, KTS 1980, 229 - 239.

— Wachsendes Gewicht der Insolvenzverluste und der finanziellen Schäden aus der Wirtschaftskriminalität – Neuere statistische Daten, KTS 1982, 187 - 199.

Dörner, Wolfgang: Die Unternehmensbewertung, in: Wirtschaftsprüferhandbuch 1977, Düsseldorf 1977, S. 1131 - 1232.

Dorndorf, Eberhard: Beschränkung der Besicherbarkeit von Krediten in der Insolvenzrechtsreform?, ZIP 1984, 523 - 528.

Eckhardt, Hans-Georg: Anm. zu BGH, Urt. v. 15. 2. 1984 – VIII ZR 213/82 = BGH, ZIP 1984, 612 - 615, in: ZIP 1984, 615 - 618.

Eder, Karl / *Berg,* Karl / *Tillmann,* Bert / *Gaul,* Dieter: Handbuch der GmbH I, 10. Aufl., Köln 1969/1981.

Eickmann, Dieter: Anm. zu LG Freiburg, Beschl. v. 4. 1. 1984 – 9 T 38/81 = ZIP 1984, 198 - 204, in: ZIP 1984, 204 - 207.

— Konkurs- und Vergleichsrecht, Berlin, New York 1973 (zit.: Konkursrecht).

— Aus der Praxis der Konkursverwaltung, Köln 1981 (zit.: Praxis).

Emmerich, Volker: Die bisherige Praxis zur Fusionskontrolle, AG 1978, 85 - 99, 118 - 134 und 150 - 158.

Fabian, Franz (Hrsg.): Arbeiter übernehmen ihren Betrieb oder Der Erfolg des Modells Süßmuth, Hamburg 1972 (rororo-aktuell 1605), (zit.: Arbeiter).

— Vom „Fall" zum „Modell" Glashütte Süßmuth, in: Fabian, Arbeiter, S. 7 - 24 (zit.: Modell).

Fischer, Werner: Die Überschuldungsbilanz, Köln, Berlin, Bonn, München 1980.

Flessner, Axel: Das rechtspolitische Für und Wider eines Sanierungsverfahrens, ZIP 1981, 1283 - 1288.

— Sanierung und Reorganisation, Tübingen 1982 (zit.: Sanierung).

— Sanierung von Unternehmen, ZRP 1982, 244 - 249.

Franke, Günter: Ökonomische Überlegungen zur Gestaltung eines gerichtlichen Sanierungsverfahrens, KTS 1983, 37 - 55.

— Zur rechtzeitigen Auslösung von Sanierungsverfahren, ZfB 1984, 692 - 697.

Fricke, Friedrich W.: Zur Prozeßführungsbefugnis des Sequesters gemäß § 106 KO, MDR 1978, 99 - 103.

Friedel, Gero B.: Rechtliche und rechtspolitische Aspekte des Modells, in: Fabian, Arbeiter, S. 67 - 84.

Fröhler, Ludwig / *Kormann,* Joachim: Kommentar zur Gewerbeordnung, Heidelberg 1978.

Frotscher, Gerrit: Steuern im Konkurs, 2. Aufl., Heidelberg 1983.

Fürst, Reinmar: Insolvenzen in betriebswirtschaftlicher Schau, Stuttgart 1962 (zit.: Insolvenzen).

— Insolvenzen in betriebswirtschaftlicher Schau, KTS 1961, 126 - 131.

Galperin, Hans / *Löwisch,* Manfred: Kommentar zum Betriebsverfassungsgesetz, Band I: Organisation der Betriebsverfassung, 6. Aufl., Heidelberg 1982.

Gerhardt, Walter: Aspekte zur Wechselwirkung zwischen Konkursrecht und Wirtschaftsleben, in: Festschrift für Friedrich Weber, Berlin, New York 1975, S. 181 - 196 (zit.: FS f. Fr. Weber).

— Inhalt und Umfang der Sequestrationsanordnungen, ZIP 1982, 1 - 9.

— „Soraya" oder „Sozialplan" – kein Konkurs im Konkurs?, JZ 1984, 601 - 604.

Geßler, Ernst / *Hefermehl,* Wolfgang / *Eckhardt,* Ulrich / *Kropff,* Bruno: Aktiengesetz, Band II §§ 76 - 147, München 1973, 1974 (zit.: Geßler-*Bearb.*, § X AktG).

Gessner, Volkmar / *Plett,* Konstanze: Der Sozialplan im Konkursunternehmen, Köln 1982.

— Die Verflechtung von Staat und Wirtschaft in der Entwicklung des Insolvenzrechts, in: Jahrbuch für Rechtstheorie Band 8, Rechtsformen der Verflechtung von Staat und Wirtschaft, Opladen 1972, S. 154 - 175.

Gessner, Volkmar / *Rohde,* Barbara / *Strate,* Gerhard / *Ziegert,* Klaus A.: Die Praxis der Konkursabwicklung in der Bundesrepublik Deutschland, Köln 1978 (zit.: Gessner, Praxis).

Goldbeck, Klaus-Jürgen / *Wahlen,* Hans Jürgen / *Gauer,* Herbert: Der Berater bei Analyse und Abwehr von Insolvenzgefahren, Bonn 1983.

Gottwald, Peter: Rechtliche Möglichkeiten der Unternehmenssanierung im Insolvenzfall, KTS 1984, 1 - 26.

Gröner, Helmut: Marktsystem, Unternehmenskontrollen und Insolvenzen: Volkswirtschaftliche Überlegungen zur Reform des Insolvenzrechts, in: Ordo 1984, 247 - 267.

Groß, Paul J.: Fortführungsgesellschaften, KTS 1982, 355 - 376.

— Sanierung durch Fortführungsgesellschaften, Köln 1982.

Großfeld, Bernhard: Bilanzrecht, Heidelberg, Karlsruhe 1978.

— Unternehmensbewertung im Gesellschaftsrecht, Köln 1983.

Großkommentar HGB: Handelsgesetzbuch, Großkommentar begründet v. H. Staub, weitergeführt von Mitgliedern des Reichsgerichts, Zweiter Band, 2. Halbband, §§ 145 - 177, 335 - 342, 3. Aufl., Berlin 1970 (zit.: *Bearb.*, in: HGBGrKomm).

Grub, Volker: Zur wirtschaftlichen Bedeutung des § 613a BGB bei Betriebsveräußerungen im Konkurs, KTS 1978, 129 - 136.

Grunsky, Wolfgang: Arbeits- und sozialrechtliche Probleme der Unternehmenssanierung, ZIP 1982, 772 - 779.

— Das Arbeitsverhältnis im Konkurs- und im Vergleichsverfahren, Köln 1981 (zit.: Arbeitsverhältnis).

Hahn, Carl: Die gesammelten Materialien zur Konkursordnung und dem Einführungsgesetz zu derselben vom 1. Februar 1877, sowie zu dem Gesetz, betreffend die Anfechtung von Rechtshandlungen eines Schuldners außerhalb der Konkursverfahren, vom 21. Juli 1879, Berlin 1881.

Haje, Raimund: Sozialplaneinfluß auf Insolvenzentscheidungen, Schwarzenbeck 1979.

Hanau, Peter: Zur Insolvenzrechtsreform nach dem 54. Deutschen Juristentag, KTS 1982, 625 - 635.

— Zur Kündigung von Arbeitsverhältnissen wegen Betriebsübergangs, ZIP 1984, 141 - 145.

— Möglichkeiten der Sanierung von Unternehmen durch Maßnahmen im Unternehmens-, Arbeits-, Sozial- und Insolvenzrecht, Gutachten E für den 54. Deutschen Juristentag 1982, München 1982 (zit.: Gutachten E).

Hanisch, Hans: Entwicklungstendenzen des gegenwärtigen Insolvenzrechts in rechtsvergleichender Sicht, JBl 1977, 237 - 247.

— Krise des Insolvenzrechts?, Basl. Jur. Mitteilungen 1977, 161 - 179.

— Rechtszuständigkeit der Konkursmasse, Frankfurt/Main 1973 (zit.: Rechtszuständigkeit).

— Zur Reformbedürftigkeit des Konkurs- und Vergleichsrechts, ZZP 90 (1977), 1 - 38.

Haug, Karl H.: Fälle der Konkursverwalterhaftung, ZIP 1984, 773 - 782.

Hax, Herbert / *Marschdorf,* Hans Joachim: Anforderungen an ein Insolvenzrecht aus betriebswirtschaftlicher Sicht, BFuP 1983, 112 - 129.

Hegemann-Springer, Edith: Persönliche Haftung des Konkursverwalters für Masseschulden, KuT 1928, 71 f.

Heilmann, Hans: Zur Insolvenz des Unternehmens und ihre Folgen, KTS 1976, 253 - 267.

— Die Rechtslage der durch das Konkursausfallgesetz neu geschaffenen Massegläubiger, KTS 1976, 96 - 103.

— Welchen Zwecken dient die Konkursordnung heute im Gegensatz zur Zeit ihrer Abfassung?, BB 1983, 1640 - 1642.

Hellge, Gisela: Konkursvermeidung, Berlin 1982.

Henckel, Wolfram: Aktuelle Probleme der Warenlieferanten beim Kundenkonkurs, Köln 1981 (zit.: Probleme).

— Anm. zum Urt. des BAG v. 17. 9. 1974 – 1 A AZR 16/77 = BAG, EzA § 113 BetrVG 1972 Nr. 1, in: EzA § 113 BetrVG 1972 Nr. 1, S. 2 - 8.

— Die Anpassung des Rechts auf Betriebsübernahme (§ 613 a BGB) an die Insolvenzsituation, ZGR 1984, 225 - 257.

— Die Betriebsveräußerung im Konkurs, ZIP 1980, 2 - 9.

— Masselosigkeit und Masseschulden, in: FS 100 Jahre KO, Köln, Berlin, Bonn, München 1977, S. 169 - 187 (zit.: FS 100 Jahre KO).

— Die Verbindungen des Sanierungsverfahrens zum Konkursverfahren, ZIP 1981, 1296 - 1303.

Herrmann, Harald: Sanierungsfusion und Behinderungsmißbrauch, AG 1984, 1 - 12.

Herschel, Wilhelm: Kündigung im Konkurs, BB 1984, 987.

Hillebrecht, Wilfried: Dringende betriebliche Erfordernisse zur Kündigung von Arbeitsverhältnissen durch den Konkursverwalter, ZIP 1985, 257 - 264.

Hohloch, Gerhard: Gläubigerpositionen in einem Sanierungsverfahren, ZIP 1982, 1029 - 1038.

— Sanierung durch „Sanierungsverfahren"?, ZGR 1982, 145 - 198.

— „Vertrauenshaftung" – Beginn einer Konkretisierung?, NJW 1979, 2369 - 2374.

Hommelhoff, Peter: Frühwarnsysteme und Auslösemechanismen für das Insolvenzverfahren, ZfB 1984, 698 - 716.

Hopt, Klaus J.: Rechtspflichten der Kreditinstitute zur Kreditversorgung, Kreditbelastung und Sanierung von Unternehmen, ZHR 1979, 139 - 173.

Hubmann, Heinrich: Die Zwangsvollstreckung in Persönlichkeits- und Immaterialgüterrechte, in: Festschrift für Heinrich Lehmann zum 80. Geburtstag, Berlin, Frankfurt, Tübingen 1956, S. 812 - 836.

Hueck, Götz: Gesellschaftsrecht, 18. Aufl., München 1983.

Immenga, Ulrich / *Mestmäcker,* Ernst-Joachim: GWB, München 1981.

Jaeger, Ernst: Die Konkursordnung 1879 - 1904, DJZ 1904, Sp. 904 - 912.

— Konkursordnung mit Einführungsgesetzen,
- §§ 1 - 9, 9. Aufl., Berlin, New York 1977.
- §§ 10 - 18, 9. Aufl., Berlin, New York 1980.
- §§ 19 - 28, 9. Aufl., Berlin, New York 1982.
- §§ 71 - 206, 8. Aufl., Berlin, New York 1973. (jeweils zit.: Jaeger-*Bearb.*, § x KO).
- §§ 1 - 70, 8. Aufl., Berlin 1958 (zit.: Jaeger-*Bearb.*[8], § x KO).

— Aus der Praxis des Konkurs- und Vergleichsverfahrens. X. Fortbetrieb eines im Konkurse stehenden Handelsgewerbes durch den Konkursverwalter, KuT 1935, 17 f.

Jauernig, Othmar: Zwangspool von Sicherungsgläubigern im Konkurs, ZIP 1980, 318 - 327.

Jelinek, Wolfgang: Das neue österreichische Vorverfahren, ZIP 1984, 495 - 507.

John, Uwe: Testamentsvollstreckung über ein einzelkaufmännisches Unternehmen, BB 1980, 757 - 761.

Jonas, Martin / *Pohle,* Rudolf (Bearb.): Zwangsvollstreckungsrecht, 16. Aufl., Berlin, Frankfurt/Main 1954.

Jüttner-Kramny, Lioba: Staatliche Hilfen für sanierungsbedürftige Unternehmen, DB 1983, 1749 - 1754.

Kautza, Hans-Peter: Mißbrauch der Konkursausfallversicherung?, SGb 1982, 517 - 538.

Kayser, Georg: Sanierung oder Auflösung, Frankfurt/Main, Bern 1983 (zit.: Sanierung).

— Sanierungsfähigkeitsprüfung insolvenzbedrohter Unternehmen, BB 1983, 415 - 419.

Kießler, Ottfried: Ökonomische Betrachtungen zum Konkursverfahren, in: Gessner, Praxis, S. 557 - 565.

Kilger, Joachim: Der Konkurs des Konkurses, KTS 1975, 142 - 166.

— Problematische „Masseschulden", NJW 1980, 271 - 273.

— Probleme der Sequestration im Konkurseröffnungsverfahren, in: FS 100 Jahre KO, Köln, Berlin, Bonn, München 1977, S. 189 - 217 (zit.: FS 100 Jahre KO).

— Die Reorganisation insolventer Unternehmen, ZRP 1984, 46 - 52.

Klasmeyer, Bernd / *Kübler,* Bruno M.: Buchführungs-, Bilanzierungs- und Steuererklärungspflichten des Konkursverwalters sowie Sanktionen im Falle ihrer Verletzung, BB 1978, 369 - 376.

Kleinfeller, Georg (Bearb.) / *Petersen,* Julius: Konkursordnung für das Deutsche Reich nebst Einführungsgesetzen, 4. Aufl., Lahr 1900.

Knieper, Rolf: Konkurs und Sanierung, BB 1977, 622 - 627.

Koch, Frank: Die Sequestration im Konkurseröffnungsverfahren, Jur. Diss. Göttingen 1982.

Kohlhuber, Franz: Insolvenbedingte Arbeitslosigkeit – welche Bedeutung kommt ihr zu?, ZIP 1983, 1134 - 1142.

Korndörfer, Wolfgang: Allgemeine Betriebswirtschaftslehre, 6. Aufl., Wiesbaden 1985.

Kosch, Hans-Jürgen: Betriebsfortführung im Konkurs, St. Polten, Wien 1982.

Kramer, Ulrich: Das anglo-amerikanische Sonderverfahren zur Reorganisation von Kapitalgesellschaften nach Abschnitt X des Bankruptcy Acts, Köln, Berlin, Bonn, München 1977.

Kretschmer, Egon: Denkansätze für Gesetzgebung und Rechtsprechung – aus der Praxis des Konkursverwalters –, KTS 1977, 137 - 146.

Kröger, Uwe: Ziele und Erfolgsaussichten von Vergleichsverfahren, BFuP 1983, 145 - 157.

Krusch, Walter: Anm. zu RG, Urt. v. 19. 3. 1934 – VI 7/34 = RG, JW 1934, 1724 - 1726, in: JW 1934, 1724 - 1726.

Kübler, Bruno M.: Anm. zu BGH, Urt. v. 24. 10. 1979 – VIII ZR 298/78 = BGH, ZIP 1980, 40 - 43, in: ZIP 1980, 43 f.

— Konzern und Insolvenz, ZGR 1984, 560 - 593.

— Sondersituationen bei Unternehmensfortführung und Unternehmenskauf im Konkurs, ZGR 1982, 498 - 518.

Künne, Karl: Der Herstatt-Vergleich, KTS 1975, 178 - 191.

Landmann, Robert von / *Rohmer,* Gustav: Gewerbeordnung und ergänzende Vorschriften, Band I Gewerbeordnung, 13. Aufl., München, Stand 1984.

Larcier, Raymond L.: Kauf und Verkauf von Unternehmen, München 1973.

Larenz, Karl: Methodenlehre der Rechtswissenschaft, 5. Aufl., Berlin, Heidelberg, New York, Tokyo 1983.

Lenel, Otto: Staatshilfe für insolvente Großunternehmen? Das Beispiel AEG, WuW 1983, 429 - 448.

Levy, Leopold: Wirtschaftliche Konkursverwertung, KuT 1927, 182f.

Lingnau, Hermann: Betriebswirtschaftliche Probleme und Perspektiven, in: Fabian, Arbeiter, S. 85 - 95.

Löwisch, Manfred: Die Anpassung der Arbeitsentgelte an die Insolvenzsituation de lege lata und de lege ferenda, ZGR 1984, 272 - 292.

Lutter, Marcus: Der Konzern in der Insolvenz, ZfB 1984, 781 - 788.

Marschdorf, Hans-Joachim: Unternehmensverwertung im Vorfeld und im Rahmen gerichtlicher Insolvenzverfahren, Bergisch Gladbach 1984.

Matzke: Anm. zu LG Stade, Urt. v. 1.2.1934 – S 265/33 = LG Stade, JW 1934, 1297f., in: JW 1934, 1297f.

Mentzel, Franz / *Kuhn,* Georg / *Uhlenbruck,* Wilhelm (Bearb.): Konkursordnung, 9. Aufl., München 1979.

Mentzel, Wolfgang / *Wittelsberger,* Helmut: Kleines Wirtschaftswörterbuch, 3. Aufl., Freiburg/Breisgau 1983.

Mertens, Hans-Joachim: Empfiehlt sich die Einführung eines konzernbezogenen Reorganisationsverfahrens?, ZGR 1984, 542 - 559.

Meyer-Cording, Ulrich: Konkursverzögerung durch erfolglose Sanierungsversuche, NJW 1981, 1242 - 1245.

Michel, Elmar / *Kienzle,* Werner (Bearb.): Das Gaststättengesetz, 8. Aufl., Köln, Berlin, Bonn, München 1982.

Mölders, Hans: Anm. zu BGH, Urt. v. 4.6.1958 – V ZR 304/56 = BGH, NJW 1958, 1351f., in: NJW 1958, 1681f.

Mohrbutter, Jürgen: Anm. zu BGH, Urt. v. 10.4.1979 – VI ZR 77/77 = BGH, KTS 1980, 122 - 125, in: KTS 1980, 125f.

— Anm. zu BAG, Urt. v. 9.1.1980 – 5 AZR 21/78 = BAG, KTS 1980, 389 - 393, in: KTS 1980, 393f.

— Die Haftung des Zwangsverwalters, in: Festschrift Hundertfünfzig Jahre Carl Heymanns Verlag KG, Köln, Berlin, Bonn, München 1965, S. 159 - 178 (zit.: FS Verlag C. Heymanns).

— Zur kontinuierlichen Weiterführung eines Lohnbetriebes im Konkursverfahren, DB 1954, 343.

— Treuhänderische Nutzung eines Schiffes in der Zwangsversteigerung, KTS 1963, 21 - 36.

Mohrbutter, Jürgen / *Haarmann,* Heino: Zusammenarbeit zwischen Konkursgericht und Konkursverwalter, KTS 1956, 177 - 180.

Müller, Horst: Masseschulden nach abgebrochenem Konkurs, KTS 1964, 14 - 21.

Münchener Kommentar zum Bürgerlichen Gesetzbuch
- Band 3: Schuldrecht Besonderer Teil 2. Halbband (§§ 657 - 853), München 1980.
- Band 6, Erbrecht (§§ 1922 - 2385), München 1982. (zit.: MK-*Bearb.*, § x BGB).

Muthesius, Volkmar: Ein notwendiges Übel, ZKredW 1954, 759 - 761.

Neubert, Helmut: Beton- und Monierbau AG – Talfahrt ohne Frühwarnsysteme?, DB 1979, 1949 - 1951.

Niggemann, Karl A.: Prüfung der Finanzierung und Sanierung, 2. Aufl., Herne, Berlin 1981.

Noack, Wilhelm: Der Sequester, seine Stellung zum Gericht und zu den Parteien, JR 1963, 295 - 297.

Obermüller, Manfred: Die Gewährung neuer Kredite in der Krise, ZIP 1980, 1059 - 1063.

— Kredite im Vergleichsverfahren, ZIP 1983, 17 - 23.

Oehlerking, Jürgen: Die Auswirkungen der Zahlungsunfähigkeit des Arbeitgebers auf die Bezüge der Arbeitnehmer, Jur. Diss. Göttingen 1981.

Pape, Gerhard: Bevorzugung der „Neumassegläubiger" im masseunzulänglichen Konkursverfahren, ZIP 1984, 796 - 804.

Paulus, Christoph: Ist der Sequester des Konkurseröffnungsverfahrens prozeßführungsbefugt?, ZZP 96 (1983), 356 - 364.

Peters, Frank: Zur Verjährung der Ansprüche aus culpa in contrahendo und positiver Forderungsverletzung, VersR 1979, 103 - 111.

Plate, Georg: Entscheidung zwischen sofortiger Stillegung und einstweiliger Unternehmensfortführung auf der Grundlage einer Deckungsbeitragsrechnung, KTS 1981, 325 - 347.

— Die Konkursbilanz, 2. Aufl., Berlin 1978.

— Marketing in der Konkursabwicklung, KTS 1980, 101 - 111.

Post, Manfred: Sanierung durch Fortführungsgesellschaften – Typen und Begriffe, DB 1984, 280 - 282.

Prager, Walter J.: Zur Insolvenzanfälligkeit des Unternehmens, KTS 1956, 86 - 93.

Räss, Hugo E.: Die Restrukturierung von Unternehmen aus der Sicht der kreditgebenden Bank, Bern 1983.

Rheinen, Fritz: Zur Tragweite des § 106 KO: Die Risiken des für einen Gewerbebetrieb bestellten Sequesters im Stadium der Konkursvoraussetzungsprüfung, KTS 1980, 191 - 202.

Rinklin, Theo H.: Die vergleichsfähige und die konkursreife Unternehmung, Stuttgart 1960.

Risse, Manfred: Insolvenzrecht und Betriebswirtschaftslehre, KTS 1983, 73 - 83.

— Wirtschaftliche Beratung des notleidenden Unternehmens unter besonderer Berücksichtigung des Marketing, KTS 1982, 65 - 90.

Rosenberg, Leo / *Schwab,* Karl-Heinz (Bearb.): Zivilprozeßrecht, 13. Aufl., München 1981.

Schimuna, Rudolf: Hauptbetriebe – Nebenbetriebe – Betriebsteile nach Betriebsverfassungsgesetz, BB 1979, 892 - 895.

Schmidt, Herbert: Die Vergütung des Insolvenzverwalters, KTS 1982, 591 - 603.

Schmidt, Karsten: „Amtshaftung" und „interne Verantwortlichkeit" des Konkursverwalters – Eine Analyse des § 82 KO, KTS 1976, 191 - 211.

— Zur Gläubigersicherung im Liquidationsrecht der Kapitalgesellschaften, Genossenschaften und Vereine, ZIP 1981, 1 - 9.

— Möglichkeiten der Sanierung von Unternehmen durch Maßnahmen im Unternehmens-, Arbeits-, Sozial- und Insolvenzrecht, Gutachten D für den 54. Deutschen Juristentag 1982, München 1982 (zit.: Gutachten D).

— Organverantwortlichkeit und Sanierung im Insolvenzrecht der Unternehmen, ZIP 1980, 328 - 337.

Schmidt, Reinhard H.: Ökonomische Analyse des Insolvenzrechts, Wiesbaden 1980 (zit.: Analyse).

— Die ökonomische Grundstruktur des Insolvenzrechts, AG 1981, 35 - 44.

Schmiedel, Ekkehard: Die Prüfung der Sanierungswürdigkeit unter betriebswirtschaftlichen Gesichtspunkten, ZfB 1984, 761 - 772.

Scholz, Franz: Kommentar zum GmbH-Gesetz, I. Band (§§ 1 - 44), 6. Aufl., Köln 1978/83.

Schröter, Jürgen / *Weber,* Ahrend: Sanierungsverfahren aus der Sicht der Banken, ZIP 1982, 1023 - 1028.

Schultzenstein, Max: Über die Befugnis des Zwangsverwalters und des Konkursverwalters zum Gewerbebetriebe statt des Schuldners, ZZP 33 (1904), 447 - 510.

Schulz: Gewerberechtliche Fragen bei Fortführung des Gewerbebetriebes des Gemeinschuldners durch den Konkursverwalter, GewArch 1959, 73 - 76.

Sello, Ruth: Die Gastwirtskonzession im Konkurse, JR 1951, 618 - 623.

Serick, Rolf: Eigentumsvorbehalt und Sicherungsübertragung,
– Band I, Der einfache Eigentumsvorbehalt, Heidelberg 1963 (zit.: Serick I).
– Band III, Die einfache Sicherungsübertragung – Zweiter Teil, Heidelberg 1970 (zit.: Serick III).
– Band V, Verlängerungs- und Erweiterungsformen des Eigentumsvorbehalts und der Sicherungsübertragung, Zweiter und Dritter Teil, Heidelberg 1984 (zit.: Serick V).

— Verarbeitungsklauseln im Wirkungskreis des Konkursverfahrens, ZIP 1982, 507 - 519.

Skrotzki, Artur: Zur Regreßhaftung des Konkursverwalters und des Gläubigerausschusses, KTS 1967, 142 - 148.

Statistisches Jahrbuch 1984 für die Bundesrepublik Deutschland, hrsg. vom Statistischen Bundesamt/Wiesbaden, Stuttgart, Mainz 1984.

Staudinger, Julius von: Kommentar zum Bürgerlichen Gesetzbuch mit Einführungsgesetz und Nebengesetzen, Allgemeiner Teil §§ 90 - 240, 12. Aufl., Berlin 1980.

Stein, Eberhard: Die Erstattung von Haftpflichtversicherungsprämien des Konkurs- und Vergleichsverwalters, KTS 1956, 1 f.

Stüdemann, Klaus: Die Haftung des Konkursverwalters bei Fortführung des Unternehmens, WpG 1978, 413 - 425.

— Der Konkursverwalter als Unternehmer, in: FS 100 Jahre KO, Köln, Berlin, Bonn, München 1977, S. 401 - 458 (zit.: FS 100 Jahre KO).

Stürner, Rolf: Möglichkeiten der Sanierung von Unternehmen durch Maßnahmen im Unternehmens- und Insolvenzrecht, ZIP 1982, 761 - 772.

Uhlenbruck, Wilhelm: Einhundert Jahre Konkursordnung, in: FS 100 Jahre KO, Köln, Berlin, Bonn, München 1977, S. 3 - 34 (zit.: FS 100 Jahre KO).

— Gläubigerberatung in der Insolvenz, Köln 1983 (zit.: Gläubigerberatung).

— Erfahrungen mit dem geltenden Insolvenzrecht, BFuP 1983, 96 - 111.

— Die GmbH & Co KG in Krise, Konkurs und Vergleich, Köln 1977 (zit.: GmbH).

— Grundzüge eines künftigen Insolvenzrechts nach den Vorstellungen der Reformkommission, BB 1984, 1949 - 1961.

— Privilegierung statt Diskriminierung von Sanierungskrediten de lege lata und als Problem der Insolvenzrechtsreform, GmbH-Rundschau 1982, 141 - 153.

— Probleme der Sequestration nach § 106 KO, KTS 1982, 201 - 213.

— Die Sanierung notleidender Unternehmen als Aufgabe der Insolvenzrechtsreform, AnwBl 1982, 338 - 348.

— Sanierung und Reorganisation als drittes Insolvenzverfahren in einem künftigen Recht, KTS 1981, 513 - 574.

— Typische Symptome in den durch Strukturkrisen gefährdeten Betrieben – Versuch einer Insolvenzanalyse, DBW 1977, 311 - 322.

— Die Vergütung von Hilfskräften des Konkursverwalters, KTS 1976, 35 - 41.

— Die Vorfinanzierung von Konkursausfallgeld, KTS 1980, 72 - 81.

Unger, Klaus: Die Pflichten des Verwalters in massearmen Konkursverfahren, KTS 1961, 97 - 103.

Urban, Norbert: Prozeßführungsbefugnis des nach § 106 KO bestellten Sequesters, MDR 1982, 441 - 446.

Veit, Klaus-Rüdiger: Die Konkursrechnungslegung, Köln, Berlin, Bonn, München 1982.

Vollkommer, Max: Anm. zu BAG, Urt. v. 9. 1. 1980 – 5 AZR 21/78 = BAG, AP Nr. 19 zu § 613 a BGB, in: AP Nr. 19 zu § 613 a BGB, Bl. 213 - 218.

Vollmer, Lothar: Bestandssicherung existenzgefährdeter Unternehmen durch Kürzung von Löhnen und Leistungen, DB 1982, 1670 - 1673.

Walendy, Heinz: Funktion und Legitimation des Zwangsvergleichs im Insolvenzfall von Unternehmensträgern, Jur. Diss. Saarbrücken 1982.

Weber, Bruno: Die Übernahme von Unternehmen, Diss. rer. pol. Zürich 1972.

Weber, Friedrich: Fragen der Gestaltung des Konkursverfahrens in rechtspolitischer und rechtsvergleichender Sicht, KTS 1959, 80 - 88.

— Zur persönlichen Verantwortlichkeit des Konkursverwalters, in: Festschrift für Lent, München, Berlin 1957, S. 301 - 324.

Weber, Richard / *Irschlinger,* Friedrich / *Wirth,* Hanns: „Sequestration und Masseverbindlichkeiten", KTS 1980, 92 - 97.

— „Verfahren bei Masseunzulänglichkeit", KTS 1979, 133 - 145.

Weiß, Eberhard: Anm. zu BFH, Urt. v. 17. 7. 1980 – V R 124/75 = BFH, ZIP 1980, 791 f., in: ZIP 1980, 792 - 794.

Weiss, Gerry: Die Erhaltung insolvenzgefährdeter Unternehmen in Großbritannien, ZIP 1982, 1038 - 1044.

Weiss, Herbert: Insolvenzverfahren 1980 – am Beispiel des AG Essen, ZIP 1981, 438 - 441.

Wellensiek, Jobst: Risiken von Beteiligungen in (durch) Insolvenzverfahren der Muttergesellschaften, ZIP 1984, 541 - 545.

Wessel, Wilhelm: Das insolvenzrechtliche Sequestrationsverfahren nach § 106 KO, BB 1982, 1579 - 1581.

— Die Reduzierung des Haftungsrisikos des Konkursverwalters bei Fortführung der Geschäfte nach Konkurseröffnung durch Aufnahme eines stillen Gesellschafters, KTS 1980, 301 - 307.

Westermann, Harm Peter: Kreditwirtschaft und öffentliche Hand als Partner bei Unternehmenssanierungen, Berlin, New York 1983.

Westrick, Klaus / *Loewenheim,* Ulrich: Gesetz gegen Wettbewerbsbeschränkungen, 4. Aufl., Herne 1977/1984.

Wiedemann, Herbert: Gesellschaftsrecht, Band I Grundlagen, München 1980.

Wiedemann, Herbert / *Willemsen,* Heinz Josef: Die Anwendung des § 613a BGB im Konkurs, RdA 1979, 418 - 431.

Wilmowski, G. von: Deutsche Reichs-Konkursordnung, erläutert von G. von Wilmowski, Berlin 1906 (zit.: Wilmowski-*Bearb.*).

Zeller, Friedrich / *Stöber,* Kurt (Bearb.): Zwangsversteigerungsgesetz, 11. Aufl., München 1983.

Zeuner, Albrecht: Schutz des Arbeitnehmers im Konkurs des Arbeitgebers, JZ 1976, 1 - 9.

Verzeichnis der zitierten Gesetzesmaterialien

Entwurf einer Vergleichsordnung nebst Einführungsgesetz und Begründung, veröffentlicht durch das Reichsjustizministerium, Berlin 1933.

Erster Bericht der Kommission für Insolvenzrecht, hrsg. vom Bundesministerium der Justiz, Köln 1985.

Hahn, Carl: Die gesammelten Materialien zur Konkursordnung und dem Einführungsgesetz zu derselben vom 1. Februar 1877, sowie zu dem Gesetze, betreffend die Anfechtung von Rechtshandlungen eines Schuldners außerhalb des Konkursverfahrens, vom 21. Juli 1879, Berlin 1881.

FSC
www.fsc.org
MIX
Papier | Fördert
gute Waldnutzung
FSC® C083411

Kolibri 360 GmbH
Ferdinand-Jühlke-Straße 7
99095 Erfurt, Deutschland
produktsicherheit@kolibri360.de

Druck:
CPI Druckdienstleistungen GmbH
im Auftrag der
Kolibri 360 GmbH
Ferdinand-Jühlke-Str. 7
99095 Erfurt